이론과 실천

보육 교사론

Studies on **Childcare Teacher Education**

김윤섭
이주영
송영숙
김연수
공저

박영story

머 리 말

본서는 보육교사의 자격을 득하기 위하여 대학의 교육과정 중 「보육교사론」 교과목을 이수하는 학습자들에게 필요하다고 보는 제반 사항들을 담은 교재이다. 여기서 학습자들이라 함은 고교를 졸업하고 바로 대학에 진학한 사람들을 비롯하여 제2, 제3의 새로운 삶의 장을 개척하고자 하는 성인학습자 모두를 말한다. 이들이 보육교사로서의 사회적 역할을 충실히 수행해 나가려면 보육교사로서 가져야 할 인식과 자질 그리고 보육현장에서의 실천적 역량 등을 모두 갖추어야 한다는 점을 분명히 인식할 필요가 있다. 보육교사에 대한 이러한 역할 정의를 분명히 한다면 그 목표 수행을 위하여 준비하고 학습해야 할 것은 무엇인가? 본서는 여기에 집필 동기를 가지고 이에 대한 답을 찾는데 진력하였다. 특별히 새로운 것을 펼쳐 놓은 바는 아니겠지만 위와 같은 나름의 분명한 메시지를 갖고 집필에 임하였음을 강조하고 싶다.

그리하여 우선 본서는 보육교사가 가져야 할 인권의식에 대하여 반드시 학습할 필요가 있다는 점을 강조하고자 맨 앞장 제1부에서 '세계인권선언'과 '아동권리에 관한 협약'을 원문으로 다루었다. 영문 해석의 수고를 다소 덜어 보고 선언문의 취지도 충실히 이해하기 위해 각 조문별로 묶어서 단어와 숙어를 정리해 두었다. 3-4주간의 수업을 통하여 부지런히 다루어 나가면 학습의 의미가 스스로 깨쳐지리라 믿는다.

제2부의 의의는 보육교사의 자질과 역할에 대하여 나아가야 할 방향을 모색해 보면서 자기정체성을 정립해 보는 데에 있다. 기왕 삶의 결의를 확고히 하고 자긍심을 가지고 사회적 직분을 수행해 나가려면 이에 요구되는 태도와 자세가 필요할 것이다. 대저 모든 직분 수행의 과정에서는 보람과 수고로움, 그리고 여기에 더하여 정신적 부담 등이 수반될 터인즉 이를 여하히 발전적으로 수용하고 극복해 낼 것인가에 대하여 다루고 있다.

제3부에서는 보육교사로서 현장에 서기 위해 어떤 과정을 거쳐야 하는지에 대한 문제에서부터 실제 현장에 서서 영유아들과 그들의 부모들과의 교류와 소통을 여하히 열심히 해 나갈 것이며 교사 상호간의 관계 지향은 어떤 방향으로 갈 것인가에 대하여 세세히 다루고 있다. 현장 교사로서의 지침서요, 자기관리 매뉴얼이라 해도 괜찮을 듯하다. 아마도 원만한 교사, 유능한 교사로서의 믿음을 가져보고 싶다면 열성을 다해 학습할 의미가 있을 것이다.

본서의 의의와 다루는 내용에 대한 위와 같은 나름의 여러 언급들은 학습의 효과를 높이기 위한 언급으로써 염두에 두면 도움이 되리라 본다. 그리고 본서에 대한 평가는 학습자들이 내려 줄 것이다. 모두에서 밝혔듯이 본서의 학습자들은 일찍이 자신의 진로를 정하여 진학한 청년 학습자들을 비롯하여 다양한 사회적 경륜을 쌓은 후 평생학습의 새로운 지평을 열어 가고자 하는 많은 성인 학습자들로서 '보육교사'라는 직업에 종사한다는 것은 국가사회적 한 의미를 가진 과업에 보람을 가지고 임하는 미션이 있는 일임을 마음에 새겨야 하리라 본다. 모두 열심히 공부하셔서 큰 성취를 이루시기를 저자들의 마음을 모아 진심으로 기원하는 바이다.

2014. 2. 15

김윤섭, 이주영, 송영숙, 김연수 識

목 차

제3부 현장론

PART 1 인권론

제1장
세계인권선언

Universal Declaration of Human Rights

(1948.12.10.)

Whereas recognition of the inherent dignity and of the equal and inalienable rights of all members of the human family is the foundation of freedom, justice and peace in the world,

전 인류의 모든 성원은 존엄성과 동등, 불가양한 제 권리를 타고 났음을 인정하는 것이 세계의 자유와 정의와 평화의 기초이므로,

Whereas disregard and contempt for human rights have resulted in barbarous acts which have outraged the conscience of mankind, and the advent of a world in which human beings shall enjoy freedom of speech and belief and freedom from fear and want has been proclaimed as the highest aspiration of the common people,

제 인권의 무시와 경멸은 야만적 행위로 귀결되어 인류의 양심을 격분시킨 바 있고, 인류가 언론의 자유와 신교의 자유와 공포로부터의 자유와 결핍으로부터 자유를 누리는 새로운 세계의 도래가 만민의 지상 열망으로 천명되었으므로,

Whereas it is essential, if man is not to be compelled to have recourse, as a last resort, to rebellion against tyranny and oppression, that human rights should be protected by the rule of law,

인간이 폭정과 억압에 대항하는 마지막 수단으로 반란이라는 해답을 구하도록 강요받지 않기 위해서는 반드시 제 인권이 법치에 의하여 보호되어야 하므로,

Whereas it is essential to promote the development of friendly relations between nations,

국제간 우호관계의 발전은 반드시 촉진되어야 하므로,

Whereas the peoples of the United Nations have in the Charter reaffirmed their faith in fundamental human rights, in the dignity and worth of the human person and in the equal rights of men and women and have determined to promote social progress and better standards of life in larger freedom,

유엔 가입국의 만민은 유엔 헌장에 의하여 기본적인 인권, 인간 존재의 존엄성과 가치, 남녀동등권 등에 대한 신념을 재확인하였고, 또 그 헌장에 의하여 확장된 자유 속에서 사회의 진보를 촉진하고 그 확장된 자유 속에서 인생의 한결 나은 수준을 촉진할 것을 결정하였으므로,

Whereas Member States have pledged themselves to achieve, in co-operation with the United Nations, the promotion of universal respect for and observance of human rights and fundamental freedoms,

유엔 회원국들은 제 인권과 기본적 제 자유가 세계 수준에서 존중되고 준수도록 유엔과 협력 하에 촉진할 것을 서약하였으므로,

Whereas a common understanding of these rights and freedoms is of the greatest importance for the full realization of this pledge,

이러한 제 권리와 제 자유에 대한 세계 수준의 이해는 이 서약의 실현을 위해 가장 중요한 것이므로,

Now, therefore, The General Assembly, Proclaims this Universal Declaration of Human Rights as a common standard of achievement for all peoples and all nations, to the end that every individual and every organ of society, keeping this Declaration constantly in mind,

그러므로 이제, 이 만방에 통하는 인권선언을 선포하여 모든 국민과 모든 민족이 성취해야 할 공통의 기준으로 삼노니, 모든 개인과 모든 사회의 모든 기관은 이 선언을 항상 기억하고

shall strive by teaching and education to promote respect for these rights and freedoms and by progressive measures, national and international, to secure their universal and effective recognition and observance, both among the peoples of Member States themselves and among the peoples of territories under their jurisdiction.

이를 알리고 교육함으로써 여기에 기록된 제 권리와 제 자유의 존중이 촉진되도록 노력해야 하며, 자국 내에서와 국제 수준에서 진취적인 조치를 취함으로써 여기 기록된 제 권리와 제 자유가 전 세계에서 효과적으로 인정되고 준수되도록 보장하기 위해 노력해야 하는 바, 이는 유엔 회원국의 국민과 회원국 관할 지역의 주민에 공히 해당한다.

Article 1 (제 1조)

(제 1조)

All human beings are born free and equal in dignity and rights. They are endowed with reason and conscience

만인은 자유인으로 태어나며, 동등한 존엄성과 권리를 가지고 태어난다. 모든 사람은

and should act towards one another in a spirit of brotherhood.

이성과 양심을 유전 받아 태어나며, 서로를 향하여 형제애의 정신으로 행동하여야 한다.

Article 2 (제 2조)

Everyone is entitled to all the rights and freedoms set forth in this Declaration, without distinction of any kind, such as race, color, sex, language, religion, political or other opinion, national or social origin, property, birth or other status.

(제 2조)

만인은 이 선언에 규정된 모든 권리와 모든 자유를 누릴 권리가 있는 바, 인종, 피부색, 성, 언어, 종교, 정치적 소견, 비정치적 소견, 국적, 사회적 출신, 재산, 출생 사연 또는 기타의 지위에 따른 어떠한 차별도 받지 않는다.

Furthermore, no distinction shall be made on the basis of the political, jurisdictional or international status of the country or territory to which a person belongs, whether it be independent, trust, non-self-governing or under any other limitation of sovereignty.

나아가, 어떤 개인이 속하는 국가 또는 지역이 독립국이든 신탁통치지역이든 비자치지역이든 또는 어떠한 주권제한 하에 있는 곳이든, 그 국가 또는 그 지역의 정치적, 사법권적 또는 국제적인 지위에 따라 그 개인은 어떤 차별도 받지 않는다.

Article 3 (제 3조)

Everyone has the right to life, liberty and the security of person.

(제 3조)

만인은 개인적 생명과 개인적 자유와 개인적 안전에 대한 권리가 있다.

Article 4 (제 4조)

No one shall be held in slavery or servitude; slavery and the slave trade shall be prohibited in all their forms.

(제 4조)

누구든지 노예 또는 시종의 상태에 놓여서는 안된다. 노예의 상태나 노예의 매매는 그것이 어떤 형태이든 금지된다.

Article 5 (제 5조)

No one shall be subjected to torture or to cruel, inhuman or degrading treat-

(제 5조)

누구든지 고문을 받지 않으며, 잔인하거나

ment or punishment.

비인도적이거나 치욕적인 처우 또는 형벌을 받지 않는다.

Article 6 (제 6조)

Everyone has the right to recognition everywhere as a person before the law.

(제 6조)

만인은 모든 곳에서 법 앞에 하나의 인격체로 인정될 권리가 있다.

Article 7 (제 7조)

All are equal before the law and are entitled without any discrimination to equal protection against any discrimination in violation of this Declaration and against any incitement to such discrimination.

(제 7조)

만인은 법 앞에 평등하며, 어떠한 차별도 없이 법의 동등한 보호를 받을 권리가 있다. 이 선언에 위배되는 그 어떤 차별이 존재하든, 또 그러한 차별을 위한 어떠한 선동이 존재하든, 그 차별 또는 선동에 대항하여 만인에 대한 동등 보호는 이행되어야 한다.

Article 8 (제 8조)

Everyone has the right to an effective remedy by the competent national tribunals for acts violating the fundamental rights granted him by the constitution or by law.

(제 8조)

만인은, 헌법 또는 법률에 의하여 부여받은 제 기본권에 위배되는 행위에 대항하여, 자국의 권능을 갖춘 사법기관으로부터 실효성 있는 구제를 받을 권리가 있다.

Article 9 (제 9조)

No one shall be subjected to arbitrary arrest, detention or exile.

(제 9조)

누구든지 법에 의하지 않고는 체포, 구금 또는 추방을 당하지 않는다.

Article 10 (제 10조)

Everyone is entitled in full equality to a fair and public hearing by an independent and impartial tribunal, in the determination of his rights and obligations and of any criminal charge against him.

(제 10조)

만인은, 자신의 당면한 권리와 의무를 결정받는 상황에 처하거나 자신에 불리하게 형사 입건 되었을 때, 독립되고 중립적인 사법기관에서 공정하고 공개적인 심리를 완전히 평등하게 받을 권리가 있다.

Article 11 (제11조)

Everyone charged with a penal offense has the right to be presumed innocent until proven guilty according to law in a public trial at which he has had all the guarantees necessary for his defense.

No one shall be held guilty of any penal offence on account of any act or omission which did not constitute a penal offense, under national or international law, at the time when it was committed. Nor shall a heavier penalty be imposed than the one that was applicable at the time the penal offense was committed.

(제 11조)

만인은 처벌가능한 범죄로 입건되었을 때, 변호에 필요한 모든 것이 보장된 공개재판에 의해 법률에 따라 유죄가 입증될 때까지는 무죄로 추정될 권리가 있다.

누구든지 행위 시의 국내법 또는 국제법에 의해 처벌 가능한 범죄를 구성하지 않은 행위 또는 불이행으로 인하여 처벌 가능한 범죄의 책임을 지지 않는다. 또, 처벌 가능한 범죄가 행해진 그 당시의 적용 가능한 형벌보다 무거운 형벌을 받지 않는다.

Article 12 (제12조)

No one shall be subjected to arbitrary interference with his privacy, family, home or correspondence, nor to attacks upon his honor and reputation. Everyone has the right to the protection of the law against such interference or attacks.

(제 12조)

누구든지 법에 의하지 않고서는 자신의 사생활, 가족, 가정 또는 통신에 대하여 간섭받지 않으며, 자신의 명예와 평판에 대해 공격 받지 않는다. 만인은 그러한 간섭이나 공격에 대항하여 법의 보호를 받을 권리가 있다.

Article 13 (제13조)

Everyone has the right to freedom of movement and residence within the borders of each State.

(제 13조)

만인은 각국의 경계 내에서 이주 및 거주의 자유를 누릴 권리가 있다.

Everyone has the right to leave any country, including his own, and to return to his country.

만인은 자국을 포함한 어떤 국가로부터 떠날 권리가 있고, 또 자국으로 돌아올 권리가 있다.

Article 14 (제 14조)

Everyone has the right to seek and to enjoy in other countries asylum from persecution .This right may not be invoked in the case of prosecutions genuinely arising from non-political crimes or from acts contrary to the purposes and principles of the United Nations.

(제 14조)

만인은 박해를 피해 타국에서 피난처를 찾아 그 곳으로 피난할 권리가 있다. 단, 순전히 비정치적 범죄 또는 순전히 유엔의 목적과 원칙에 반하는 행위로 인한 처벌의 경우에는 이 권리가 적용되지 않는다.

Article 15 (제 15조)

Everyone has the right to a nationality. No one shall be arbitrarily deprived of his nationality nor denied the right to change his nationality.

(제 15조)

만인은 국적을 가질 권리가 있다.
누구든지 법에 의하지 않고서는 국적을 박탈 당하지 않고 국적을 변경할 권리를 거부 당하지 않는다.

Article 16 (제 16조)

Men and women of full age, without any limitation due to race, nationality or religion, have the right to marry and to found a family. They are entitled to equal rights as to marriage, during marriage and at its dissolution.

(제 16조)

성년에 이른 남녀는 인종, 국적 또는 종교에 기인하는 어떠한 제한도 받지 않고 혼인하여 가정을 이룰 권리가 있다. 혼인의 쌍방은 혼인상태의 기간 동안이나 혼인관계의 해체 시에 혼인에 관한 동등한 권리가 있다.

Marriage shall be entered into only with the free and full consent of the intending spouses.

혼인관계는 배우자가 되고자 하는 쌍방 사이의 자유롭고 완전한 합의에 의해서만 성립된다.

The family is the natural and fundamental group unit of society and is entitled to protection by society and the State.

가정은 자연적이고 기초적인 사회 단위로서, 사회와 국가의 보호를 받을 권리가 있다.

Article 17 (제17조)

Everyone has the right to own property alone as well as in association with others. No one shall be arbitrarily deprived of his property.

(제 17조)

만인은 단독으로 또는 타인과 공동으로 재산을 소유할 권리가 있다. 누구든지 법에 의하지 않고서는 자기 재산을 침탈당하지 않는다.

Article 18 (제18조)

Everyone has the right to freedom of thought, conscience and religion; this right includes freedom to change his religion or belief, and freedom, either alone or in community with others and in public or private, to manifest his religion or belief in teaching, practice, worship and observance.

(제 18조)

만인은 사상, 양심, 종교의 자유권이 있다. 이 권리는 자신의 종교 또는 신념을 변경할 자유, 단독으로 또는 타인과 공동으로 공적 또는 사적으로 전파, 실천, 예배 및 의식을 통하여 자신의 종교나 신념을 표명할 자유를 포함한다.

Article 19 (제19조)

Everyone has the right to freedom of opinion and expression! this right includes freedom to hold opinions without interference and to seek, receive and impart information and ideas through any media and regardless of frontiers.

(제 19조)

만인은 소견과 표현의 자유권이 있다. 이 권리는 타의 간섭 없이 자신의 소견을 가질 자유와 모든 매체를 통하여 국경에 상관없이 정보와 사상을 추구하고 받고 전할 자유를 포함한다.

Article 20 (제20조)

Everyone has the right to freedom of peaceful assembly and association. No

(제 20조)

만인은 평화적 집회 및 평화적 결사를 할 자유권이 있다. 누구든지 어떤 결사 단체에

one may be compelled to belong to an association.

소속될 것을 강요받지 않는다.

Article 21 (제21조)

(제 21조)

Everyone has the right to take part in the government of his country, directly or through freely chosen representatives.

만인은 직접 또는 자유롭게 선출된 대표를 통하여, 자국의 정치에 참여할 권리가 있다

Everyone has the right of equal access to public service in his country. The will of the people shall be the basis of the authority of government; this shall be expressed in periodic and genuine elections which shall be by universal and equal suffrage and shall be held by secret vote or by equivalent free voting procedures.

만인은 직접 또는 자유롭게 선출된 대표를 통하여, 자국의 정치에 참여할 권리가 있다. 국민의 의사는 통치권력의 권위의 기초가 되어야 한다. 국민의 의사는 정기적이고 오염되지 않은 선거에 의해 표명되어야 한다. 선거는 보통 투표, 평등 투표에 의하여야 하며, 비밀투표 또는 그것과 동등한 자유가 보장되는 투표절차에 의해 이행되어야 한다.

Article 22 (제22조)

(제 22조)

Everyone, as a member of society, has the right to social security and is entitled to realization, through national effort and international co-operation and in accordance with the organization and resources of each State, of the economic, social and cultural rights indispensable for his dignity and the free development of his personality.

만인은 사회의 일원으로서 사회보장을 받을 권리가 있으며, 국가적 노력 및 국제적 협력을 통해서, 그리고 각국의 구조와 자원에 따라서, 자신의 존엄성과 인격의 자유로운 발전을 위해 필요한 경제적, 사회적, 문화적 권리를 실현할 권리가 있다.

Article 23 (제23조)

(제 23조)

Everyone has the right to work, to free choice of employment, to just and fa-

만인은 노동권과 직업 선택의 자유권이 있고, 정당하고 호의적인 노동조건을 제공 받

vorable conditions of work and to protection against unemployment.

을 권리가 있고, 실업으로부터 보호받을 권리가 있다.

Everyone, without any discrimination, has the right to equal pay for equal work.

만인은 어떠한 차별도 없이 동등 노동에 대하여 동등 임금을 받을 권리가 있다.

Everyone who works has the right to just and favorable remuneration ensuring for himself and his family an existence worthy of human dignity, and supplemented, if necessary, by other means of social protection.

모든 노동자는 자신과 가족이 인격적 존엄성을 인정받는 수준의 생존이 보장되는 정당하고 호의적인 보수를 받을 권리가 있다. 또, 필요한 경우에는 다른 사회적 보호 수단에 의해 보조금을 받을 수 있는 권리가 있다.

Everyone has the right to form and to join trade unions for the protection of his interests.

만인은 자신의 이익을 보호하기 위하여 노동조합을 조직하고 그것에 참가할 권리가 있다.

Article 24 (제24조)

Everyone has the right to rest and leisure, including reasonable limitation of working hours and periodic holidays with pay.

(제 24조)

만인은 합리적인 노동시간의 제한과 정기적 유급휴가를 포함한 휴식 및 여가를 누릴 권리가 있다.

Article 25 (제25조)

Everyone has the right to a standard of living adequate for the health and well-being of himself and of his family, including food, clothing, housing and medical care and necessary social services, and the right to security in the event of unemployment, sickness, disability, widowhood, old age or other

(제 25조)

만인은 본인과 가족의 의식주, 의료 및 필수의 사회적 편의를 포함하는 건강과 복리를 위해 충분한 생활수준을 누릴 권리가 있다. 또, 실업, 질병, 장애, 배우자 사망, 노령 또는 그 밖의 자신이 통제할 수 없는 상황에서 생활불능의 사건이 생겼을 때, 사회 보장을 받을 권리가 있다.

lack of livelihood in circumstances beyond his control.

Motherhood and childhood are entitled to special care and assistance. All children, whether born in or out of wedlock, shall enjoy the same social protection.

자녀를 양육하는 여성과 아동은 특별한 양호와 조력을 받을 권리가 있다. 모든 아동은 혼인관계 속에서 출생했든지 아니든지에 관계없이 동등한 사회적 보호를 받는다.

Article 26 (제26조)

Everyone has the right to education. Education shall be free, at least in the elementary and fundamental stages. Elementary education shall be compulsory. Technical and professional education shall be made generally available and higher education shall be equally accessible to all on the basis of merit

Education shall be directed to the full development of the human personality and to the strengthening of respect for human rights and fundamental freedoms. It shall promote understanding, tolerance and friendship among all nations, racial or religious groups, and shall further the activities of the United Nations for the maintenance of peace.

Parents have a prior right to choose the kind of education that shall be given to their children.

(제 26조)

만인은 교육을 받을 권리가 있다. 교육은 최소한 초등 및 기초 단계까지는 무상이어야 한다. 초등교육은 의무적으로 받아야 한다. 기술교육과 직업교육은 원하는 모두에게 제공되어야 한다. 고등교육은 능력에 따라 제공될 수 있도록 만인에게 접근이 허용되어야 한다.

교육의 방향은 전인적인 인격을 개발할 수 있고 인권과 기본적 자유에 대한 존중을 강화할 수 있게 설정되어야 한다. 교육은 모든 민족, 모든 인종 집단, 모든 종교 집단 사이에 이해와 관용과 우정이 촉진하는 것이어야 한다. 또, 평화 유지를 위한 유엔의 활동을 증진하는 것이어야 한다.

자녀에게 제공되는 교육의 종류를 선택함에 있어서는 부모에게 우선권이 있다.

Article 27 (제27조)

Everyone has the right freely to participate in the cultural life of the community, to enjoy the arts and to share in scientific advancement and its benefits.

Everyone has the right to the protection of the moral and material interests resulting from any scientific, literary or artistic production of which he is the author.

Article 27 (제 27조)

만인은 그 지역사회의 문화생활에 자유로이 참여할 권리가 있고, 예술을 자유로이 즐길 권리가 있고, 과학의 발전에 자유로이 참여하고 과학 발전의 혜택을 자유로이 나누어 받을 권리가 있다.

만인은 자신이 창조한 모든 과학적, 문화적, 예술적 산물에서 생기는 도의적 물질적 권익을 보호받을 권리가 있다.

Article 28 (제28조)

Everyone is entitled to a social and international order in which the rights and freedoms set forth in this Declaration can be fully realized.

Article 28 (제 28조)

만인은 이 선언에서 규정된 제 권리와 제 자유가 완전하게 실현할 수 있도록 장치된 사회적, 국제적 질서를 누릴 권리가 있다.

Article 29 (제29조)

Everyone has duties to the community in which alone the free and full development of his personality is possible.

In the exercise of his rights and freedoms, everyone shall be subject only to such limitations as are determined by law solely for the purpose of securing due recognition and respect for the rights and freedoms of others and of meeting the just requirements of morality, public order and the general welfare in a democratic society.

Article 29 (제 29조)

개인의 인격은 공동체 속에서만 자유롭고 완전하게 개발될 수 있으므로, 만인은 그 공동체를 위해 노력할 임무를 진다.

타인의 제 권리와 제 자유에 대한 정당한 인정과 존중을 보장하고 민주사회의 도덕률, 공공질서 및 총체적 복리를 위한 정당한 필요조건을 충족할 목적으로 법으로 정해진 경우에 한하여, 만인은 자신의 제 권리와 제 자유를 행사함에 있어서 제한을 받는다.

These rights and freedoms may in no case be exercised contrary to the purposes and principles of the United Nations.

이러한 제 권리와 제 자유는 어떤 경우에도 유엔의 목적과 원칙에 반하여 행사될 수 없다.

Article 30 (제 30조)

Nothing in this Declaration may be interpreted as implying for any State, group or person any right to engage in any activity or to perform any act aimed at the destruction of any of the rights and freedoms set forth herein.

(제 30조)

이 선언의 어떤 부분도, 이 선언에 제시된 제 권리와 제 자유 중 어느 것을 파괴할 목적의 활동에 발을 들여 놓거나 그러한 목적의 행위를 할 권리가 어떤 국가나 집단이나 개인에게 있음을 시사하는 것으로 해석될 수 없다.

단어 & 숙어

recognition 인식
aspiration 포부
inherent 고유의
rebellion 반항
inalienable 양도할 수 없는
oppression 압박
barbarous 야만의
pledged 다짐
fundamental 기본적인
declaration 선언
progressive 진보
observance 준수
territories 지역
jurisdiction 관할
entitled 자격
distinction 구별
jurisdictional 관할권
sovereignty 주권
security 보안
slavery 노예제도
degrading 품위를 낮추는
punishment 형벌
discrimination 차별
obligations 의무
remedy 치료제
tribunals 법정
violating 위반
determination 결정
guilty 유죄
residence 거주
omission 생략
persecution 박해
committed 최선을 다하는
applicable 적용할 수 있는
dissolution 해산
association 협회
intending 장래
observance 준수
spouses 배우자
regardless ~에 관계없이
equivalent 동등한
association 협회
procedures 절차
representatives 대표
indispensable 없어서는 안될
unemployment 실업
reasonable 합리적인
remuneration 보수
circumstances 상황
existence 존재
assistance 원조
tolerance 관용
protection 보호
maintenance 유지
fundamental 기본적인
compulsory 강제적인
scientific 과학적인
fully 충분히
author 저자
democratic 민주적인
Declaration 선언
implying 넌지시 의미하다.
perform 수행
destruction 파괴

제2장
아동의 권리에 관한 협약

The Convention on the Rights of the Child

(1989.11.20.)

The States Parties to the present Convention,

이 협약의 당사국은,

Considering that, (a) in accordance (______) the principles proclaimed in the Charter of the United Nations, recognition of the inherent dignity and of the equal and (b) (__________) rights of all members of the human family is the foundation of freedom, justice and peace in the world,

국제연합 헌장에 선언된 원칙에 따라, 인류사회의 모든 구성원의 고유의 존엄성 및 평등하고 양도할 수 없는 권리를 인정하는 것이 세계의 자유·정의 및 평화의 기초가 됨을 고려하고,

(c) (________) in mind that the peoples of the United Nations have, in the Charter, reaffirmed their faith in fundamental human rights and in the dignity and worth of the human person, and have determined to promote social progress and better standards of life in larger freedom,

국제연합체제하의 모든 국민들은 기본적인 인권과 인간의 존엄성 및 가치에 대한 신념을 헌장에서 재확인하였고, 확대된 자유 속에서 사회진보와 생활수준의 향상을 촉진하기로 결의하였음에 유념하며,

Recognizing that the United Nations has, in (d) the Universal Declaration of Human Rights and in the International Covenants on Human Rights, proclaimed and agreed that everyone is entitled to all the rights and freedoms set forth therein, without distinction of any kind, such as race, colour, sex, language, religion, political or other opinion, national or social origin, property, birth or other status,

국제연합이 세계인권선언과 국제인권규약에서 모든 사람은 인종, 피부색, 성별, 언어, 종교, 정치적 또는 기타의 의견, 민족적 또는 사회적 출신, 재산, 출생 또는 기타의 신분 등 어떠한 종류 구분에 의한 차별 없이 동 선언 및 규약에 규정된 모든 권리와 자유를 누릴 자격이 있음을 선언하고 동의하였음을 인정하고,

Recalling that, in the Universal Declaration of Human Rights, the United

국제연합이 세계인권선언에서 아동기에는 특별한 보호와 원조를 받을 권리가 있다고

Nations has proclaimed that childhood is entitled to special care and assistance,

선언하였음을 상기하며,

Convinced that the family, as the fundamental group of society and the natural environment for the growth and well-being of all its members and particularly children, (a)should be afforded the necessary protection and assistance so that it can fully assume its responsibilities within the community,

사회의 기초집단이며 모든 구성원 특히 아동의 성장과 복지를 위한 자연적 환경으로서 가족에게는 공동체 안에서 그 책임을 충분히 감당할 수 있도록 필요한 보호와 원조가 부여되어야 함을 확신하며,

Recognizing that the child, for the full and harmonious development of his or her personality, should grow up in a family environment, in an atmosphere of happiness, love and understanding,

아동은 완전하고 조화로운 인격 발달을 위하여 가족적 환경과 행복, 사랑 및 이해의 분위기 속에서 성장하여야 함을 인정하고,

Considering that the child should be fully prepared to live an individual life in society, and brought up in the spirit of the ideals proclaimed in the Charter of the United Nations, and in particular in the spirit of peace, dignity, tolerance, freedom, equality and solidarity,

아동은 사회에서 한 개인으로서의 삶을 영위할 수 있도록 충분히 준비되어져야 하며, 국제연합 헌장에 선언된 이상의 정신과 특히 평화·존엄·관용·평등·연대의 정신 속에서 양육되어야 함을 고려하고,

Bearing in mind that the need to extend particular care to the child has been stated in the (b)Geneva Declaration of the Rights of the Child of 1924 and in the (c)Declaration of the Rights of the adopted by the General Assembly on 20 November 1959 and recognized in the Universal Declaration of Human

아동에게 특별한 보호를 제공하여야 할 필요성은 1924년 아동 권리에 관한 제네바선언과 1959년 11월 20일 총회에 의하여 채택된 아동권리선언에 명시되어 있으며, 세계인권선언, 시민적 및 정치적 권리에 관한 국제규약(특히 제 23조 및 제 24조), 경제적·사회적 및 문학적 권리에 관한 국제규약

Rights, in (d)the International Covenant on Civil and Political Rights (in particular in articles 23 and 24), in the International Covenant on Economic, Social and Cultural Rights (in particular in article 10) and in the statutes and relevant instruments of specialized agencies and international organizations concerned with the welfare of (e)(______),

(특히 제 10조) 및 아동의 복지와 관련된 전문기구와 국제기구의 규정 및 관련문서에서 인정되었음을 유념하고,

Bearing in mind that, as indicated in the Declaration of the Rights of the Child, "the child, by reason of his physical and mental immaturity, needs special safeguards and care, including appropriate legal protection, before as well as after birth",

아동권리선언에 나타나 있는 바와 같이, "아동은 신체적·정신적 미성숙으로 인하여 출생전후를 막론하고 적절한 법적 보호를 포함한 특별한 보호와 배려를 필요로 한다." 는 점에 유념하고,

Recalling the provisions of (a)the Declaration on Social and Legal Principles relating to the Protection and Welfare of Children, with (b)Special Reference to Foster Placement and Adoption Nationally and Internationally; (c)the United Nations Standard Minimum Rules for the Administration of Juvenile Justice(The Beijing Rules); and (d)the Declaration on the Protection of Women and Children in Emrgency and Armed Conflict,

"국내적 또는 국제적 양육위탁과 입양을 별도로 규정하는 아동의 보호와 복지에 관한 사회적 및 법적 원칙에 관한 선언"의 제규정, "소년법 운영을 위한 국제연합 최소 표준규칙"(베이징 규칙) 및 "비상시 및 무력충돌시 부녀자와 아동의 보호에 관한 선언"을 상기하고,

Recognizing that, in all countries in the world, there are children living in exceptionally difficult conditions, and that

세계 모든 국가에 예외적으로 어려운 여건하에 생활하고 있는 아동들이 있으며, 이 아

such children need special consideration,

동들은 특별한 배려를 필요로 함을 인정하고,

Taking due account of the importance of the traditions and cultural values of each people for the protection and harmonious development of the child,

아동의 보호와 조화로운 발전을 위하여 각 민족의 전통과 문화적 가치의 중요성을 충분히 고려하고,

Recognizing the importance of international co-operation for improving the living conditions of children in every country, in particular in the (e) (______________) countries, Have agreed as follows:

모든 국가, 특히 개발도상국가 아동의 생활 여건을 향상시키기 위한 국제 협력의 중요성을 인정하면서, 다음과 같이 합의하였다.

제 1부 (PART I)

조약

Article 1

For the purposes of the present Convention, a child means every human being below the age of eighteen years (a) (______________) under the law applicable to the child, majority is attained earlier.

제 1 부

제 1조

이 협약의 목적상, "아동"이라 함은 아동에게 적용되는 법에 의하여 보다 조기에 성인 연령에 달하지 아니하는 한 18세 미만의 모든 사람을 말한다.

Article 2

1. States Parties shall respect and ensure the rights set forth in the present Convention to each child within their jurisdiction (b)(______________) discrimination of any kind, irrespective of the child's or his or her parent's or legal guardian's race, col-

제 2조

1. 당사국은 자국의 관할권 안에서 아동 또는 그의 부모나 후견인의 인종, 피부색, 성별, 언어, 종교, 정치적 또는 기타의 의견, 민족적, 인종적 또는 사회적 출신, 재산, 무능력, 출생 또는 기타의 신분에 관계없이 그리고 어떠한 종류의 차별을 함

our, sex, language, religion, political or other opinion, national, ethnic or social origin, property, disability, birth or other status.

이 없이 이 협약에 규정된 권리를 존중하고, 각 아동에게 보장하여야 한다.

2. States Parties shall take all appropriate measures to ensure that the child is protected against all forms of discrimination or punishment on the basis of the status, activities, expressed opinions, or beliefs of the child's parents, legal guardians, or family members.

2. 당사국은 아동이 그의 부모나 후견인 또는 가족 구성원의 신분, 활동, 표명된 의견 또는 신념을 이유로 하는 모든 형태의 차별이나 처벌로부터 보호되도록 보장하는 모든 적절한 조치를 취하여야 한다.

Article 3

1. In all actions concerning children, whether undertaken by public or private social welfare institutions, courts of law, administrative authorities or legislative bodies, the best interests of the child shall be a primary consideration.

2. States Parties undertake to ensure the child such protection and care as is necessary for his or her well-being, taking into account the rights and duties of his or her parents, legal guardians, or other individuals legally responsible for him or her, and, to this end, shall take all appropriate legislative and administrative measures.

제 3조

1. 공공 또는 민간 사회복지기관, 법원, 행정당국, 또는 입법기관 등에 의하여 실시되는 아동에 관한 모든 활동에 있어서 아동의 최선의 이익이 최우선적으로 고려되어야 한다.

2. 당사국은 아동의 부모, 후견인, 기타 아동에 대하여 법적 책임이 있는 자의 권리와 의무를 고려하여, 아동복지에 필요한 보호와 배려를 아동에게 보장하고, 이를 위하여 모든 적절한 입법적·행정적 조치를 취하여야 한다.

3. States Parties shall ensure that the institutions, services and facilities responsible for the care or protection of children shall conform with the standards established by competent authorities, particularly in the areas of safety, health, in the number and suitability of their staff, as well as competent supervision.

3. 당사국은 아동에 대한 배려와 보호에 책임 있는 기관, 편의 및 시설이 관계당국이 설정한 기준, 특히 안전과 위생 분야 그리고 직원의 수 및 적격성은 물론 충분한 감독면에서 기준에 따를 것을 보장하여야 한다.

Article 4

States Parties shall undertake all appropriate legislative, administrative, and other measures for the implementation of the rights recognized in the present Convention. With regard to economic, social and cultural rights, States Parties shall undertake such measures to the maximum extent of their available resources and, where needed, within the framework of international co-operation.

제 4조

당사국은 이 협약에서 인정된 권리를 실현하기 위하여 모든 적절한 입법적·행정적 및 여타의 조치를 취하여야 한다. 경제적·사회적 및 문화적 권리에 관하여 당사국은 가용자원의 최대한도까지 그리고 필요한 경우에는 국제협력의 테두리 안에서 이러한 조치를 취하여야 한다.

Article 5

States Parties shall respect the responsibilities, rights and duties of parents or, where applicable, the members of the extended family or community as provided for by local custom, legal guardians or other persons legally responsible for the child, to provide, in a manner consistent with the evolving capacities of the child, appropriate direction and guidance in the exercise by the

제 5조

아동이 이 협약에서 인정된 권리를 행사함에 있어서 당사국은 부모 또는 적용 가능한 경우 현지 관습에 의하여 인정되는 확대가족이나 공동체의 구성원, 후견인 기타 아동에 대한 법적 책임자들이 아동의 능력발달에 상응하는 방법으로 적절한 감독과 지도를 행할 책임과 권리 및 의무를 가지고 있음을 존중하여야 한다.

child of the rights recognized in the present Convention.

Article 6

1. States Parties recognize that every child has the inherent right to life.

2. States Parties shall ensure to the maximum extent possible the survival and development of the child.

제 6조

1. 당사국은 모든 아동이 생명에 관한 고유의 권리를 가지고 있음을 인정한다.

2. 당사국은 가능한 한 최대한도로 아동의 생존과 발전을 보장하여야 한다.

Article 7

1. The child shall be registered immediately after birth and shall have the right from birth to a name, the right to acquire a nationality and, as far as possible, the right to know and be cared for by his or her parents.

2. States Parties shall ensure the implementation of these rights in accordance with their national law and their obligations under the relevant international instruments in this field, in particular where the child would otherwise be stateless.

제 7조

1. 아동은 출생 후 즉시 등록되어야 하며, 출생 시부터 성명권과 국적 취득권을 가지며, 가능한 한 자신의 부모를 알고 부모에 의하여 양육 받을 권리를 가진다.

2. 당사국은 이 분야의 국내법 및 관련 국제문서상의 의무에 따라 이러한 권리가 실행되도록 보장하여야 하며, 권리가 실행되지 아니하여 아동이 무국적으로 되는 경우에는 특히 그러하다.

Article 8

1. States Parties undertake to respect the right of the child to preserve his or her identity, including nationality, name and family relations as recognized by law without unlawful interference.

제 8조

1. 당사국은 위법한 간섭을 받지 아니하고, 국적, 성명 및 가족관계를 포함하여 법률에 의하여 인정된 신분을 보존할 수 있는 아동의 권리를 존중한다.

2. Where a child is illegally deprived of some or all of the elements of his or her identity, States Parties shall provide appropriate assistance and protection, with a view to re-establishing speedily his or her identity.

2. 아동이 그의 신분요소 중 일부 또는 전부를 불법적으로 박탈당한 경우, 당사국은 그의 신분을 신속하게 회복하기 위하여 적절한 원조와 보호를 제공하여야 한다.

Article 9

1. States Parties shall ensure that a child shall not be (a) separated (____) his or her parents against their will, except when competent authorities subject to judicial review determine, (b) in accordance (____) applicable law and procedures, that such separation is necessary for the best interests of the child. Such determination may be necessary in a particular case such as one involving abuse or neglect of the child by the parents, or one where the parents are living separately and a decision must be made as to the child's place of residence.

2. In any proceedings pursuant to paragraph 1 of the present article, all interested parties shall be given an opportunity to participate in the proceedings and make their views known.

3. States Parties shall respect the right of the child who is separated from one or both parents to maintain per-

제 9조

1. 당사국은 사법적 심사의 구속을 받는 관계당국이 적용 가능한 법률 및 절차에 따라서 분리가 아동의 최상의 이익을 위하여 필요하다고 결정하는 경우 외에는, 아동이 그의 의사에 반하여 부모로부터 분리되지 아니하도록 보장하여야 한다. 위의 결정은 부모에 의한 아동 학대 또는 유기의 경우나 부모의 별거로 인하여 아동의 거소에 관한 결정이 내려져야 하는 등 특별한 경우에 필요할 수 있다.

2. 제1항의 규정에 의한 어떠한 절차에서도 모든 이해당사자는 그 절차에 참가하여 자신의 견해를 표시할 기회가 부여되어야 한다.

3. 당사국은 아동의 최선의 이익에 반하는 경우 외에는, 부모의 일방 또는 쌍방으로부터 분리된 아동이 정기적으로 부모와

sonal relations and direct contact with both parents on a regular basis, (c) except if it is contrary to the child's best interests.

개인적 관계 및 직접적인 면접교섭을 유지할 권리를 가짐을 존중하여야 한다.

4. Where such separation results from any action initiated by a State Party, such as the detention, imprisonment, exile, deportation or death (including death arising from any cause while the person is in the custody of the State) of one or both parents or of the child, that State Party shall, upon request, provide the parents, the child or, if appropriate, another member of the family with the essential information concerning the whereabouts of the absent member(s) of the family unless the provision of the information would be detrimental to the well-being of the child. States Parties shall further ensure that the submission of such a request shall of itself entail no adverse consequences for the person(s) concerned.

4. 그러한 분리가 부모의 일방이나 쌍방 또는 아동의 감금, 투옥, 망명, 강제퇴거 또는 사망(국가가 억류하고 있는 동안 어떠한 원인에 기인한 사망을 포함한다) 등과 같이 당사국에 의하여 취하여진 어떠한 조치의 결과인 경우에는, 당사국은 그 정보의 제공이 아동의 복지에 해롭지 아니하는 한, 요청이 있는 경우, 부모, 아동 또는 적절한 경우 다른 가족구성원에게 부재중인 가족구성원의 소재에 관한 필수적인 정보를 제공하여야 한다. 또한 당사국은 그러한 요청의 제출이 그 자체로 관계인에게 불리한 결과를 초래하지 아니하도록 보장하여야 한다.

Article 10

1. In accordance with the obligation of States Parties under article 9, paragraph 1, applications by a child or his or her parents to enter or leave a State Party for the purpose of family reunification shall be dealt with

제 10조

1. 제9조 제1항에 규정된 당사국의 의무에 따라서, 가족의 재결합을 위하여 아동 또는 그 부모가 당사국에 입국하거나 출국하기 위한 신청은 당사국에 의하여 긍정적이며 인도적인 방법으로 그리고 신속

by States Parties in a positive, humane and expeditious manner. States Parties shall further ensure that the submission of such a request shall entail no adverse consequences for the applicants and for the members of their family.

하게 취급되어야 한다. 또한 당사국은 이러한 요청의 제출이 신청자와 그의 가족 구성원들에게 불리한 결과를 수반하지 아니하도록 보장하여야 한다.

2. A child whose parents reside in different States shall have the right to maintain on a regular basis, save in exceptional circumstances personal relations and direct contacts with both parents. Towards that end and in accordance with the obligation of States Parties under article 9, paragraph 1, States Parties shall respect the right of the child and his or her parents to leave any country, including their own, and to enter their own country. The right to leave any country shall be subject only to such restrictions as are prescribed by law and which are necessary to protect the national security, public order (ordre public), public health or morals or the rights and freedoms of others and are consistent with the other rights recognized in the present Convention.

2. 부모가 타국에 거주하는 아동은 예외적 상황 외에는 정기적으로 부모와 개인적 관계 및 직접적인 면접교섭을 유지할 권리를 가진다. 이러한 목적에 비추어 그리고 제9조 제2항에 규정된 당사국의 의무에 따라서, 당사국은 아동과 그의 부모가 본국을 포함하여 어떠한 국가로부터 출국할 수 있고 또한 본국으로 입국할 수 있는 권리를 존중하여야 한다. 어떠한 국가로부터 출국할 수 있는 권리는 법률에 의하여 규정되고, 국가안보, 공공질서, 공중보건이나 도덕 또는 타인의 권리와 자유를 보호하기 위하여 필요하며 이 협약에서 인정된 그 밖의 권리에 부합되는 제한에 의하여만 구속된다.

Article 11

1. States Parties shall take measures to combat the illicit transfer and non-return of children abroad.

2. To this end, States Parties shall promote the conclusion of bilateral or multilateral agreements or accession to existing agreements.

제 11조

1. 당사국은 아동의 불법 해외이송 및 미귀환을 퇴치하기 위한 조치를 취하여야 한다.

2. 이 목적을 위하여 당사국은 양자 또는 다자협정의 체결이나 기존 협정에의 가입을 촉진하여야 한다.

Article 12

1. States Parties shall assure to the child who is capable of forming his or her own views the right to express those views freely in all matters affecting the child, the views of the child being given due weight in accordance with the age and maturity of the child.

2. For this purpose, the child shall in particular be provided the opportunity to be heard in any judicial and administrative proceedings affecting the child, either directly, or through a representative or an appropriate body, in a manner consistent with the procedural rules of national law.

제 12조

1. 당사국은 자신의 견해를 형성할 능력이 있는 아동에 대하여 본인에게 영향을 미치는 모든 문제에 있어서 자신의 견해를 자유스럽게 표시할 권리를 보장하며, 아동의 견해에 대하여는 아동의 연령과 성숙도에 따라 정당한 비중이 부여되어야 한다.

2. 이러한 목적을 위하여, 아동에게는 특히 아동에게 영향을 미치는 어떠한 사법적·행정적 절차에 있어서도 직접 또는 대표자나 적절한 기관을 통하여 진술할 기회가 국내법적 절차에 합치되는 방법으로 주어져야 한다.

Article 13

1. The child shall have the right to freedom of expression; this right shall include freedom to seek, receive and impart information and ideas of all

제 13조

1. 아동은 표현에 대한 자유권을 가진다. 이 권리는 구두, 필기 또는 인쇄, 예술의 형태 또는 아동이 선택하는 기타의 매체를

kinds, regardless of frontiers, either orally, in writing or in print, in the form of art, or through any other media of the child's choice.

통하여 모든 종류의 정보와 사상을 국경에 관계없이 추구하고 접수하며 전달하는 자유를 포함한다.

2. The exercise of this right may be subject to certain restrictions, but these shall only be such as are provided by law and are necessary:

2. 이 권리의 행사는 일정한 제한을 받을 수 있다. 다만 이 제한은 오직 법률에 의하여 규정되고 또한 다음 사항을 위하여 필요한 것이어야 한다.

(a) For respect of the rights or reputations of others; or

(a) 타인의 권리 또는 신망의 존중

(b) For the protection of national security or of public order (ordre public), or of public health or morals.

(b) 국가안보, 공공질서, 공중보건 또는 도덕의 보호

Article 14

제 14조

1. States Parties shall respect the right of the child to freedom of thought, conscience and religion.

1. 당사국은 아동의 사상·양심 및 종교의 자유에 대한 권리를 존중하여야 한다.

2. States Parties shall respect the rights and duties of the parents and, when applicable, legal guardians, to provide direction to the child in the exercise of his or her right in a manner consistent with the evolving capacities of the child.

2. 당사국은 아동이 권리를 행사함에 있어 부모 및 경우에 따라서는, 후견인이 아동의 능력발달에 부합하는 방식으로 그를 감독할 수 있는 권리와 의무를 존중하여야 한다.

3. Freedom to manifest one's religion or beliefs may be subject only to such limitations as are prescribed by law and are necessary to protect public

3. 종교와 신념을 표현하는 자유는 오직 법률에 의하여 규정되고 공공의 안전, 질서, 보건이나 도덕 또는 타인의 기본권적

safety, order, health or morals, or the fundamental rights and freedoms of others.

권리와 자유를 보호하기 위하여 필요한 경우에만 제한될 수 있다.

Article 15

1. States Parties recognize the rights of the child to freedom of association and to freedom of peaceful assembly.

2. No restrictions may be placed on the exercise of these rights other than those imposed in conformity with the law and which are necessary in a democratic society in the interests of national security or public safety, public order (order public), the protection of public health or morals or the protection of the rights and freedoms of others.

제 15조

1. 당사국은 아동의 결사의 자유와 평화적 집회의 자유에 대한 권리를 인정한다.

2. 이 권리의 행사에 대하여는 법률에 따라 부과되고 국가안보 또는 공공의 안전, 공공질서, 공중보건이나 도덕의 보호 또는 타인의 권리와 자유의 보호를 위하여 민주사회에서 필요한 것 외의 어떠한 제한도 과하여져서는 아니 된다.

Article 16

1. No child shall be subjected to arbitrary or unlawful interference with his or her privacy, family, home or correspondence, nor to unlawful attacks on his or her honour and reputation.

2. The child has the right to the protection of the law against such interference or attacks.

제 16조

1. 어떠한 아동도 사생활, 가족, 가정 또는 통신에 대하여 자의적이거나 위법적인 간섭을 받지 아니하며 또한 명예나 신망에 대한 위법적인 공격을 받지 아니한다.

2. 아동은 이러한 간섭 또는 비난으로부터 법의 보호를 받을 권리를 가진다.

Article 17

States Parties recognize the important function performed by the mass media and shall ensure that the child has access to information and material from a diversity of national and international sources, especially those aimed at the promotion of his or her social, spiritual and moral well-being and physical and mental health. To this end, States Parties shall:

(a) Encourage the mass media to disseminate information and material of social and cultural benefit to the child and in accordance with the spirit of article 29;

(b) Encourage international co-operation in the production, exchange and dissemination of such information and material from a diversity of cultural, national and international sources;

(c) Encourage the production and dissemination of children's books;

(d) Encourage the mass media to have particular regard to the linguistic needs of the child who belongs to a minority group or who is indigenous;

제 17조

당사국은 대중매체가 수행하는 중요한 기능을 인정하며, 아동이 다양한 국내적 및 국제적 정보원으로부터의 정보와 자료, 특히 아동의 사회적·정신적·도덕적 복지와 신체적·정신적 건강의 향상을 목적으로 하는 정보와 자료에 대한 접근권을 가짐을 보장하여야 한다. 이 목적을 위하여 당사국은,

(a) 대중매체가 아동에게 사회적·문화적으로 유익하고 제29조의 정신에 부합되는 정보와 자료를 보급하도록 장려하여야 한다.

(b) 다양한 문화적·국내적 및 국제적 정보원으로부터의 정보와 자료를 제작·교환 및 보급하는 데 있어서의 국제협력을 장려하여야 한다.

(c) 아동도서의 제작과 보급을 장려하여야 한다.

(d) 대중매체로 하여금 소수집단에 속하거나 원주민인 아동의 언어상의 곤란에 특별한 관심을 기울이도록 장려하여야 한다.

(e) Encourage the development of appropriate guidelines for the protection of the child from information and material injurious to his or her well-being, bearing in mind the provisions of articles 13 and 18.

(e) 제13조와 제18조의 규정을 유념하며 아동 복지에 해로운 정보와 자료로부터 아동을 보호하기 위한 적절한 지침의 개발을 장려하여야 한다.

Article 18

1. States Parties shall use their best efforts to ensure recognition of the principle that both parents have common responsibilities for the upbringing and development of the child. Parents or, as the case may be, (a)legal guardians, have the primary responsibility for the upbringing and development of the child. The best interests of the child will be their basic concern.

2. For the purpose of guaranteeing and promoting the rights set forth in the present Convention, States Parties shall render appropriate assistance to parents and legal guardians in the performance of their child-rearing responsibilities and shall ensure the development of institutions, facilities and services for the care of children.

제 18조

1. 당사국은 부모 쌍방이 아동의 양육과 발전에 공동책임을 진다는 원칙이 인정받을 수 있도록 최선의 노력을 기울여야 한다. 부모 또는 경우에 따라서 후견인은 아동의 양육과 발달에 일차적 책임을 진다. 아동의 최선의 이익이 그들의 기본적 관심이 된다.

2. 이 협약에 규정된 권리를 보장하고 촉진시키기 위하여, 당사국은 아동의 양육책임 이행에 있어서 부모와 후견인에게 적절한 지원을 제공하여야 하며, 아동 보호를 위한 기관·시설 및 편의의 개발을 보장하여야 한다.

3. States Parties shall take all appropriate measures to ensure that (b)children of working parents have the right to benefit from child-care services and facilities for which they are eligible.

3. 당사국은 취업부모의 아동들이 이용할 자격이 있는 아동보호를 위한 편의 및 시설로부터 이익을 향유할 수 있는 권리가 있음을 보장하기 위하여 모든 적절한 조치를 취하여야 한다.

Article 19

1. States Parties shall take all appropriate legislative, administrative, social and educational measures to protect the child from all forms of physical or mental violence, injury or abuse, neglect or negligent treatment, maltreatment or exploitation, including sexual abuse, while in the care of parent(s), legal guardian(s) or any other person who has the care of the child.

2. Such protective measures should, as appropriate, include effective procedures for the establishment of social programmes to provide necessary support for the child and for those who have the care of the child, as well as for other forms of prevention and for identification, reporting, referral, investigation, treatment and follow-up of instances of child maltreatment described heretofore, and, as appropriate, for judicial involvement.

제 19조

1. 당사국은 아동이 부모·후견인 기타 아동양육자의 양육을 받고 있는 동안 모든 형태의 신체적·정신적 폭력, 상해나 학대, 유기나 유기적 대우, 성적 학대를 포함한 혹사나 착취로부터 아동을 보호하기 위하여 모든 적절한 입법적·행정적·사회적 및 교육적 조치를 취하여야 한다.

2. 이러한 보호조치는 아동 및 아동양육자에게 필요한 지원을 제공하기 위한 사회계획의 수립은 물론, 제1항에 규정된 바와 같은 아동학대 사례를 다른 형태로 방지하거나 확인·보고·조회·조사·처리 및 추적하고 또한 적절한 경우에는 사법적 개입을 가능하게 하는 효과적 절차를 적절히 포함하여야 한다.

Article 20

1. A child temporarily or permanently deprived of his or her family environment, or in whose own best interests cannot be allowed to remain in that environment, shall be entitled to special protection and assistance provided by the State.

2. States Parties shall in accordance with their national laws ensure alternative care for such a child.

3. Such care could include, inter alia, foster placement, kafalah of Islamic law, adoption or if necessary placement in suitable institutions for the care of children. When considering solutions, due regard shall be paid to the desirability of continuity in a child's upbringing and to the child's ethnic, religious, cultural and linguistic background.

제 20조

1. 일시적 또는 항구적으로 가정환경을 박탈당하거나 가정환경에 있는 것이 스스로의 최선의 이익을 위하여 허용될 수 없는 아동은 국가로부터 특별한 보호와 원조를 부여받을 권리가 있다.

2. 당사국은 자국의 국내법에 따라 이러한 아동을 위한 보호의 대안을 확보하여야 한다.

3. 이러한 보호는 특히 양육위탁, 회교법의 카팔라, 입양, 또는 필요한 경우 적절한 아동 양육기관에 두는 것을 포함한다. 해결책을 모색하는 경우에는 아동 양육에 있어 계속성의 보장이 바람직하다는 점과 아동의 인종적·종교적·문화적 및 언어적 배경에 대하여 정당한 고려가 베풀어져야 한다.

Article 21

States Parties that recognize and/or permit the system of adoption shall ensure that the best interests of the child shall be the paramount consideration and they shall:

(a) Ensure that the adoption of a child is authorized only by competent authorities who determine,

제 21조

입양제도를 인정하거나 허용하는 당사국은 아동의 최선의 이익이 최우선적으로 고려되도록 보장하여야 하며, 또한 당사국은,

(a) 아동의 입양은, 적용 가능한 법률과 절차에 따라서 그리고 적절하고 신빙성 있는 모든 정보에 기초하여, 입양이 부

in accordance with applicable law and procedures and on the basis of all pertinent and reliable information, that the adoption is permissible in view of the child's status concerning parents, relatives and legal guardians and that, if required, the persons concerned have given their informed consent to the adoption on the basis of such counselling as may be necessary;

모·친척 및 후견인에 대한 아동의 신분에 비추어 허용될 수 있음을, 그리고 요구되는 경우 관계자들이 필요한 협의에 의하여 입양에 대한 분별 있는 승낙을 하였음을 결정하는 관계당국에 의하여만 허가되도록 보장하여야 한다.

(b) Recognize that inter-country adoption may be considered as an alternative means of child's care, (가) if the child cannot be placed in a foster or an adoptive family or cannot in any suitable manner be cared for in the child's country of origin;

(b) 국제입양은, 아동이 위탁양육자나 입양가족에 두어질 수 없거나 또는 어떠한 적절한 방법으로도 출신국에서 양육되어질 수 없는 경우, 아동 양육의 대체수단으로서 고려될 수 있음을 인정하여야 한다.

(c) Ensure that the child concerned by inter-country adoption enjoys safeguards and standards equivalent to those existing in the case of national adoption;

(c) 국제입양에 관계되는 아동이 국내입양의 경우와 대등한 보호와 기준을 향유하도록 보장하여야 한다.

(d) Take all appropriate measures to ensure that, in inter-country adoption, the placement does not (나) result (   ) improper financial gain for those involved in it;

(d) 국제입양에 있어서 양육지정이 관계자들에게 부당한 재정적 이익을 주는 결과가 되지 아니하도록 모든 적절한 조치를 취하여야 한다.

(e) Promote, where appropriate, the objectives of the present article by concluding bilateral or multilateral arrangements or agreements, and endeavor, within this framework, to ensure that the placement of the child in another country is carried out by competent authorities or organs.

(e) 적절한 경우에는 양자 또는 다자약정이나 협정을 체결함으로써 이 조의 목적을 촉진시키며, 이러한 테두리 안에서 아동의 타국 내 양육지정이 관계당국이나 기관에 의하여 실시되는 것을 확보하기 위하여 노력하여야 한다.

Article 22

제 22조

1. States Parties shall take appropriate measures to ensure that a child who is seeking refugee status or who is considered a refugee in accordance with applicable international or domestic law and procedures shall, whether unaccompanied or accompanied by his or her parents or by any other person, receive appropriate protection and humanitarian assistance in the enjoyment of applicable rights set forth in the present Convention and in other international human rights or humanitarian instruments to which the said States are Parties.

1. 당사국은 난민으로서의 지위를 구하거나 또는 적용 가능한 국제법 및 국내법과 절차에 따라 난민으로 취급되는 아동이, 부모나 기타 다른 사람과의 동반 여부에 관계없이, 이 협약 및 당해 국가가 당사국인 다른 국제인권 또는 인도주의 관련 문서에 규정된 적용 가능한 권리를 향유함에 있어서 적절한 보호와 인도적 지원을 받을 수 있도록 하기 위하여 적절한 조치를 취하여야 한다.

2. For this purpose, States Parties shall provide, as they consider appropriate, co-operation in any efforts by the United Nations and (a) <u>other competent intergovernmental organizations or non-governmental organ-</u>

2. 이 목적을 위하여, 당사국은 국제연합 및 국제연합과 협력하는 그 밖의 권한 있는 정부간 또는 비정부간 기구들이 그러한 아동을 보호, 원조하고 가족재결합에 필요한 정보를 얻기 위하여 난민 아동의 부

izations co-operating with the United Nations to protect and assist such a child and to trace the parents or other members of the family of any refugee child in order to obtain information necessary for reunification with his or her family. In cases where no parents or other members of the family can be found, the child shall be accorded the same protection as any other child permanently or temporarily deprived of his or her family environment for any reason, as set forth in the present Convention.

모나 다른 가족 구성원을 추적하는 데 기울이는 모든 노력에 대하여도 적절하다고 판단되는 협조를 제공하여야 한다. 부모나 다른 가족구성원을 발견할 수 없는 경우, 그 아동은 어떠한 이유로 인하여 영구적 또는 일시적으로 가정환경을 박탈당한 다른 아동과 마찬가지로 이 협약에 규정된 바와 같은 보호를 부여받아야 한다.

Article 23

1. States Parties recognize that a mentally or physically disabled child should enjoy a full and decent life, in conditions which ensure dignity, promote self-reliance and facilitate the child's active participation in the community.

2. States Parties recognize the right of the disabled child to special care and shall encourage and ensure the extension, subject to available resources, to the eligible child and those responsible for his or her care, of assistance for which application is made and which is appropriate to the child's condition and to the circum-

제 23조

1. 당사국은 정신적 또는 신체적 장애아동이 존엄성이 보장되고 자립이 촉진되며 적극적 사회참여가 조장되는 여건 속에서 충분히 품위 있는 생활을 누려야 함을 인정한다.

2. 당사국은 장애아동의 특별한 보호를 받을 권리를 인정하며, 신청에 의하여 그리고 아동의 여건과 부모나 다른 아동양육자의 사정에 적합한 지원이, 활용 가능한 재원의 범위 안에서, 이를 받을 만한 아동과 그의 양육 책임자에게 제공될 것을 장려하고 보장하여야 한다.

stances of the parents or others caring for the child.

3. Recognizing the special needs of a disabled child, assistance extended in accordance with paragraph 2 of the present article shall be provided free of charge, whenever possible, taking into account the financial resources of the parents or others caring for the child, and shall be designed to ensure that the disabled child has effective access to and receives education, training, health care services, rehabilitation services, preparation for employment and recreation opportunities in a manner conducive to the child's achieving the fullest possible social integration and individual development, including his or her cultural and spiritual development

4. (a)States Parties shall promote, in the spirit of international cooperation, the exchange of appropriate information in the field of preventive health care and of medical, psychological and functional treatment of disabled children, including dissemination of and access to information concerning methods of rehabilitation, education and vocational services, with the aim of enabling States

3. 장애아동의 특별한 어려움을 인식하며, 제2항에 따라 제공된 지원은 부모나 다른 아동양육자의 재산을 고려하여 가능한 한 무상으로 제공되어야 하며, 장애아동의 가능한 한 전면적인 사회참여와 문화적·정신적 발전을 포함한 개인적 발전의 달성에 이바지하는 방법으로 그 아동이 교육, 훈련, 건강관리지원, 재활지원, 취업준비 및 오락기회를 효과적으로 이용하고 제공받을 수 있도록 계획되어야 한다.

4. 당사국은 국제협력의 정신에 입각하여, 그리고 당해 분야에서의 능력과 기술을 향상시키고 경험을 확대하기 위하여 재활, 교육 및 직업보도 방법에 관한 정보의 보급 및 이용을 포함하여, 예방의학분야 및 장애아동에 대한 의학적·심리적·기능적 처치 분야에 있어서의 적절한 정보의 교환을 촉진하여야 한다. 이 문제에 있어서 개발도상국의 필요에 대하여 특별한 고려가 베풀어져야 한다.

Parties to improve their capabilities and skills and to widen their experience in these areas. (b)In this regard, particular account shall be taken of the needs of developing countries.

Article 24

1. States Parties recognize the right of the child to the enjoyment of the highest attainable standard of health and to facilities for the treatment of illness and rehabilitation of health. States Parties shall strive to ensure that (가)no child is deprived of his or her right of access to such health care services.

2. States Parties shall pursue full implementation of this right and, in particular, shall take appropriate measures:

   (a) To diminish infant and child mortality;

   (b) To ensure the provision of necessary medical assistance and health care to all children with emphasis on the development of primary health care;

   (c) To combat disease and malnutrition, including within the framework of primary health care, through, inter alia, the ap-

제 24조

1. 당사국은 도달 가능한 최상의 건강수준을 향유하고, 질병의 치료와 건강의 회복을 위한 시설을 사용할 수 있는 아동의 권리를 인정한다. 당사국은 건강관리지원의 이용에 관한 아동의 권리가 박탈되지 아니하도록 노력하여야 한다.

2. 당사국은 이 권리의 완전한 이행을 추구하여야 하며, 특히 다음과 같은 적절한 조치를 취하여야 한다.

   (a) 유아와 아동의 사망률을 감소시키기 위한 조치

   (b) 기초건강관리의 발전에 중점을 두면서 모든 아동에게 필요한 의료지원과 건강관리의 제공을 보장하는 조치

   (c) 환경오염의 위험과 손해를 감안하면서, 기초건강관리 체계 안에서 무엇보다도 쉽게 이용 가능한 기술의 적

plication of readily available technology and through the provision of adequate nutritious foods and clean drinking-water, (나)taking into consideration the dangers and risks of environmental pollution;

용과 충분한 영양식 및 깨끗한 음료수의 제공 등을 통하여 질병과 영양실조를 퇴치하기 위한 조치

(d) To ensure appropriate pre-natal and post-natal health care for mothers;

(d) 산모를 위하여 출산 전후의 적절한 건강관리를 보장하는 조치

(e) To ensure that all segments of society, in particular parents and children, are informed, have access to education and are supported in the use of basic knowledge of child health and nutrition, (다)the advantages of breastfeeding, hygiene and environmental sanitation and the prevention of accidents;

(e) 모든 사회구성원 특히 부모와 아동은 아동의 건강과 영양, 모유·수유의 이익, 위생 및 환경정화 그리고 사고예방에 관한 기초 지식의 활용에 있어서 정보를 제공받고 교육을 받으며 지원을 받을 것을 확보하는 조치

(f) To develop preventive health care, guidance for parents and family planning education and services.

(f) 예방적 건강관리, 부모를 위한 지도 및 가족계획에 관한 교육과 편의를 발전시키는 조치

3. States Parties shall take all effective and appropriate measures (라)with a view to abolishing traditional practices prejudicial to the health of children.

3. 당사국은 아동의 건강을 해치는 전통관습을 폐지하기 위하여 모든 효과적이고 적절한 조치를 취하여야 한다.

4. States Parties undertake to promote and encourage international co-operation with a view to achieving progressively the full realization of the right recognized in the present article. In this regard, particular account shall be taken of the needs of developing countries.

4. 당사국은 이 조에서 인정된 권리의 완전한 실현을 점진적으로 달성하기 위하여 국제협력을 촉진하고 장려하여야 한다. 이 문제에 있어서 개발도상국의 필요에 대하여 특별한 고려가 베풀어져야 한다.

Article 25

States Parties recognize the right of a child who has been placed by the competent authorities for the purposes of care, protection or treatment of his or her physical or mental health, to a periodic review of the treatment provided to the child and all other circumstances relevant to his or her placement.

제 25조

당사국은 신체적·정신적 건강의 관리, 보호 또는 치료의 목적으로 관계당국에 의하여 양육지정 조치된 아동이, 제공되는 치료 및 양육지정과 관련된 그 밖의 모든 사정을 정기적으로 심사받을 권리를 가짐을 인정한다.

Article 26

1. States Parties shall recognize for every child the right to benefit from social security, including social insurance, and shall take the necessary measures to achieve the full realization of this right in accordance with their national law.

2. The benefits should, where appropriate, be granted, taking into account the resources and the circumstances of the child and persons having responsibility for the maintenance of the child, (마)<u>as well as</u>

제 26조

1. 당사국은 모든 아동이 사회보험을 포함한 사회보장제도의 혜택을 받을 권리를 가짐을 인정하며, 자국의 국내법에 따라 이 권리의 완전한 실현을 달성하기 위하여 필요한 조치를 취하여야 한다.

2. 이러한 혜택은 아동 및 아동에 대한 부양책임자의 자력과 주변 사정은 물론 아동에 의하여 직접 행하여지거나 또는 아동을 대신하여 행하여지는 혜택의 신청과 관련된 그 밖의 사정을 참작하여 적절한

any other consideration relevant to an application for benefits made by or on behalf of the child.

경우에 부여되어야 한다.

Article 27

제 27조

1. States Parties recognize the right of every child to a standard of living adequate for the child's physical, mental, spiritual, moral and social development.

1. 당사국은 모든 아동이 신체적·지적·정신적·도덕적 및 사회적 발달에 적합한 생활수준을 누릴 권리를 가짐을 인정한다.

2. The parent(s) or others responsible for the child have the primary responsibility to secure, within their abilities and financial capacities, the conditions of living necessary for the child's development.

2. 부모 또는 기타 아동에 대하여 책임이 있는 자는 능력과 재산의 범위 안에서 아동발달에 필요한 생활여건을 확보할 일차적 책임을 진다.

3. States Parties, in accordance with national conditions and within their means, shall take appropriate measures to assist parents and others responsible for the child to implement this right and shall in case of need provide material assistance and support programmes, particularly with regard to nutrition, clothing and housing.

3. 당사국은 국내 여건과 재정의 범위 안에서 부모 또는 기타 아동에 대하여 책임있는 자가 이 권리를 실현하는 것을 지원하기 위한 적절한 조치를 취하여야 하며, 필요한 경우에는 특히 영양, 의복 및 주거에 대하여 물질적 보조 및 지원계획을 제공하여야 한다.

4. States Parties shall take all appropriate measures to secure the recovery of maintenance for the child from the parents or other persons having financial responsibility for

4. 당사국은 국내외에 거주하는 부모 또는 기타 아동에 대하여 재정적으로 책임 있는 자로부터 아동양육비의 회부를 확보하기 위한 모든 적절한 조치를 취하여야 한다. 특히 아동에 대하여 재정적으로 책

the child, both within the State Party and from abroad. In particular, where the person having financial responsibility for the child lives in a State different from that of the child, States Parties shall promote the accession to international agreements or the conclusion of such agreements, as well as the making of other appropriate arrangements.

임 있는 자가 아동이 거주하는 국가와 다른 국가에 거주하는 경우, 당사국은 국제협약의 가입이나 그러한 협약의 체결은 물론 다른 적절한 조치의 강구를 촉진하여야 한다.

Article 28

1. States Parties recognize the right of the child to education, and (가)with a view to achieving this right progressively and on the basis of equal opportunity, they shall, in particular:

   (a) Make primary education compulsory and available free to all;

   (b) Encourage the development of different forms of secondary education, including general and vocational education, make them available and accessible to every child, and take appropriate measures such as the introduction of free education and offering financial assistance in case of need;

   (c) Make higher education accessible to all on the basis of capacity by every appropriate means;

제 28조

1. 당사국은 아동의 교육에 대한 권리를 인정하며, 점진적으로 그리고 기회 균등의 기초 위에서 이 권리를 달성하기 위하여 특히 다음의 조치를 취하여야 한다.

   (a) 초등교육은 의무적이며, 모든 사람에게 무료로 제공되어야 한다.

   (b) 일반교육 및 직업교육을 포함한 여러 형태의 중등교육의 발전을 장려하고, 이에 대한 모든 아동의 이용 및 접근이 가능하도록 하며, 무료교육의 도입 및 필요한 경우 재정적 지원을 제공하는 등의 적절한 조치를 취하여야 한다.

   (c) 고등교육의 기회가 모든 사람에게 능력에 입각하여 개방될 수 있도록 모든 적절한 조치를 취하여야 한다.

(d) Make educational and vocational information and guidance available and accessible to all children;

(d) 교육 및 직업에 관한 정보와 지도를 모든 아동이 이용하고 접근할 수 있도록 조치하여야 한다.

(e) Take measures to encourage regular attendance at schools and the reduction of drop-out rates.

(e) 학교에의 정기적 출석과 탈락률 감소를 장려하기 위한 조치를 취하여야 한다.

2. States Parties shall take all appropriate measures to ensure that (나)school discipline is administered in a manner consistent with the child's human dignity and in conformity with the present Convention.

2. 당사국은 학교 규율이 아동의 인간적 존엄성과 합치하고 이 협약에 부합하도록 운영되는 것을 보장하기 위한 모든 적절한 조치를 취하여야 한다.

3. States Parties shall promote and encourage international cooperation in matters relating to education, in particular with a view to contributing to the elimination of ignorance and illiteracy throughout the world and facilitating access to scientific and technical knowledge and modern teaching methods. In this regard, particular account shall be taken of the needs of developing countries.

3. 당사국은, 특히 전세계의 무지와 문맹의 퇴치에 이바지하고, 과학적·기술적 지식과 현대적 교육방법에의 접근을 쉽게 하기 위하여, 교육에 관련되는 사항에 있어서 국제협력을 촉진하고 장려하여야 한다. 이 문제에 있어서 개발도상국의 필요에 대하여 특별한 고려가 베풀어져야 한다.

Article 29

제 29조

1. States Parties agree that the education of the child shall be directed to:

1. 당사국은 아동교육이 다음의 목표를 지향하여야 한다는 데 동의한다.

(a) The development of the child's personality, talents and mental

(a) 아동의 인격, 재능 및 정신적·신체적 능력의 최대한의 계발

and physical abilities to their fullest potential;

(b) The development of respect for human rights and fundamental freedoms, and for the principles enshrined in the Charter of the United Nations;

(c) The development of respect for the child's parents, his or her own cultural identity, language and values, for the national values of the country in which the child is living, the country from which he or she may originate, and for civilizations different from his or her own;

(d) The preparation of the child for responsible life in a free society, in the spirit of understanding, peace, tolerance, equality of sexes, and friendship among all peoples, ethnic, national and religious groups and persons of indigenous origin;

(e) The development of respect for the natural environment.

2. No part of the present article or article 28 shall be construed so as to interfere with the liberty of individuals and bodies to establish and

(b) 인권과 기본적 자유 및 국제연합 헌장에 규정된 원칙에 대한 존중의 진전

(c) 자신의 부모, 문화적 주체성, 언어 및 가치 그리고 현거주국과 출신국의 국가적 가치 및 이질문명에 대한 존중의 진전

(d) 아동이 인종적·민족적·종교적 집단 및 원주민 등 모든 사람과의 관계에 있어서 이해, 평화, 관용, 성(性)의 평등 및 우정의 정신에 입각하여 자유사회에서 책임 있는 삶을 영위하도록 하는 준비

(e) 자연환경에 대한 존중의 진전

2. 이 조 또는 제28조의 어떠한 부분도 개인 및 단체가, 언제나 제1항에 규정된 원칙들을 준수하고 당해 교육기관에서 실시되는 교육이 국가에 의하여 설정된 최소

direct educational institutions, subject always to the observance of the principle set forth in paragraph 1 of the present article and to the requirements that the education given in such institutions shall conform to such minimum standards as may be laid down by the State.

한의 기준에 부합하여야 한다는 조건하에, 교육기관을 설립하여 운영할 수 있는 자유를 침해하는 것으로 해석되어서는 아니 된다.

Article 30

In those States in which ethnic, religious or linguistic minorities or persons of indigenous origin exist, a child belonging to such a minority or who is indigenous shall not be denied the right, in community with other members of his or her group, to enjoy his or her own culture, to profess and practise his or her own religion, or to use his or her own language.

제 30조

인종적·종교적 또는 언어적 소수자나 원주민이 존재하는 국가에서 이러한 소수자에 속하거나 원주민인 아동은 자기 집단의 다른 구성원과 함께 고유 문화를 향유하고, 고유의 종교를 신앙하고 실천하며, 고유의 언어를 사용할 권리를 부인당하지 아니한다.

Article 31

1. States Parties recognize the right of the child to rest and leisure, to engage in play and recreational activities appropriate to the age of the child and to participate freely in cultural life and the arts.

2. States Parties shall respect and promote the right of the child to participate fully in cultural and artistic life and shall encourage the provision of appropriate and equal opportunities

제 31조

1. 당사국은 휴식과 여가를 즐기고, 자신의 연령에 적합한 놀이와 오락활동에 참여하며, 문화생활과 예술에 자유롭게 참여할 수 있는 아동의 권리를 인정한다.

2. 당사국은 문화적·예술적 생활에 완전하게 참여할 수 있는 아동의 권리를 존중하고 촉진하며, 문화, 예술, 오락 및 여가활동을 위한 적절하고 균등한 기회의 제

for cultural, artistic, recreational and leisure activity.

공을 장려하여야 한다.

Article 32

제 32조

1. States Parties recognize the right of the child to be protected from economic exploitation and from performing any work that is likely to be hazardous or to interfere with the child's education, or to be harmful to the child's health or physical, mental, spiritual, moral or social development.

1. 당사국은 경제적 착취 및 위험하거나, 아동의 교육에 방해되거나, 아동의 건강이나 신체적·지적·정신적·도덕적 또는 사회적 발전에 유해한 여하한 노동의 수행으로부터 보호받을 아동의 권리를 인정한다.

2. States Parties shall take legislative, administrative, social and educational measures to ensure the implementation of the present article. (가)<u>To this end, and having regard to the relevant provisions of other international instruments</u>, States Parties shall in particular:

2. 당사국은 이 조의 이행을 보장하기 위한 입법적·행정적·사회적 및 교육적 조치를 강구하여야 한다. 이 목적을 위하여 그리고 그 밖의 국제 문서의 관련 규정을 고려하여 당사국은 특히 다음의 조치를 취하여야 한다.

   (a) Provide for a minimum age or minimum ages for admission to employment;

   (b) Provide for appropriate regulation of the hours and conditions of employment;

   (c) Provide for appropriate penalties or other sanctions to ensure the effective enforcement of the present article.

   (a) 단일 또는 복수의 최저 고용연령의 규정

   (b) 고용시간 및 조건에 관한 적절한 규정의 마련

   (c) 이 조의 효과적인 실시를 확보하기 위한 적절한 처벌 또는 기타 제재수단의 규정

Article 33

States Parties shall take all appropriate measures, including legislative, administrative, social and educational measures, to protect children from the illicit use of narcotic drugs and psychotropic substances as defined in the relevant international treaties, and to prevent the use of children in the illicit production and trafficking of such substances.

제 33조

당사국은 관련 국제조약에서 규정하고 있는 마약과 향정신성 물질의 불법적 사용으로부터 아동을 보호하고 이러한 물질의 불법적 생산과 거래에 아동이 이용되는 것을 방지하기 위하여 입법적·행정적·사회적·교육적 조치를 포함한 모든 적절한 조치를 취하여야 한다.

Article 34

(나)States Parties undertake to protect the child from all forms of sexual exploitation and sexual abuse. For these purposes, States Parties shall in particular take all appropriate national, bilateral and multilateral measures to prevent:

(a) The inducement or coercion of a child to engage in any unlawful sexual activity;

(b) The exploitative use of children in prostitution or other unlawful sexual practices;

(c) The exploitative use of children in pornographic performances and materials.

제 34조

당사국은 모든 형태의 성적 착취와 성적 학대로부터 아동을 보호할 의무를 진다. 이 목적을 달성하기 위하여 당사국은 특히 다음의 사항을 방지하기 위한 모든 적절한 국내적·양국간·다국간 조치를 취하여야 한다.

(a) 아동을 모든 위법한 성적 활동에 종사하도록 유인하거나 강제하는 행위

(b) 아동을 매음이나 기타 위법한 성적 활동에 착취적으로 이용하는 행위

(c) 아동을 외설스러운 공연 및 자료에 착취적으로 이용하는 행위

Article 35

States Parties shall take all appropriate

제 35조

당사국은 모든 목적과 형태의 아동의 약취

national, bilateral and multilateral measures to prevent the abduction of, the sale of or traffic in children for any purpose or in any form.

유인이나 매매 또는 거래를 방지하기 위한 모든 적절한 국내적, 양국간, 다국간 조치를 취하여야 한다.

Article 36

States Parties shall protect the child against all other forms of exploitation prejudicial to any aspects of the child's welfare.

제 36조

당사국은 아동복지의 어떠한 측면에 대하여라도 해로운 기타 모든 형태의 착취로부터 아동을 보호하여야 한다.

Article 37

States Parties shall ensure that:

(a) (가)No child shall be subjected to torture or other cruel, inhuman or degrading treatment or punishment. Neither capital punishment nor life imprisonment without possibility of release shall be imposed for offences committed by persons below eighteen years of age;

(b) No child shall be deprived of his or her liberty unlawfully or arbitrarily. The arrest, detention or imprisonment of a child shall be in conformity with the law and shall be used only as a measure of last resort and for the shortest appropriate period of time;

제 37조

당사국은 다음의 사항을 보장하여야 한다.

(a) 어떠한 아동도 고문 또는 기타 잔혹하거나 비인간적이거나 굴욕적인 대우나 처벌을 받지 아니한다. 사형 또는 석방의 가능성이 없는 종신형은 18세 미만의 사람이 범한 범죄에 대하여 과하여져서는 아니 된다.

(b) 어떠한 아동도 위법적 또는 자의적으로 자유를 박탈당하지 아니한다. 아동의 체포, 억류 또는 구금은 법률에 따라 행하여져야 하며, 오직 최후의 수단으로서 또한 적절한 최단기간 동안만 사용되어야 한다.

(c) Every child deprived of liberty shall be treated with humanity and respect for the inherent dignity of the human person, and in a manner which takes into account the needs of persons of his or her age. In particular, every child deprived of liberty shall be separated from adults unless it is considered in the child's best interest not to do so and shall have the right to maintain contact with his or her family through correspondence and visits, save in exceptional circumstances;

(c) 자유를 박탈당한 모든 아동은 인도주의와 인간 고유의 존엄성에 대한 존중에 입각하여 그리고 그들의 연령상의 필요를 고려하여 처우되어야 한다. 특히 자유를 박탈당한 모든 아동은, 성인으로부터 격리되지 아니하는 것이 아동의 최선의 이익에 합치된다고 생각되는 경우를 제외하고는 성인으로부터 격리되어야 하며, 예외적인 경우를 제외하고는 서신과 방문을 통하여 자기 가족과의 접촉을 유지할 권리를 가진다.

(d) Every child deprived of his or her liberty shall have the right to prompt access to legal and other appropriate assistance, as well as the right to challenge the legality of the deprivation of his or her liberty (나)before a court or other competent, independent and impartial authority, and to a prompt decision on any such action.

(d) 자유를 박탈당한 모든 아동은 법률적 및 기타 적절한 구조에 신속하게 접근할 권리를 가짐은 물론 법원이나 기타 권한 있고 독립적이며 공정한 당국 앞에서 자신에 대한 자유 박탈의 합법성에 이의를 제기하고 이러한 소송에 대하여 신속한 결정을 받을 권리를 가진다.

Article 38

1. States Parties undertake to respect and to ensure respect for rules of international humanitarian law applicable to them in armed conflicts which are relevant to the child.

제 38조

1. 당사국은 아동과 관련이 있는 무력분쟁에 있어서, 당사국에 적용 가능한 국제인도법의 규칙을 존중하고 동 존중을 보장할 의무를 진다.

2. States Parties shall take all feasible measures to ensure that persons who have not attained the age of fifteen years do not take a direct part in hostilities.

2. 당사국은 15세에 달하지 아니한 자가 적대행위에 직접 참여하지 아니할 것을 보장하기 위하여 실행 가능한 모든 조치를 취하여야 한다.

3. States Parties shall (다) refrain(______) recruiting any person who has not attained the age of fifteen years into their armed forces. In recruiting among those persons who have attained the age of fifteen years but who have not attained the age of eighteen years, States Parties shall endeavor to give priority to those who are oldest.

3. 당사국은 15세에 달하지 아니한 자의 징병을 삼가야 한다. 15세에 달하였으나 18세에 달하지 아니한 자 중에서 징병하는 경우, 당사국은 최연장자에게 우선순위를 두도록 노력하여야 한다.

4. In accordance with their obligations under international humanitarian law to protect the civilian population in armed conflicts, States Parties shall take all feasible measures to ensure protection and care of children who are affected by an armed conflict.

4. 무력분쟁에 있어서 민간인 보호를 위한 국제인도법상의 의무에 따라서, 당사국은 무력분쟁의 영향을 받는 아동의 보호 및 배려를 확보하기 위하여 실행 가능한 모든 조치를 취하여야 한다.

Article 39

States Parties shall take all appropriate measures to promote physical and psychological recovery and social reintegration of a child victim of: any form of neglect, exploitation, or abuse; torture or any other form of cruel, inhuman or degrading treatment or punishment; or armed conflicts. (라)Such re-

제 39조

당사국은 모든 형태의 유기, 착취, 학대, 또는 고문이나 기타 모든 형태의 잔혹하거나 비인간적이거나 굴욕적인 대우나 처벌, 또는 무력분쟁으로 인하여 희생이 된 아동의 신체적·심리적 회복 및 사회복귀를 촉진시키기 위한 모든 적절한 조치를 취하여야 한다.

covery and reintegration shall take place in an environment which fosters the health, self-respect and dignity of the child.

Article 40

1. States Parties recognize the right of every child alleged as, accused of, or recognized as having infringed the penal law to be treated in a manner consistent with the promotion of the child's sense of dignity and worth, which reinforces the child's respect for the human rights and fundamental freedoms of others and which takes into account the child's age and the desirability of promoting the child's reintegration and the child's assuming a constructive role in society.

2. To this end, and having regard to the relevant provisions of international instruments, States Parties shall, in particular, ensure that:

   (a) No child shall be alleged as, be accused of, or recognized as having infringed the penal law by reason of acts or omissions that were not prohibited by national or international law at the time they were committed;

제 40조

1. 당사국은 형사피의자나 형사피고인 또는 유죄로 인정받은 모든 아동에 대하여, 아동의 연령 그리고 아동의 사회복귀 및 사회에서의 건설적 역할 담당을 촉진하는 것이 바람직스럽다는 점을 고려하고, 인권과 타인의 기본적 자유에 대한 아동의 존중심을 강화시키며, 존엄과 가치에 대한 아동의 지각을 촉진시키는 데 부합하도록 처우받을 권리를 가짐을 인정한다.

2. 이 목적을 위하여 그리고 국제문서의 관련 규정을 고려하며, 당사국은 특히 다음 사항을 보장하여야 한다.

   (a) 모든 아동은 행위시의 국내법 또는 국제법에 의하여 금지되지 아니한 작위 또는 부작위를 이유로 하여 형사피의자가 되거나 형사기소 되거나 유죄로 인정받지 아니한다.

(b) (가)Every child alleged as or accused of having infringed the penal law has at least the following guarantees:

(i) To be presumed innocent until proven guilty according to law;

(ii) To be informed promptly and directly of the charges against him or her, and, if appropriate, through his or her parents or legal guardians, and to have legal or other appropriate assistance in the preparation and presentation of his or her defence;

(iii) To have the matter determined without delay by a competent, independent and impartial authority or judicial body in a fair hearing according to law, in the presence of legal or other appropriate assistance and, unless it is considered not to be in the best interest of the child, in particular, taking into account his or her age or situation, his or her parents or legal guardians;

(iv) Not to be compelled to give testimony or to confess guilt; to examine or have examined adverse witnesses and to obtain the participation and ex-

(b) 형사피의자 또는 형사피고인인 모든 아동은 최소한 다음 사항을 보장받는다.

(i) 법률에 따라 유죄가 입증될 때까지는 무죄로 추정받는다.

(ii) 피의사실을 신속하게 그리고 직접 또는 적절한 경우, 부모나 후견인을 통하여 통지받으며, 변론의 준비 및 제출시 법률적 또는 기타 적절한 지원을 받는다.

(iii) 권한 있고 독립적이며 공평한 기관 또는 사법기관에 의하여 법률적 또는 기타 적당한 지원하에 법률에 따른 공정한 심리를 받아 지체 없이 사건이 판결되어야 하며, 아동의 최선의 이익에 반한다고 판단되지 아니하는 경우, 특히 그의 연령이나 주변 환경, 부모 또는 후견인 등을 고려하여야 한다.

(iv) 증언이나 유죄의 자백을 강요당하지 아니하며, 자신에게 불리한 증인을 신문하거나 또는 신문받도록 하며, 대등한 조건하에 자신을 위한 증인

amination of witnesses on his or her behalf under conditions of equality;

의 출석과 신문을 확보한다.

(v) If considered to have infringed the penal law, to have this decision and any measures imposed in consequence thereof reviewed by a higher competent, independent and impartial authority or judicial body according to law;

(v) 형법위반으로 간주되는 경우, 그 판결 및 그에 따라 부과된 여하한 조치는 법률에 따라 권한 있고 독립적이며 공정한 상급당국이나 사법기관에 의하여 심사되어야 한다.

(vi) To have the free assistance of an interpreter if the child cannot understand or speak the language used;

(vi) 아동이 사용되는 언어를 이해하지 못하거나 말하지 못하는 경우, 무료로 통역원의 지원을 받는다.

(vii) To have his or her privacy fully respected at all stages of the proceedings.

(vii) 사법절차의 모든 단계에서 아동의 사생활은 충분히 존중되어야 한다.

3. States Parties shall seek to promote the establishment of laws, procedures, authorities and institutions specifically applicable to children alleged as, accused of, or recognized as having infringed the penal law, and, in particular:

3. 당사국은 형사피의자, 형사피고인 또는 유죄로 인정받은 아동에게 특별히 적용될 수 있는 법률, 절차, 기관 및 기구의 설립을 촉진하도록 노력하며, 특히 다음 사항에 노력하여야 한다.

(a) The establishment of a minimum age below which children shall be presumed not to have the capacity to infringe the penal law;

(a) 형법위반능력이 없다고 추정되는 최저 연령의 설정

(b) Whenever appropriate and desirable, measures for dealing with such children without resorting to judicial proceedings, providing that human rights and legal safeguards are fully respected.

(b) 적절하고 바람직스러운 경우, 인권과 법적 보장이 완전히 존중된다는 조건하에 이러한 아동을 사법절차에 의하지 아니하고 다루기 위한 조치

4. A variety of dispositions, such as care, guidance and supervision orders; counselling; probation; foster care; education and vocational training programmes and other alternatives to institutional care shall be available to ensure that children are dealt with in a manner appropriate to their well-being and proportionate both to their circumstances and the offence.

4. 아동이 그들의 복지에 적절하고 그들의 여건 및 범행에 비례하여 취급될 것을 보장하기 위하여 보호, 지도 및 감독명령, 상담, 보호관찰, 보호양육, 교육과 직업훈련계획 및 제도적 보호에 대한 그 밖의 대체방안 등 여러 가지 처분이 이용 가능하여야 한다.

Article 41

Nothing in the present Convention shall affect any provisions which are more conducive to the realization of the rights of the child and which may be contained in:

(a) The law of a State party; or
(b) International law (나)<u>in force for that State</u>.

제 41조

이 협약의 규정은 다음 사항에 포함되어 있는 아동권리의 실현에 보다 공헌할 수 있는 어떠한 규정에도 영향을 미치지 아니한다.

(a) 당사국의 법;
(b) 당사국에 대하여 효력을 가지는 국제법

단어 & 숙어

a foster or an adoptive family 위탁이나 입양 가족
abduction 유괴, 유인
abolish 폐지하다
abuse 학대, 남용
access to 접근하다
accessible to ... 에 접근할 수 있는
accused of 기소된
administer 시행, 집행하다
administrative proceeding 행정적 절차
adverse witnesses 불리한 증인
adverse 반대의, 불리한
agencies 기관, 체제
alleged 추정된, 혐의를 받은
alternatives 대안 방법들
applicable law 적용 가능한 법
applicable to 적용할 수 있는,
arrangement 절차, 조치
article (신문, 잡지)기사, (법률)조항, 물품,
as to ... 에 관한
aspect 측면, 형태
assembly 모임, 회의, 집회
assistance 도움, 보조
association 연상, 연합, 결합, 결사
assume 추측하다, 짐작하다, 가정하다
atmosphere 분위기, 여건, 환경
attack 공격
attain 도달하다
be compelled to 강요되다
bearing in mind 명심하면서, 주의하면서
before a court or other competent 권위의
belonging to ... 에 속하다
bilateral or multilateral arrangements 쌍방 또는 다자간의(다각적인, 다변적인) 협정
bilateral 양쪽의, 쌍방의
breastfeeding 모유 수유
capital punishment 사형
charter 헌장, 장전
child-rearing 아이 양육
child's welfare 아동의 복지(행복)
combat 전투, 전투하다
competent authorities 능력 있는 당국들
compulsory 의무적, 강제적
confess guilt 죄를 고백하다
conformity 유사, 적합, 일치
conscience 양심
consequence 영향, 결과
consideration 고려, 배려, 관심
consistent with 일관적인, 지속적인
consistent with 지속적인, 일관적인
constructive role 건설적 역할
continuity 지속성
correspondence 통신
correspondence 통신, 편지
counselling 상담
decent life 품위 있는 생활
defence 방어, 국방
deportation 국외추방, 송환, 이송
deprivation 박탈, 빼앗김
deprived of ... 박탈된, 빼앗긴
desirability 바람직함, 합리성
detention 구금, 체포
detrimental 유해한
developing countries 개발도상국들, 중진국들
dignity 존엄, 품위
diminish 감소시키다, 줄이다
discrimination 차별
dispositions 성향, 기질
disseminate 뿌리다, 보급시키다
dissemination 보급, 확산
distinction 차별, 특성
diversity 다양성
drop-out rate 탈락 비율
due 기간, 마감, 적절한
economic exploitation 경제적 착취
eligible 합법적인, 자격 있는

elimination 감소
emphasis on 강조하다
encourage 격려, 장려하다
endeavor 노력하다
engage in ... 에 관여하다
ensure 확인, 확신시키다.
entail 내포하다, 포함하다, 함축하다
environmental sanitation 환경 정화
equality of sexes 성별의 평등
equivalent to 동등한, 대등한
ethnic 윤리적, 도덕적
ethnic 윤리적인
evolving 변화하는, 진보하는
exile 추방
exploitation 착취,
extension 연장, 연기
family planning education 가족계획 교육
feasible measure 실행 가능한 조치
financial assistance 재정 지원
financial capacities 재정적 능력
follow-up 추적, 추구, 연속, 후속
foster care 보호 양육
framework 구조, 체계
free education 무상 교육, 무료 교육
free of charge 무료로
fundamental freedoms 기본적 자유
fundamental 기본적인, 근본적인
general and vocational education
일반교육과 직업교육
harmonious 조화로운, 균형잡힌
hazardous 위험한
health care service 의료 서비스
heretofore 지금까지, 이전에는
higher education 고등교육
highest attainable standard 최상의 도달 수준
hostilities 적대 행위들
human dignity 인간적 존엄성
humanitarian 인도주의, 인간적인
hygiene 위생
identification 확인, 신분

illicit transfer 불법 이전, 편법 증여
illicit use 불법적 사용
illiteracy 문맹
immaturity 미성숙, 미성년
impart 전하다, 나누어 주다
impartial authority 공정한 당국
implementation 이행, 수행, 실행
impose 부과하다, 책임을 지우다
imprisonment 투옥, 수감
improper financial gain 부당한 재정적 취득
in a manner ... 한 방법으로
in accordance with ... 에 부응하여,
상응하여, 일치하여, 수반하여, 따라서
in conformity with ... 에 일치, 부합하다
inalienable 양도할 수 없는
independent 독립적인
indigenous origin 재래종, 토착민, 원주민
indigenous 고유의, 토착의
inducement or coercion 유인 또는 강제
infant 유아
inherent dignity 타고난 존엄성
inherent right 타고난 권리
inherent 타고난, 고유한 , 물려받은
inhuman or degrading treatment
비인간적이거나 굴욕적인 대우
injurious 해로운, 중상모략의
institutional care 제도적 보호
inter alia 특히, 그 중에서도
inter-country adoption 국제 입양
interference 간섭, 방해
international humanitarian law
국제적인 인도주의 법률
international or domestic law
국제 또는 국내법
investigation 조사, 탐색
irrespective of 상관없이, 관계없이
judicial involvement
사법적 개입, 법적인 관여
judicial proceeding 사법적 절차
jurisdiction 입법, 법령

legal guardian 법적인 보호, 법적인 후원
legislative bodies 입법 기관들
life imprisonment 종신형
linguistic background 언어적 배경
linguistic minorities 언어적 소수집단
maintenance 관리, 유지
majority 다수, 대부분
malnutrition 영양불량, 영양실조
maltreatment 혹사, 악의적 대우
manifest 보여주다, 제시하다
maturity 성숙, 성년
mentally or physically disabled child
정신적 심리적 장애아동
minimum age 최저 나이
minority 소수, 소수 단체
mortality 도덕성
multilateral 다각적, 다방면의
narcotic drugs 마약
negligent treatment 무책임한 대우
nutrition 영양, 영양분
observance 순종, 준수
omission 누락, 제외, 태만
on behalf of ... 을 대신하여
on his or her behalf ... 을 위하여
paramount consideration 최우선의 고려
penal law 형법
permissible 허용될 수 있는
pertinent and reliable information
적절하고 신뢰할 만한 정보
pornographic performance 외설스런 공연
potential 잠재력, 잠재성
prejudicial 편견의, 오해의
pre-natal and post-natal health care
출산 전후의 건강관리
prescribe 규정, 처방, 지시하다
prevention of accidents 사고 예방
preventive health care 예방 의학
primary education 초등교육
primary health care 기초 건강관리
primary responsibility 일차적 책임
probation 보호 관찰
proceedings 절차, 진행
proclaim 선언하다
promotion 향상, 촉진
prostitution 매춘, 변절, 타락
protective measure 보호적 조치
provision 법규, 조항, 규범
provision 준비, 설비, 규정, 조항, 식량, 공급
psychological and functional treatment
심리적 기능적 처치
psychotropic substances 향정신성 물질
public order 사회 질서
punishment 체벌
pursuant to .... 에 따른
recognized as having infringed
위반된, 위배된, 침해된
referral 조회
refrain from 삼가하다
refugee status 난민 상태
regardless of 고려하지 않고, 상관없이
regulation 규제, 규정
rehabilitation service 재활 서비스
reintegration 복구, 복원
relevant to ... 에 관련된
relevant 상응하는, 연관된
render 제공, 공급, 지원하다
reporting 보고
requirement 요구 사항
residence 거주
responsible for 책임 있는, 담당 하는
restriction 제재, 방해, 제한
result in ...의 결과가 되다
reunification 재결합, 재통일
reunification 재결합, 통일
safeguard 보호, 안전
safeguards 보호
sanction 제한, 제재
school discipline 학교 교육
self-reliance 자기 신뢰
sexual abuse 성적인 학대

sexual exploitation and sexual abuse 성적인 착취와 성적인 학대
social integration 사회적 통합
solidarity 유대, 단결
status 지위, 위치
statute 법령, 법규, 규칙
strive to 애쓰다, 노력하다
submission 제출, 제안
suitability 적합성, 타당성
supervision orders 감독 명령
supervision 감독, 관리
take into account 고려하다
take measure 조치를 취하다
taking account of 고려, 배려, 참작
temporarily or permanently 일시적이거나 영구적으로
testimony 입증, 증명
thereof 그것으로 하여, 그것으로 부터
to the maximum extent 최대한의
tolerance 인내, 관용
torture 고문, 고통
trace 추적하다
trafficking 거래
unaccompanied or accompanied 동반되지 아니거나 또는 동반되는
unlawful interference 비합법적 방해
unlawfully or arbitrarily 불법적이거나 임의적으로
upbringing 양육, 육성
vocational service 직업 서비스
welfare 복지, 행복
whereabouts 행방, 소재, 어디쯤에
with a view to ... 할 목적으로
with regard to ... 에 관한 한
with the aim of ... 의 목적으로

PART 2 보육교사론

제1장
보육교사의 개념

1. 보육교사의 중요성
2. 보육교사의 발달단계
3. 보육교사의 전문성

오늘날 현대에 이르러 단지 부모의 역할을 대행한다는 소극적 역할을 떠나 영유아 발달에 적극적으로 개입하고 부모의 경제활동에 따른 보육요구를 수용하면서 문화실조(文化失調)를 경험하고 있는 저소득층을 구현하고자 하는 가치를 동시에 추구하고 있다. 보육의 개념은 시대와 상황에 따라 변화되어왔다. 1991년 영유아보육법이 제정·공포되면서 그동안 보호기능에 그쳤던 탁아의 개념이 보호와 교육기능을 통합하게 되었고, 그 이후 보호와 교육을 통합하여 보호(care)와 교육(education)을 합친 '보육(educare)'이라는 용어로 사용되고 있다, 1장에서는 보육교사의 개념에서 보육교사의 중요성을 살펴보고, 보육교사의 발달단계와 보육교사의 전문성에 대하여 살펴보기로 한다.

1. 보육교사의 중요성

보육이란 '보호(保護)'와 '교육(教育)'을 의미한다. 보육(care)이라는 용어는 대체로 영유아를 대상으로 보호와 양육을 복합한 의미로 탁아(daycare)한다는 의미를 내포하여 오랫동안 사용되어왔다. 과거에는 보육이란 단지 '영유아를 위탁'의 의미로 단순히 저소득층의 영유아를 맡아서 보호의 기능을 담당하는 것으로 인식되었다. 즉, 영유아가 그의 가정에서 정상적인 양육을 받기 어려운 경우에 하루 중의 일정한 시간을 타인이 보호해 주는 것을 의미했다.

오늘날 현대에 이르러 단지 부모의 역할을 대행한다는 소극적 역할을 떠나 영유아 발달에 적극적으로 개입할 뿐 아니라 부모의 경제활동에 따른 보육요구를 수용하고 나아가 문화실조(文化失調)를 경험하고 있는 저소득층을 구현하고자 하는 가치를 동시에 추구해 나가고 있다. 영유아를 위한 탁아의 학문적 개념 정립과 필요성이 대두되면서 '보육'이라는 용어에 대해 그 개념이 새롭게 정의되고 있다. 이렇게 보육의 개념은 시대와 상황에 따라 변화되어왔다. 1991년 영유아보육법이 제정·공포되면서 그동안 보호기능에 그쳤던 탁아의 개념이 보호와 교육기능을 통합하게 되었고, 그 이후 보호와 교육을 통합하여 보호(care)와 교육(education)을 합친 '보육(educare)'이라는 용어로 사용되고 있다(민성혜·신혜원·김의향, 2013).

'보호'란 영유아에 대하여 심신의 세심한 보호를 통하여 가정과 같은 분위기를 조성하여 정서적 안정감을 유도하는 것이고, '교육'이란 교육받는 사람이 장차 거기에 헌신할 가치가 있는 것을 전수해 주는 일, 또는 계획적으로 인간행동을 바람직한 변화(행동과학자), 인간의 성장 가능성을 최대한으로 신장시키도록 돕는 일(인본주의)' 등으로 정의 하고 있다. 즉, 교육이란 의도성과 계획성, 가치지향의 개념이 포함되고 학습자의 자기실현이 교육의 궁극적 목적이라고 할 수 있다.

그렇다면 '보육'이란 사회·경제 구조의 변화와 더불어 이루어진 노동력 수급구조의 변화와 여성의 지위에 대한 새로운 시각, 가족구조의 변화 등으로 개별적인 차원에서 벗어나 사회적·국가적 차원에서 다루어지게 되었다. 즉, 보육문제를 개별 부모나 가정에서 해결할 수 있는 이상의 것으로 사회나 국가에서 책임을 져야 하는 문제로 보게 되었으며, 그 기능에 있어서도 '보호냐 교육이냐'의 이분법적 논리에서 벗어나 부모의 기능을 보완하기 위한 단순한 보호의 차원에서만이 아니라 교육의 기능을 강조하게 되었다.

대상에 있어서도 저소득층 가정의 영유아에게만 국한시키지 않고 모든 계층의 영유아를 대상으로 보는 것이다. 이는 영유아를 독자적인 인간의 존엄성을 갖고 있는 사회의 한 구성원으로서 인식하는 것으로 영유아 각자가 속한 제반여건과 관계없이 모든 영유아가 당연히 누려야 할 보호와 교육을 받을 권리를 인정해 주는 것이다. 즉, 영유아의 신체적·사회적·지적 및 언어적 발달에 기여할 수 있는 경험을 제공하고 자기 존중감을 발달시키는 것이다(박혜원 외, 2008).

결론적으로 보육이란 영유아가 보호·교육 받을 권리와 어머니들의 일할 권리를 보장해 주기 위한 제도로서 영유아가 속한 가정의 사회계층과 어머니의 취업 여부를 떠나 모든 영유아들이 풍부한 인간관계 속에서 심신이 건강하게 자라나도록 지원해 주는 것이다. 이를 위한 책임은 이제 개인뿐만 아니라 사회·국가적 책임이라는 차원에서 다루어지는 것을 의미하며, 단순한 보호의 기능을 넘어 보다 유익한 교육적 경험을 제공하는 사회적 제도이다.

이러한 보육에 대한 관점은 영유아발달을 이루기 위하여 그들을 둘러싸고 있는 환경과 지속적인 상호작용을 통해 최적의 발달을 이루도록 할 뿐 아니라 그 가족, 지역사회, 사회적 가치 등 다양한 환경체계에 까지 관심을 가져야 한다는 생태학적 관점에 의해 지지된다(민성혜·신혜원·김의향, 2013).

보육교사의 역할에 대한 관점도 시대에 따라서 변화되어 왔다. 보호에 초점을 두었던 것에서 점차 다양한 역할을 강조하게 된 것이다. 이러한 변화는 교육과 보호라는 통합적 의미를 지니게 됨으로써 보육교사의 역할 개념도 다양성이 요구되고 있다. 현대 산업화와 핵가족화의 사회구조에서는 영유아에 대한 보호 및 교육의 문제가 더 이상 한 가정에 국한되는 것이 아니라 사회적 지원과 책임이라는 인식이 보편화 되었다. 이러한 인식은 1991년에 영유아보육에 있어서 양적 팽창의 기폭제가 된 '영유아보육법'의 제정을 이끌어내었고, 나아가 보육실설의 양적 팽창뿐만 아니라 질적 개선에 대한 보다 적극적인 노력의 일환으로 2004년 '영유아보육법'을 개정하게 되었다. 이러한 법적이고 제도적인 노력뿐만 아니라 보육현장에 대한 현실적이고 구체적인 지원과 관련 연구를 통한 보육의 질적 개선과 향상시키는 것은 현재 보육이 당면한 주요과제라 할 수 있다(이은상 외, 2013).

보육의 질에 관한 많은 연구들을 보면 무엇보다도 보육교사의 자질이 가장 중요한 영향을 미친다는 연구 결과를 볼 수 있다. 즉 보육의 질을 향상시키기 위해서는 교육 프로그램을 활용하며 부모를 대신하여 영유아들을 보육하는 보육교사의 역할은 보육의 가장 중요한 질적인 요소라 할 것이다(이숙희, 2005). 이는 오늘날 보육교사 역할에서 전문인으로서의 역할이 강조된다는 것을 의미한다.

즉 보육교사는 신체적·정신적으로 안정되고 사명감을 가지고 있어야 한다. 보육교사는 영유아의 성장발달이 자연스런 과정에서 이루어질 수 있도록 하고 안전한 보호와 교육적 측면의 전문가로서 양유아의 신체적, 사회적, 정서적, 언어적, 지적발달이 균형 있고 조화로운 발달을 이룰 수 도록 교육방법을 연구하고 적용해야 한다. 또한 영유아 발달에 적합한 교육환경을 구성하고 교육계획 수립, 학습활동 운영, 영유아의 기본생활습관지도, 관찰 및 평가 등 영유아를 가르치는 교육자로서 영유아의 연령과 발달수준을 의식하여 적절한 자극을 제공한다. 더 나아가 부모들이 자녀양육에 대하여 안심하고 사회경제 활동을 할 수 있도록 부모상담을 통해 자녀양육에의 정보교환 교류자로서 원활한 의사소통을 하여 교사나 보육시설에 대한 신뢰감을 형성하도록 하는 역할을 담당한다(최수아, 2005). 보육교사는 영유아가 가지고 있는 잠재능력을 충분히 발휘하고 성숙한 인격을 가진 이상적인 인간으로 성장발달 할 수 있도록 한다.

그러나 보육은 특정 교과서 없이 이루어지므로 보육교사가 각종 상황에서 자신의 가치와 신념, 지식과 경험, 그리고 보육기관에서 이용 가능한 자원에 근거하여 의사결정을 내리고 실천에 옮겨야 한다. 따라서 보육교사가 보육에 대해 어떤 철학을 가지고 있으며, 어떤 교수방법을 바람직하게 생각하는지, 어떻게 교사역할을 인식하는지와 같은 교사의 특성에 따라 보육기관에서 이루어지는 보육내용과 질은 크게 달라질 수 있는 것이다(Spodek, Saracho & Peters, 1988). 그러므로 교사로서의 자질을 갖추고 그 역할을 성공적으로 수행할 수 있는 교사를 길러내기 위해서는 적절한 교사양성교육이 실시되어야 한다. 왜냐하면 교사양성교육과정의 내용은 예비교사들이 보육교사로서의 자질을 형성하는 데 가장 중요한 요소이기 때문이다(김양원, 1991).

보육교사로서 바람직한 교사의 자질과 특성은 무엇인지, 바람직한 역할을 수행하고 있는지를 객관적으로 보육교사의 유능함에 대한 실체를 판단하는 기준으로는 보육교사의 자격과 경력 정도가 포함 될 수 있다. 하지만 우선 먼저 보육교사 양성교육과정을 통하여 바람직한 교사자질이 효과적으로 육성되고 있는지에 대한 검증이 필요하다. 또한 '자질 있는 보육교사'를 양성하기 위해서는 먼저 교사역할에 대한 규명이 필요하다. 즉, 보육교사 역할에 대한 규명이 보육교사의 자질을 결정짓는 하나의 준거가 될 수 있다고 보는 것이다. 보육교사의 역할에 관련 연구는 교사양성교육이나 현직연수 등 보육교사 교육과정의 내용에 대한 방향을 제시해 주는 것이다(조부경, 1997).

보육교사의 역할과 그 유형은 영유아교육에 대한 관점의 변화와 더불어 영유아교사의 역할에 대한 관점도 양육이나 보호 등의 수동적 역할의 강조에서 벗어나 점차 영유아의 발달을 촉진시키는 보다 적극적이고 전문적인 역할을 강조하는 방향으로 변환되고 있다. 그 방향은 영유아발달에 대한 지식과 이를 기반으로 한 교수-학습기술을 핵심으로 하는 기술 중심의 전문가에서 자신의 교육실천을 반성적으로 사고하며 실천적 지식을 만들어 나가는 전문가로 변화하는 것이다(이서현, 2013).

또한 영유아교육현장이 아닌 외부 전문가가 구성한 교육과정을 교실 내에서 수행하는 실행가적인 역할에서 이제는 교실 안을 넘어서 교실 밖의 사회적 구성원들과 관계를 잘 맺으면서 문제를 해결해나가는 생태학적 관점에서의 연계적 전문가로 변화하는 것이다. 보육교사의 전문성 재 개념화 방향이 기존의 발달에 관한 전문적 지식과 외부 전문가에 의해 구성된 교육과정을 실행하는 전문성을 배제하거나 대치하는 것은 아니다. 보육교사는 여전히 영유아발달에 대한 전문적 지식을 가지고 있어야 하고, 교실 안에서 교육과정을 실행해야 할 임무를 부여 받고 있다. 다만, 사회의 변화와 함께 영유아교사 전문성 개념의 강조점이 변화 되어야 한다는 것이다(이은상 외, 2013).

최근 영유아교육의 중요성의 인식되고 맞벌이 부부의 증가로 영유아가 부모와 같이 지내는 시간이 줄어드는 상황에서 어머니 외의 다른 사람 특히 영유아들의 생활과 밀접한 관계에 있는 보육교사와의 애착은 애착대상의 확장차원에서 영유아에게 있어서 매우 중요한 정서적 안정을 의미한다. 보육교사와의 긍정적인 상호작용은 영유아로 하여금 부모가 아닌 다른 사람과 제2의 애착을 형성하게 된다. 이를 통해 형성하는 안정감과 신뢰감은 영유아의 애착에 많은 영향을 줄 것으로 생각되며 영유아의 안정되고 긍정적인 상호작용을 위해서는 보육교사의 개인적 자질의 중요성이 인식되고 있다. 즉, 개인적 자질이 우수한 보육교사는 영유아의 애착에도 관계가 있음을 유추할 수 있다. 따라서 영유아기의 맺어지는 타인과의 애착관계가 개인의 인성형성에 결정적인 역할을 한다고 말할 수 있다(장경미, 2008). 이렇게 영유아 및 학부모에 제공하는 보육서비스 및 어린이집의 질적 수준에 영향을 미치는 보육교사의 자질과 역할, 지식과 전문성 등이 무엇보다 중요하다(이서현, 2013).

2. 보육교사의 발달단계

발달(development)이란 보편적이며 일반적인 패턴을 따라 점진적으로 진보해 가는 과정이다. Liberman & Mill(1979)에 따르면 발달이론은 초기에는 주로 아동들에게 초점을 맞추어졌으나 보육교사도 영유아와 마찬가지로 교직생활을 통해 계속적으로 성장과 변화의 과정을 거치므로 각 보육교사의 개인차를 인정하고 개인의 발달에 적합한 성장이 이루어 질 수 있도록 적절한 도움을 주어야 한다(이명숙, 2000).

보육교사발달이라는 개념은 인간이 태어나서 죽을 때가지 성장 발달하는 것처럼 교사도 교사양성과정에 입문하면서부터 시작하여 교직생활 전체를 통하여 계속적으로 성장 발달하는 것이다. 보육교사발달 개념에 대하여 주장하는 학자들마다 약간씩 다르지만 개인으로서의 생애 발달처럼 교직 전 기간에 걸쳐 변화하는 교사의 발달에 관심을 갖는 학자들은 견해는 공통적이다. 즉, 획일적이고 전통적인 교사교육보다 교사로서의 개인별 성장과정, 그에 따른 관심의 변화, 개인차 등을 인정하는 발달적 관점을 교사교육에 적용함으로써 교사로서 개인적 성장을 도와야 한다고 주장한다.

그렇다면 교사의 성장발달과정은 어떠한 과정을 거치는가? 라는 교사발달단계 이론으로부터 예비교사들은 무엇을 배울 수 있는가? 이러한 질문에 대하여 진지하게 생각해 보면서 예비교사들이 교사발달 관점을 이해하게 됨으로써 교사로서의 성장과 발달을 위한 목표를 정하고 미래를 설계하는데 도움이 될 것이다.

영유아를 가르치는데 요구되는 이론, 교사로서의 윤리, 교수학습과정에 기초한 지식·기술·태도를 갖춘 유능한 교사가 되기 위해서는 모집과 선발, 교양교육, 교사로서의 전문적 기초과정, 교수에 대한 지식, 실습 등의 구성요소가 필수적이다(Saracho & Spodek, 2003). 특히 영유아를 대상으로 하는 보육교사는 영유아의 발달과 학습에 많은 영향을 미치므로 모집과 선발에서부터 철저하고 엄격한 과정에 따라야 한다. 보육교사가 되기 위해서는 형식적 준비단계를 거치면서 보육교사로서 충분한 자질과 능력이 있는지를 확인하고 검증하여야 한다(이은상 외, 2013).

Feiman과 Floden(1980)은 교사발달이론이 교사들에게는 자신의 변화에 있어서 어떤 역할을 취해야 하는지를 알려주고, 교사발달을 성인발달의 한 형태로 보고, 자아, 도덕성, 인지발달 등에 관한 이론에 의해 교사발달을 설명하고 있다. 교사교육자들에게는 교사들의 발달과정을 이해하고 그들을 위한 교육을 계획하고 순서화하는 데 도움을 준다고 하였다(염지숙·이명순·조형숙·김현주, 2013). 교사는 교사양성교육과정에 들어갈 때부터 시작하여 전체 교직생활을 통해 지속적으로 변화한다고 하였다. 이난숙(1992)은 교직발달이란 교직경험이 쌓여감에 따라 교수-학습과 관련된 지식, 기능 및 태도 등이 변화 발달하는 것을 의미한다고 하였다.

보육교사발달의 개념 연구는 대체로 교사들이 교직에 있어서 어떻게 변화 발달하는가를 밝히려는 연구이다. 즉 보육교사 발달은 교직생활의 전 기간을 통하여 교직과 관련된 지식, 기능, 태도 및 관점에 있어서 교사의 변화를 의미한다(이명숙, 2000). 보육교사의 발달과 관심사가 한 방향으로 순서적으로 이동한다고 보는 직선적·순차적 교사관심사 이론과 한 가지 이상의 복합적이고 역동적인 발달을 거치는 순환적·역동적 교사관심사 이론으로 양분할 수 있다(이은상 외, 1995). 이 장에서는 직선적·순차적 이론에 해당하는 Fuller(1969)와 Katz(1972)의 이론을 살펴보기로 한다.

1) Fuller의 교사발달단계

Fuller는 교사가 필요하다고 인식하는 것과 교사들에게 제공되는 교육 간에 불일치가 있음을 지적하고, 교사관심사에 따라 발달단계를 교직 이전단계, 초기 교직단계, 후기 교직단계로 3단계를 분류하였다.

1단계 : 교직이전단계(pre-teaching phase: non-concern)는 학생들을 가르쳐본 경험이 없거나 교육실습을 통해서 처음으로 학생들과 실제적인 접촉을 해보는 교직경험 직전에 있는 교사지망생들이 속하는 단계이다. 이 시기는 교직에 들어오지 않은 예비교사로서 교직에 대해 특정한 관심이 없고, 관심이 있다하더라도 그들이 표출하는 관심사는 조직적이지 못하고 막연하고 불확실하다. 다만 학생으로서의 자신의 경험을 바탕으로 가르친다는 것에 대해 생각한다.

2단계 : 초기교직단계(early teaching phase: concern with self)는 자아로서의 관심을 가지는 단계이다. 이 단계에서는 겉으로는 교실통제나 가르칠 내용의 적합성 등 학생들을 가르치는데 관심이 있는 것처럼 보이지만 실제 내적으로는 외적으로는 학교환경에 대처하는 일에 관심을 가지고 있는 것처럼 보이나 내적으로는 학교현장의 전체적인 구조와 운영, 상황변수를 탐색하는데 더 많은 관심을 가지고 있다.

3단계 : 후기 교직단계(late teaching phase: concern with pupils)는 학생에 대한 관심이 높아지는 단계로서 교사자신의 존재와 개인적인 발전과 진보에 대한 관심에서 벗어나 학생의 발전에 관심을 보인다. 학생들에게 적절한 목표를 설정해 주며, 성취정도를 평가해 주고, 학생들의 성취도에 의해 교사자신을 평가하기도 한다(이명숙, 2000).

Fuller가 초기에 제시한 교사관심사 이론은 이후 연구를 통해 수정·보완하여 시사하는 바는 일반적으로 초임교사는 경력이 많은 교사보다 자기 자신에 대한 자아관심사를 더 많이 가지고 있으며, 자신의 문제가 해결되고 나면 학생과 교수 상황에 관심을 보인다는 것이다. 관심사가 교사지신으로부터 학교, 교수 상황, 학생 등 주변인물과 상황으로 옮겨진다는 사실을 알 수 있다(염지숙, 이명순, 조형숙, 김현주, 2013).

2) Katz의 교사발달단계

Katz(1985)는 Fuller의 교사관심사 발달이론을 확장하여 영유아교사의 전문성 발달단계에 적용하였으며, 영유아교사의 발달단계를 생존단계(survival stage), 강화단계(consolidation stage), 갱신단계(renewal stage), 성숙단계(maturity stage)의 4단계로 정리하여 제시하였다. 각 단계에서 나타나는 특징과 함께 훈련에 대한 요구, 적절한 훈련 시간과 장소를 제안한 것을 구체적으로 살펴보면 다음과 같다.

1단계 : 생존단계(Survival stage)

생존단계는 교직생활 1년간의 시기로 초임교사들에게 나타나는 특성이다. 교사들은 교육현장에서 직면하는 여러 가지 문제를 원활히 처리할 수 있을지에 대한 관심과 우려가 나타나는 시기이다. 교사로서 성공하기를 원하지만 실제 교실에서 영유아들과 생활, 부모와의 관계에서 어려움을 느끼기 때문에 교사로서의 무능감을 느끼는 시기이다. 이들은 '내가 이 시기를 잘 보낼 수 있을까', 동료교사들이 나를 교사로서 받아들일까, 부모들에게 내가 어떻게 비춰질까 등 생존관련 된 문제에 관심을 갖게 된다.

생존기 교사에게 적절한 지도방법은 지원, 이해, 격려, 위로, 확신 등 심리적 안정을 주고, 교수 방법이나 보육실 운영에 대해서 구체적으로 지도해준다. 생존기 교사는 교실현장에서 즉각적으로 활용할 수 있는 통찰력이 필요하므로 자신이 의지할 수 있고 교실현장을 잘 파악하고 있는 원장이나 선배교사 등에게 자신의 어려움을 이야기하고 지원을 받으며 즉각적이고 구체적인 도움을 줄 수 있는 지원자나 관련 매체가 필요한 시기이다. 그러나 영유아나 보육 관련 사이트가 너무 다양하고 질적인 부분이 검증되지 않았기 때문에 가능하면 중앙육아종합지원센터(보육정보센터) 등을 이용하여 정보를 얻는 것이 바람직하다.

2단계 : 강화단계(Consolidation stage)

강화단계의 교직경력은 2년~3년으로 교사들은 어느 정도 안정감과 자신감을 느끼고, 보육교사로 생존할 수 있다는 확신을 갖게 된다. 1단계에서 습득한 경험을 강화하며, 지금까지 배운 것들을 확고히 하여 다른 업무나 기술을 숙달하게 된다. 영유아의 개별적 문제행동과 상황에 관심가지고 그것을 적극적으로 활용하여 학부모와 상담하면서 문제를 해결하기도 한다.

그러나 보육교사의 이직과 관련된 연구결과(서지영, 2002: 임숙이, 2005)에 의하면 대개 2년에서 3년 경력교사가 이직을 가장 많이 하는 것으로 나타났다. 이 시기의 보육교사들은 보육교사직에 대한 전문적인 시각이 생기지 않은 채 어느 정도 영유아들과의 생활이 익숙함이나 일상의 습관화로 인해 이직의도를 느낀다(민성혜·신혜원·김의향, 2013). 따라서 이 시기의 보육교사들에게는 좀 더 전문적인 능력을 가질 수 있도록 지도하는 것이 필요하다.

강화기 교사에게 적절한 지도방법으로 현장에서의 즉각적인 지원과 특정 영유아에 대한 정보를 제공해 줄 수 있는 경험이 많은 동료교사나 전문가와 감정을 공유하고 정보교환 등을 할 수 있는 도움이 필요하다. 보육현장에서 경험이 많은 선배교사와 짝을 이루어 영유아의 문제행동에 대한 경험 나누기나 수업에서의 융통성이나 조직화에 대한 지도를 해주는 것이 필요하다. 강화기 교사는 자신만의 특성을 살리고 전문적인 교사의 모습을 갖추기 위해서 더 높은 질의 관련 자료들을 찾아보거나 집중적으로 자기훈련을 통한 노력이 필요하다.

3단계 : 갱신단계(Renewal stage)

갱신단계는 교직경력이 3~5년쯤 되었을 때 종래와 같은 일로 반복하기보다는 무언가 새로운 것을 시도해 보고자 하는 시기이다. 즉, 기존의 것을 탈피하고자 하는 개혁에 대한 욕구가 생기기 시작한다. 교사들은 같은 일을 반복하는 것에 싫증을 느끼면서 새로운 아이디어나 교수법을 시도하게 된다. 다양한 프로그램에 대한 정보와 관심을 얻기 위해 형식적 비형식적 방법으로 다른 프로그램을 운영하고 있는 동료교사와 만남, 전문 학회나 단체에 참석, 전문서적과 잡지를 통한 정보수집, 수업참관, 전문가와의 상담 등이 바람직하다.

그러나 양정미(2004)가 어린이집 교사 200명을 대상으로 조사한 결과 경력 4~5년의 교사 중 20%는 생존기였고, 60%는 강화기, 20%만 갱신기였다. 흥미롭게도 경력 6년 이상이 되어서 성숙기에 접어들어야 하는 보육교사 중에서도 실제로 관심사가 성숙기에 해당되는 교사는 아무도 없었다.

이러한 결과는 보육교사의 전문성에 대한 인식이 필요하고, 질적인 보육이 이루어지기 위해서 반드시 이루어져야 하는 발달 부분인데도 실제 경력에 따라 발달이 이루어지지 않고 생존기에 머물러있는 것은 보육교사와 보육의 질적인 부분에 시사하는 바가 크다. 교사는 자신의 관심사를 체크하고, 그 관심사에 맞는 장학 방법을 선택해야 한다.

4단계 : 성숙단계(Maturity stage)

성숙단계는 5년 이상이 되었을 때 도달하게 되는데 이 시기의 교사는 교사로서의 완전한 자신감과 경험을 갖추게 되는 시기이다. 이 시기의 교사는 '나의 철학, 역사적 뿌리는 무엇인가?', '교사는 전문직인가?' 등 교육과 교직에 대한 전반적이고 추상적인 문제들에 대해 교사로서의 자신을 인정하고 자아갱신을 위한 전략과 관습을 개발하여 철학, 성장과 학습의 본질, 학교와의 사회의 관계, 교직 등에 관한 문제에 대해 나름대로의 통찰력과 안목을 갖는다. 이 시기의 교사는 교사로서의 자신의 발달적 요구를 충족시켜 줄 수 있는 전문적 협의회나 학위취득 프로그램, 다양한 분야의 전문가들과 만남 등이 교사로서의 발달에 도움이 될 수 있다.

그러나 앞에서 지적했듯이 우리나라 보육교사 중 성숙기에 도달하는 교사는 그리 많지 않다. 오연주와 한유미(2005)는 우리나라 보육교사와 보육선진국으로 평가되는 스웨덴 보육교사 비교연구결과 스웨덴 보육교사는 우리나라 보육교사들에 비해 직무만도와 전문성 인식수준이 높았고, 반면 근무조건에 대한 만족도와 이직 의도는 우리나라 보육교사가 높았다. 즉, 우리나라 보육교사들의 전문성 인식이 아직도 많이 높아져야 한다는 것이다.

어린이집 일상과 영유아들과의 생활이 익숙해지면 교사는 자신의 발달 단계를 업그레이드하려는 노력이 필요하다. 자신의 관심사가 어디에 있는지 늘 체크하고, 현재의 관심사보다 높은 단계의 관심사를 가지려면 어떻게 해야 하는지 고민하는 교사가 되어야 한다. 보육교사의 한 개인의 고민이 우리나라 보육의 질을 높이는 토석이 될 것이다(민성혜·신혜원·김의향, 2013).

3. 보육교사의 전문성

1) 전문직의 개념

'전문'이라는 용어의 사전적 정의는 "한 분야에 대해 풍부하고 깊이 있는 지식과 경험을 가지고 그 일만을 함"이다. **전문직(professional)이란** "특정 분야에 대한 전문적인 지식이나 기술이 필요한 직업이나 직책"이다(다음 국어사전, 2014). 전문직에 대한 개념은 사회의 변화와 시대의 흐름에 따라 약간씩 차이가 있으며, 어떤 직업이나 어느 개인을 전문직이나 전문가로 인정하는 데에는 사회적 인식과 개인적 인식의 정도에 따라 차이가 있다. 전문직은 다른 직종과 구분할 수 있는 기준으로 전문직에 종사하는 사람들의 기술, 책임, 단합성으로 규정한다. 전문직이란 단순히 의식주만을 해결하가 위한 직업이 아닌 특수성을 가진 직업이다. 그렇다면 우리는 보통 전문직이라고 부르는 의사, 법관, 교사, 성직자 등의 직업이 위에서 학자들이 언급한 전문직의 특성을 지녔는가? 이러한 직업들이 어떤 면에서 다른 직업과 차별화 되는가? 이러한 직업들이 가지고 있는 공통적인 특징이 무엇인가를 살펴보면 전문 직종에 대한 특성을 알 수 있을 것이다. 이러한 직업에 종사하는 사람들은 장기간 교육과 훈련을 통해 전문화된 지식과 기술을 소유하고 있으며, 그것을 증명해주는 자격증을 소유하고 있다. 전문직은 업무수행에 자율성이 보장되면서 그에 따른 책임감을 가져야한다(염지숙·이명순·조형숙·김현주, 2013).

전문직이란 사회봉사를 하며, 조직적인 지식체계에 근거하고, 지식이나 기술에 있어서 장기적이고 실제적인 훈련을 필요로 하며 일정한 윤리규정과 연수를 총한 성장을 필요로 한다. 전문직은 보통사람 이상의 자기체계를 갖추고, 계속적인 연구와 이론을 현실에 작용하려는 노력을 하는 직업이다(박영희, 2011).

전문성(professionalism)이란 개인적 차원에 해당되는 것으로 어떤 특정 분야에 종사하는 한 개인이 가지고 있는 특성, 태도, 행동, 신념, 가치를 말한다. Spodeck(1975)은 전문성이란 장기간 필요한 내용을 훈련, 교육받아야 하고, 폭넓은 자율성과 그에 따른 책임을 가져야하며, 자율적인 조직체계와 전문적인 지식을 갖추는 것이다.

이에 반해 **전문화(specialization)**된 직종은 직업이 전문직으로 인정되는가와 관련된 포괄적인 개념이다(정영실, 2010). 전문성을 지닌 사람들로 구성된 직업이 모두 전문화되어 있는 것이 아니다. 전문화되어 있는 직업에 종사하는 사람들이 모두 전문성을 갖추고 있는 것이 아니라는 것이다. 따라서 종사하는 구성원들의 전문성과 직업의 전문화는 어떤 하나의 직업을 전문직으로 발전시켜 나가는 상호보완적인 관계에 있다고 할 수 있다(이은화·배소연·조부경, 1995). 전문가란 고도의 전문화된 이론적 지식을 소유하고 더불어 이 지식을 그들의 일상 업무에 적용하는 방법과 기술을 가진 자로서 교직은 전문직으로 인정받는 데 고도의 전문성을 바탕으로 자율성이 최대한 보장된 업무라고 볼 수 있다.

2) 전문직의 조건

다양한 사회·문화에서 전문직에 대한 조건과 특성은 다를 수 있고 여러 학자들이 구분한 전문직의 정의, 조건, 특성 등이 다양하지만 전문직의 조건을 박은혜(2005)는 다음과 같이 제시하고 있다.

① **전문화된 지식과 기술을 요구하며, 이러한 지식과 기술을 이용한 지적 활동을 수반한다.** 고도로 전문화, 특수화 된 지식과 기술을 필요로 하는가에 따라서 전문직과 일반직을 구분한다. 전문화되고 특수화 된 지식이란 일반적인 상식적 지식이 아니라 역사성, 과학성, 학문성을 지닌 지식을 말한다.

② **장기간 교육과 훈련을 필요로 하며 관련 분야의 전문자격증이 요구된다.** 영유아교육기관은 유치원 교사자격증 또는 보육교사 자격증 소지자만 교사로 근무할 수 있다.

③ **업무 수행 시 자율성과 책임감이 요구된다.** 전문직에 종사하는 사람들은 업무 수행 시 타인이나 외부의 환경과 조건에 구애 받지 않을 최대한의 자율성을 가지고 있으나 그에 대한 책임감도 뒤 따른다. 영유아교사는 교육과정 운영에 자율권을 가지고 있으나, 영유아의 전인적 성장과 바람직한 발달에 대한 책임도 뒤 따른다.

④ **전문직에 상응하는 사회적 지위와 경제적 대우가 요구된다.** 전문화 된 지식과 고도의 기술을 요구하는 만큼 사회적으로 높은 대우를 받으며, 임금도 높게 보장되어있다.

⑤ **개인의 이익을 추구하기보다 공공에 헌신하고 봉사하는 정신자세가 요구된다.** 자신의 직업이 일반직에 종사하는 사람들처럼 생계를 유지하기 위한 수단이기보다 사회

와 국가에 헌신하고 봉사하기 위한 소명이라는 의식과 태도가 필요하다.

⑥ **전문직은 자신들의 권익을 보호할 수 있는 단체를 구성한다.** 전문직에 종사하는 사람들은 끊임없이 새로운 지식을 습득하고 자신들이 하는 일의 전문성을 유지하고 또 자신들의 권익을 보호해줄 수 있는 단체를 필요로 한다.

⑦ **업무와 행동을 지배하는 윤리강경을 갖는다.** 전문직의 특성 가운데 하나는 의사결정을 요구한다. 이러한 의사결정은 상당한 개인적 가치의 개입을 요구하며 때로는 가치끼리 충돌하는 겨우도 있다. 이러한 상황에서 어떤 결정이 적절할 것인가에 대한 기준을 제시해 줄 수 있는 윤리강경이 가지고 있는 것이 필수적이다.

3) 전문직으로서의 보육교사

보육교사가 전문가인가에 대한 준거를 살펴보면 Broudy(1984)는 영유아교사가 교수방법이나 교실운영과 같은 업무뿐 만 아니라 교육과정 및 기관운영에 필요한 진단, 의사결정 및 판단과 같은 많은 역할을 할 수 있는 지식이 필요한 전문직이라고 한다.

Feeney(1983)는 보육교사의 역할이나 권위, 윤리문제는 교사의 인성이라는 기준을 통하여 보육교사가 전문직인 이유를 제시하고 있다.

첫째, 영유아에게 광범위한 지식을 전달하고 긍정적인 자기 인식과 다른 사람과 함께 살며 일하는 것을 교육한다. 둘째, 교사의 권위는 교수경험, 기술, 지식, 헌신, 과정, 역할 자체로부터 나오며, 특별한 지식의 조직체를 강하게 요구하며, 영유아발달과 학습에 관한 것으로 확고하게 세워져 있다. 셋째, 영유아에 관한 이론은 매일 현장에 적용하고, 넷째, 영유아를 위한 프로그램의 선택을 위해 필요한 지식과 기술을 지속적으로 보완해야 보육교사직은 전문직이 될 수 있다.

오미경(1998)은 보육교사의 전문성 수준이 높을수록 프로그램의 질이 높아지고, 봉사성, 사회적필요성, 공정성, 전문적 지식, 윤이성 순으로 질에 영향을 미친다고 하였다. 따라서 보육전문가로서 교사들은 교직윤리를 중심으로 한 이론 및 실천적지식의 현재를 점검해 보아야 할 것이다.

전문직을 규정하는 조건과 특성을 볼 때 보육교사직은 과연 전문직이라 할 수 있는가에 대한 두 가지의 견해를 볼 수 있다.

첫 번째, 보육교사를 전문직이라고 주장하는 견해를 살펴보면 Feeney(1983)는 영유아에게 광범위한 지식을 전달하고, 영유아들이 자신에 대해 긍정적으로 느끼도록 교육하며, 특별한 지식체계를 강하게 요구하고, 영유아발달과 학습에 관한 것으로 확고하게 세워졌다고 보고 있다. 또한 영유아에 관한 이론을 매일 현장에 적용하고, 영유아를 위한 프로그램을 선택하기 위해 지식과 기술을 계속적으로 보충한다. 따라서 보육교사는 전문가로 자부심을 가져야 하고 영유아들을 잘 이해하도록 도와야 한다. Broudy(1984)도 영유아반 교사는 교수방법이나 교실운영에 관한 업무, 진단, 의사결정 및 판단 등과 같은 역할을 소화해 낼 수 있는 지식이 필요한 전문인이라고 하였고, 영유아교사직은 전문직이고 가장 진정한 의미로서의 창조된 전문직이라고 정의 하였다(이은화·배소연·조부경, 1995). 즉, ① 영유아들을 위한 전문적인 교수기술과 지식이 필요하고, ② 자율성과 책임이 부과 되며, ③ 봉사 지향적 등의 이유로 전문직이라는 견해가 공존한다.

보육교사에게 필요한 지식과 기초가 무엇인가에 대한 문제는 보육교사의 전문성을 찾아야 한다는 주장이 최근에 많이 논의되고 있다. 영유아교육기관에 종사하는 우리로서 보육교사직이 전문직으로 인정받기를 바란다. 그러나 보육교사직이 위에서 기술한 전문직의 조건을 어느 정도 충족시킨다고 하더라도 모든 면을 만족시키지는 못한다는 사실을 인정할 수밖에 없다(염지숙·이명순·조형숙·김현주, 2013).

두 번째, 보육교사를 전문직이라고 볼 수 없는 견해를 살펴보면 Ade(1982)는 보육교사의 전문성에 관해서 일반화된 체계적 지식의 기초가 부족하고 전문직의 권위와 특권에 대한 사회적인 인정도가 낮으며, 봉사의 기능이 적기 때문에 전문직으로 보기 어렵다고 지적하였다. Spodeck(1987)도 영유아교사에 대해 낮은 직업적 지위, 짧은 훈련, 봉사에 대한 사회적 인정 부족, 발달되지 못한 이론적 개념과 전문화되지 못함, 자율적인 의사결정이 어렵고, 행정적으로 통제되기 쉬우며, 교사자신이 준전문가라고 여기고, 전문직에 일체감을 갖지 못하는 근거를 들어 보육교사직은 준전문가로 보았다(박영희, 2001). 즉, 전문화된 지식이 부족하고, 전문직으로서 사회적 인식도가 낮으며, 사회적 지위가 낮고, 교사 스스로 전문직이라는 인식이 부족하다고 생각한다. 그러므로 보육교사는 전문직으로 인정받을 수 있는 요건들을 갖출 필요가 있다.

4) 영유아 보육교사가 전문직으로 인정받기 위한 조건

보육교사가 전문직으로 인정받기 위해서 다음과 같은 요건을 충족시켜야 한다.

첫째, 전문직은 장기간의 교육과 훈련을 통해 고도로 전문화된 지식과 기술 습득을 요구한다. 보육교사가 되기 위해 양성기관에서 전문화된 지식과 기술을 습득하기 위해서 기관에 따라 4년, 2~3년, 1년간의 교육을 받는다. 보육교사는 단순히 영유아를 보호하고 양육하는 역할을 넘어서 영유아의 신체·인지·정서·언어·사회 등의 전인적 성장과 발달에 결정적인 역할을 하며 영유아의 미래에 지대한 영향을 미친다. 그러므로 이에 합당한 교사가 되기 위해서 전문적 지식과 기술 및 태도를 겸비한 우수한 교사가 되기 위해 양성과정에서 충분한 기간 동안 훈련을 받을 필요가 있다. 학력과 좋은 교사는 반드시 비례하지는 않는다. 질적으로 우수한 교사를 양성하기 위해 정부, 행정가, 교수, 현직교사들이 함께 노력해야 한다.

둘째, 전문직은 사회적 지위와 경제적 대우가 수반된다. 우리나라는 보육교사는 다른 전문직에 비해 상대적으로 사회적 지위가 낮게 평가되고 있다. 같은 기간 동안 교육과 훈련을 받은 다른 전문직에 비해 경제적 대우도 그다지 높지 않다. 이는 보육교사들의 사기를 떨어뜨리는 요인이 되므로 보육교사를 전문직으로 보는 데 방해요소로 작용하고 있다. 보육교사 는 자신의 문제점을 인식하고 해결하려는 의지를 가지고 노력해야 한다.

셋째, 전문직은 자율성과 책임감이 뒤따른다. 영유아반 교사는 다른 학년 교사들보다 교육과정 운영 및 학급관리에 이어서 더 많은 자율성과 융통성을 가지고 의사결정을 해야 한다. 자율성의 문제 또한 전문직으로 인정하는데 걸림돌이 된다. 영유아교육기관의 정책은 현장교사들의 목소리는 무시된 채 행정가, 연구자들에 의해 수립된다. 보육교사가 부담하는 책임감에 비해 자율성의 보장은 상대적으로 미약하다.

넷째, 전문직은 대개 전 생애를 통한 직업이다. 그러나 보육교사는 낮은 사회적 지위와 보수, 직무불만족, 열악한 근무환경 등의 이유로 민간보육시설 보육교사는 다른 전문 직종에 비해 이직률이 높다. 보육교사직이 전문직이 되기 위해 보수, 승진, 휴가, 근무시간 등 교원복지와 근무환경의 개선이 이직률을 낮출 수 있다.

보육교사가 자신의 직업을 전문직으로 볼 때 자신의 일에 대해 효능감을 느끼고, 자부심과 책임감은 물론 전문성을 유지하고 발전시키려고 노력할 것이다. 보육교사는 전문적인 교육과 훈련을 통해 전문지식을 갖추고 있어야 하고, 각종 교원단체나 학회에 소속되고, 사회를 위해 봉사하고 헌신한다는 점에서 전문직종이라 할 수 있지만 위에서 살펴보았듯이 완전히 전문직이라고 말하기에는 부족한 점들이 있다.

현재 보육교사직은 전문직으로 되기 위해 노력 중에 있는 직종이다. 보육교사는 인생에서 결정적으로 가장 중요한 시기에 있는 영유아들을 양육하고 교육함으로써 사회에 지대한 공헌을 하기 때문이다(염지숙, 이명순, 조형숙, 김현주, 2013).

제2장
보육교사의 역할

1. 보육교사의 역할
2. 보육교사의 다양한 역할
3. 영아반 보육교사와 유아반 보육교사의 역할
4. 여성문화 중심에 적응하는 남성 보육교사 역할

보육교사의 역할에 관점은 과거의 보호(care)의 개념에서 교육(education)의 개념으로 변화되었다가 최근에는 보호와 교육의 통합된 개념인 보육(educare)이 일반적으로 받아들여지고 있다. 더불어 보육교사의 역할은 매우 다양하고 서로 다양한 역할들이 동시에 요구하고 있다. 교육과정을 계획하고, 다양한 문서와 공문처리, 부모와 상담하기, 교실 청소하기 등 이처럼 보육교사는 하루 중에 매우 다양한 역할들을 동시에 해야 한다. 보육교사의 역할이 이처럼 시대적 변화에 따라 보호의 개념에서 보육의 개념으로 전문가로서의 역할과 책임으로 확장되어지고 있음을 알 수 있다. 2장에서는 보육교사 역할에 대한 시대적 변화와 보육교사의 다양한 역할, 영아반 보육교사와 유아반 보육교사의 역할의 특징, 여성문화 중심에 적응하는 남성 보육교사 역할을 살펴보기로 한다.

1. 보육교사의 역할

1) 역할의 개념

'역할'의 사전적 정의를 보면 '자기가 마땅히 하여야 할 맡은 바 직책이나 임무'이다. 이는 어떤 특정 지위나 직책에 대해서 개인적·사회적·문화적으로 요구되는 소임이나 구실을 의미한다. 같은 직업이라도 그 직업에 요구되는 역할은 시대에 사회적 변화, 문화, 특정사회가 지니고 있는 가치관가 철학에 따라 다양할 것이다. 박은혜(2003)는 역할이란 특정한 사회에서 기대되어지는 것, 특정 지위에 있는 사람에게 기대되는 행동양식, 그것을 맡은 사람이 스스로 인식하고 있는 사람에게 사회 구성원들이 인정해 주어야 한 것이다. 최수아(2005)는 역할이란 각 지위와 연관된 활동들이 모여서 형성된 것으로 그 지위를 차지하는 사람에 의해 수행되는 것이며, 사회의 어느 지위에 있는 사람에게 공통적으로 기대되는 행동유형이다. 또한 사회에서 특정한 지위에 있는 사람들이 의식적으로 수행하고 다른 사람에 의해서도 인정을 받고 있는 포괄적인 행동양식이다.

교사의 역할은 교육의 현장에서 교사의 지위를 내포한 용어로서 교사가 담당해야 할 역할행동, 교사들에게 거는 기대 등을 의미한다. 교사의 역할도 시대, 사회, 문화가 지니는 교육관, 인간관, 사회관에 따라 다양하게 규정되어 왔다(염지숙·이명순·조형숙·김현주, 2013).

2) 보육교사 역할에 대한 시대적 변화

보육교사의 역할에 관점은 과거의 보호(care)의 개념에서 교육(education)의 개념으로 변화되었다가 최근에는 보호와 교육의 통합된 개념인 보육(educare)이 일반적으로 받아들여지고 있다. (오미옥·신원식, 2010). 보육교사의 역할은 매우 다양하고 서로 다양한 역할들이 동시에 요구되기 때문에 한마디로 규정하기가 어렵다. 보육교사는 영유아들의 간식과 식사, 낮잠, 자유선택활동과 대·소집단활동, 실내외 활동 등을 포함한다. 영유아를 안전하게 보호하고, 신체, 정서, 인지, 언어, 도덕성 등의 발달을 도와주어야 한다. 교육과정을 계획하고, 다양한 문서와 공문처리, 부모와 상담하기, 교실 청소하기 등 이처럼 보육교사는 하루 중에 매우 다양한 역할들을 동시에 해야 한다. 각 학자들이 제시한 보육교사의 역할을 살펴보면 다음과 같다.

Ellis(1982)는 교사가 계획자, 학습조력자 및 감독자, 안내자 및 상담자, 문화의 설명자 및 중재자, 지역사회 연결자, 교직원으로의 역할, 학교사회 일원으로 역할을 해야 한다. 이은화(1985)는 보육교사의 역할을 환경제공자, 관찰자, 프로그램제공자, 연구자, 부모교육상담자, 평가자 등 영유아의 요구에 반응하는 역할로 제시하였다. 특히, 최근에는 부모의 취업으로 다양한 사회적 요구와 영유아들이 가지고 있는 특별한 요구들을 교육과정 운영 전반에 반영하여야 하기 때문에 보육교사의 역할이 더욱 다양해지고 있다.

보육교사의 역할을 양육자, 관찰자, 연구자, 교육프로그램자, 교수조직자로서 영유아의 신체 및 심리적 건강을 안전하게 보호하고 교육내용 및 활동을 계획하고 지도하며, 교재교구 및 학습 자료를 준비하고, 학습 환경을 조성하고 활용한다. 또한 친밀한 인간관계를 통한 생활지도를 하고 영유아교육활동을 평가하고 부모들과 상담하고, 지역사회와의 관계를 맺는 것이라고 하였다. 이처럼 보육교사의 역할은 보호자나 양육자에서 교육자, 중재자 및 연구자로 변해가고 있고, 전문가로서의 역할과 책임으로 확장되어지고 있다(이기숙과 그의 동료, 2002: 임재택, 2003: 황해익, 유수경, 2008).

Wortham(2005)은 보육교사의 역할을 다양한 계층의 영유아를 위한 역동적이고, 아동 중심적이며, 다양한 계층의 영유아에게 반응할 수 있는 교육프로그램을 개발하는 일로 규정하였다. 또한 보육자격관리사무국(2007)에서 제시한 보육교사 역할은 영유아의 성장발달에 있어 보호와 교육적 측면의 전문가로서 신체적·사회적·정서적·지적 발달을 균형 있게 격려할 수 있도록 교육방법을 연구하여 적용하고, 보육실 환경을 영유아의 연령과 발달수준을 고려하여 적절한 자극을 제공하는 것이다. 그리고 학부모들이 자녀걱정 없이 안심하고 사회·경제활동을 할 수 있도록 학부모와의 정보교환 교류자로서 원활한 의사소통을 통해 교사나 어린이집에 대한 신뢰감을 형성하는 것이라고 제시한다(민성혜·신혜원·김의향, 2013).

보육교사의 역할이 이처럼 시대적 변화에 따라 보호의 개념에서 보육의 개념으로 전문가로서의 역할과 책임으로 확장되어지고 있음을 알 수 있다. 다음은 보육교사의 다양한 역할들 중 대리양육자의 역할, 보육과정의 계획과 교수자 역할, 모델링과 관리자의 역할, 상호작용자로서의 역할을 살펴보기로 한다.

2. 보육교사의 다양한 역할

1) 대리양육자의 역할

보육교사는 부모에게 가장 중요한 영유아를 맡아 보호하고 양육하는 중요한 역할을 한다. 보육교사의 1차적인 역할은 영유아를 안전하게 보호하고 이들의 신체 및 생리적인 욕구를 충족시키는 것이다. 부모 대신 하루의 대부분은 어린이집에서 머무는 영유아를 가정에서 느끼는 안락함과 부모로 부터 느끼는 따뜻함으로 안전하게 보호하고 돌봐주어야 한다.

통계청과 여성가족부가 발표한 '2013 통계로 보는 여성의 삶'에 따르면, 2012년 기준 여성의 경제활동 참가율은 49.9%로 그 중 25~29세가 71.6%로 가장 높고, 30~39세는 결혼, 육아 등으로 다소 떨어지지만 56%로 나타났다(여성가족부, 2013). 최근 여성의 사회적 참여 확대, 가족구조의 변화 및 가족해체 증가 등에 의한 사회적 요구에 의해 24시간 보육의 필요성이 높아지면서 어린시기부터 많은 시간을 어린이집에서 보내는 영유아들이 늘어나고 있다. 일하는 여성들이 점차 증가되므로 가정에서 자녀를 양육해야 할 어머니의 부재라는 것이다. 그러므로 보육교사는 부모를 대신하여 영유아교육 현장에서 책임져야하기 때문에 영유아를 양육할 전문성을 갖춘 전문보육교사를 요구하는 것이다.

영아와 양육자 사이에 친밀한 정서적 유대감인 '애착'은 영유아가 성장하면서 발달의 여러 면에 많은 영향을 미치고, 이후의 다른 사회적 관계 형성에 미치는 영향이 매우 크다. 즉, 부모와 안정애착 관계를 형성한 영아는 사회적관계가 높고, 자신감이 있고 호기심이 많으며 만족지연 능력이나 문제해결능력이 높다(이순형 외, 2010). 따라서 주 양육자와 영아의 안정애착 형성은 발달과정상 중요한 문제이다. 그러나 최근 여성취업 증가로 영유아가 어머니와 보내는 시간이 감소되었다. 대신 더 이른 연령부터 어린이집에 다니고 하루 중 보육교사와 함께 있는 시간이 늘어나고 있다. 많은 연구 결과에 따르면 보육교사와도 애착관계가 형성되는 되는데 영유아가 애착대상인 교사에 대해서 신뢰감이 형성되고, 낯선 상황에 두려움이 덜 갖고, 탐색활동을 보다 적극적으로 한다. 이처럼 보육교사와 안정애착을 형성한 영유아는 사회·정서발달뿐만 아니라 언어·인지발달에도 긍정적인 결과를 보여준다(민성혜·신혜원·김의향, 2013).

2) 보육과정의 계획과 교수자 및 평가자의 역할

초기에는 주 양육자의 역할이 요구된 보육교사의 역할은 교육과정을 계획하고 실행하며 평가하는 교수자의 역할이 부가되었다. 보육교사는 어린이집이나 자신의 교육철학 등을 토대로 보육과정을 계획하고 운영하고 평가해야한다. 영유아발달에 적합한 보육활동을 실행하기 위해 국가수준의 표준보육과정과 자신이 담당한 영유아의 발달적 특징, 어린이집의 상황, 지역사회의 요구 등 생태학적인 특성을 고려하여 교육내용을 계획하고 다양한 교수방법을 활용하여 활동하고 평가한다. 영유아기 교육은 교과서 없이 상호작용이나 활동을 중심으로 이루어지므로 영유아에게 안전하고 자극을 줄 수 있는 교실의 환경을 마련하고, 영유아의 활동을 적극적으로 지원해주는 계획을 구성하는 교사의 역할이 중요하다.

아무리 좋은 프로그램이라 할지라도 영유아에게 적합하지 않는다면 교육적 효과를 이루기 어렵기 때문에 영유아의 발달단계의 특성을 이해하는 것뿐 만 아니라 영유아의 현재 수준이나 준비도를 점검하는 것이 필요하다. 또한 영유아의 연령에 따라 발달정도와 그 특성의 차이가 있으므로 보육교사의 역할을 수행하는데 반드시 발달에 적합한 실제를 고려해야 한다(심영희·성소영, 2013).

평가자로서 보육교사는 여러 가지 방법을 활용하여 영유아의 발달 정도를 평가한다. 영유아의 발달 수준 및 특성에 대해 알고 긍정적인 상호작용으로 영유아의 사고를 확장시켜 줄 때 효과적인 교육활동이 이루어질 수 있다. 또한 평가 결과는 교사가 부모에게 영유아의 특성을 알릴 때 근거자료로 제시될 수 있다. 보육교사는 영유아들 평가뿐만 아니라 교사자신과 동료교사의 평가를 통해 더 향상된 교육활동을 추구할 수 있다(이순형 외, 2013).

3) 모델링과 관리자의 역할

보육교사의 또 다른 역할은 영유아를 관리하고 그들이 바람직하게 자라도록 가르치는 것이다. 보육교사는 올바른 행동을 함으로써 영유아에게 좋은 모델링이 되어야 한다. 어린이집 영유아는 부모와 함께 보내기보다 보육교사와 함께 보내는 시간이 더 길기 때문에 보육교사의 사소한 행동이 영유아에게 영향을 미칠 수 있다.

교사의 모델링은 영유아가 바람직한 행동을 배울 수 있는 기회가 된다. 영유아가 싫어하는 음식을 교사가 맛있게 먹는 모습을 보여주면 따라서 먹을 수 있고, 영유아의 말에 관심을 기울이고 경청하고 감정을 읽어 주는 교사에 모습을 보고 영유아도 다른 사람의 말에 경청하는 태도를 기르게 된다(이순형 외, 2013).

NICHD(2001)(미국국립아동보건·인간개발연구소: National Institute of Child Health and Human Development)연구에 의하면 아동중심적인 교사들은 엄격하고 권위 있는 교사보다 높은 질의 보육환경을 제공한다. 영유아는 보육교사가 양육자, 교육자, 관리자로서의 역할을 효과적으로 수행할 때 사회성과 지적능력을 더 잘 향상시킬 수 있다.

보육교사는 물리적·심리적 환경을 조성하는 데 있어서 영유아의 안전에 대한 계획을 세워야 한다. 영유아는 연령에 따라 개인차에 따라 발달상황이 다르므로 영유아의 발달적 요구에 따라 민감하게 반응해주고, 연령에 맞는 다양한 교재교구, 실내 환경과 바깥놀이터의 환경 등을 적절하게 구성한다. 교실이나 운동장에 부서진 장난감이나 안전하지 않는 교구와 시설이 있는지 확인하여 영유아가 안전에 위협이 될 만한 것을 제거해야 한다. 안전은 교육과정을 구성하는 데 중심이 되는 문제이다. 물놀이, 요리활동, 목공놀이, 실외놀이터 등과 같은 활동을 할 때는 관리자 감독이 필요하다.

보육교사는 영유아의 활동과 주의집중 위해 교실의 환경과 균형 있는 일과 운영으로 영유아의 욕구를 충족시킬 수 있는 교육과정 계획을 구성해야 한다. 또한 날씨변화에 따라 영유아의 흥미가 달라지거나 또는 예외적인 상황에 따라 다른 대안적인 활동을 할 수 있도록 준비한다(권영례·김소라, 2011).

4) 상호작용자로서의 역할

보육교사는 단순한 지식만 전달해주는 것이 아니라 영유아-영유아, 영유아-교사, 영유아-물리적 환경 등과 상호작용을 통해 동기를 유발시키고 흥미와 관심을 자극시켜서 영유아가 사람, 자연, 사물과의 상호작용이 충분히 일어나도록 도모해 주어야 한다. 영유아의 모든 행동을 관찰하고 적절히 반응해 주어 영유아가 자신과 주변에 대해 배울 수 있도록 도와준다. 영유아가 자연스럽게 자신의 감정, 생각, 느낌 등을 자유로이 표현할 수 있게 해주고, 보육교사는 영유아의 언어적·비언어적, 감정 표현에 민감하게 반응하고 격려해주어야 한다. 영유아에게 정보를 재공해 주고 개방적 질문을 하는 언어적 상호작용과 미소 짓고, 쓰다듬고, 눈 맞춤을 하고, 안아 주고, 영유아의 눈높이에 맞추는 자세로 비언어적 상호작용을 통해 영유아를 존중해주고 애정을 표현해 준다.

반응적인 보육교사는 아동의 의견을 경청하고 적절한 대답을 해주며, 영유아의 요구에 민감하고, 영유아의 발달적 수준에 맞추어 의사소통 능력을 고려해야 한다. 또한 보육교사는 동료와 자원봉사자, 학부모와 민감한 상호작용을 통해 영유아의 일상생활이나 특별한 요구에 대해 의견을 교환할 수 있는 긍정적이고 온정적인 관계를 형성한다.

Hoy & Woolfolk(1993)는 효능감이 높은 교사는 영유아에게 긍정적인 상호작용의 기회를 제공한다. 교실에서 교사-영유아의 상호작용에 영향을 미치는데 도와주고, 놀이 상황에서 영유아들이 상호작용하는데 직접적 참여와 대화, 방향제시 등에 긍정적인 자세를 보여주는 것으로 나타났다. 반면 효능감이 낮은 교사는 교사-영유아 상호작용에 대해 부정적인 태도를 형성하고, 결과적으로 자신의 수업상황에서 상호작용을 기피하게 된다. 보육교사는 영유아의 가능성에 대해 기대를 가지고 교사-영유아의 긍정적인 관계를 맺고, 신체적·언어적·사회적 상호작용이 활발히 일어나도록 도모한다.

질적 상호작용은 교육과정을 운영하는 데 효율적이 교수-학습의 중심이다. 교사는 일과 운영에서 상호작용의 계획과 실행을 어떻게 할 것인지 이해야 한다. 영유아는 항상 변화하고 성장하고 학습한다. 영유아의 발달과 지적 추구는 영유아의 주변에 있는 성인이나 다른 또래에 의해 조성되고 사물과 활동과 경험에 의해 배우기 때문이다. 교수-학습과정에서 상호작용이 발생할 수 있도록 하기 위해서는 먼저 영유아의 배경과 발달수준의 능력을 고려하여 적절한 질문과 영유아의 대답에 대한 교사의 효율적인 반응이 필요하다(권영례·김소라, 2011).

상호작용을 격려하는 교육과정 일 경우 반드시 제시되는 교육내용은 영유아의 발달수준 간의 연계성이 있어야 하고 영유아의 경험과 흥미에 기초해야 한다. 영유아가 다른 사람들과 건설적인 관계를 형성하기 위해서는 일관성 있고 긍정적인 상호작용이 이루어질 때 학습이 촉진되고 인간관계를 강화하는 되 도움이 된다(Ralph & Eddowes, 2002).

3. 영아반 보육교사와 유아반 보육교사의 역할

1) 영아반 보육교사의 역할

영아반을 담당하는 보육교사는 0세부터 2세까지 보육하는 교사이다(영유아보육법 시행규칙 제10조 별표 2). 양아반 보육교사는 영아의 발달을 도와줄 수 있도록 교육과정을 구성하고 영아기의 특성을 이해해야 한다. 영아는 감각기관을 통해서 자신의 신체를 움직여서 탐색하며, 성인이나 다른 영아와 상호작용하면서 세상을 경험하고 주변세계와 환경에 대해 배우며, 옹알이를 시작하여 말을 배우고 걸음을 걷게 된다. 성인이 영아에게 어떤 감각 자극을 제공하야 하는지, 어디를 데리고 가는지, 무엇을 말해주는지에 따라서 영아의 경험의 내용과 질이 달라 질 수 있다는 것이다.

많은 연구에서 보육의 질을 결정하는 요인으로 보육교사의 역할을 들고 있으며, 교사와의 상호작용관계는 영아의 사회적 유능감, 사회성발달, 언어 및 인지능력과 관련이 있다고 밝히고 있다(박희숙, 2009). 그러므로 영아기가 발달의 결정적시기라는 측면에서 영아교육에 대한 인식이 변화하고 이에 따라 영아반 보육교사는 보호나 양육적인 역할뿐만 아니라 영아의 발달을 촉진시킬 수 있는 전문적 지식을 겸비해야 한다. 영아반 보육교사의 역할을 살펴보면 다음과 같다.

(1) 0~2세 영아기는 신체의 급성장기

영아반 보육교사는 영아의 신체적 요구와 관련하여 수유, 수면 및 배설 등을 잘 살펴보고, 특히 급 성장기에 영양부족은 영아의 신체발달 지연을 초래할 수 있다. 또는 수유습관이나 수면문제, 배설문제에 관련하여 교사의 세심한 배려가 필요하다. 이때 영아마다 식욕이나 신체리듬의 차이가 있으므로 개인차의 배려 또한 필요하다. 이 시기에는 뇌 발달이 우선되고 대근육 운동능력의 발달은 영아의 탐색욕구와 결합되어 안전사고의 위험이 따르므로 보육교사는 늘 안전에 주의를 기우려야 한다. 또한 면역력이 약한 관계로 각종 질병에 전염이 잘 되므로 위생관리에 철저해야 한다(이순형 외, 2010).

(2) 영아기의 정서발달은 주 양육자와 애착형성

영아는 주 양육자와의 따뜻한 상호작용을 통해 세상에 대한 신뢰감과 안정애착을 형성해 나간다. 안정애착은 앞으로 영아가 사회적 관계에 지속적인 영향을 미친다는 점에서 중요하다. 보육교사는 어머니보다 오랜 시간을 영아와 보내면서 상호작용을 하는 중요한 사람이다. 영아는 보육교사와도 안정애착형성이 가능하기 때문에 교사는 영아의 신호에 민감하고 일관되며 온정적인 반응을 보냄으로써 안정애착을 형성하도록 해야 한다.

Keenan(1998)는 영아반 교사가 중점을 두어야 할 것은 부분으로 ① 각 영아와 애착형성, ② 영아와 비언어적 의사소통, ③ 매일 부모와 의사소통, ④ 교육과정보다 영아들의 개인차 강조, ⑤ 세심한 관찰, 프로그램의 요구보다 영아 개개인의 요구에 기초한 일과구성으로 구분하였다.

임주희(2004)는 영아반 교사의 역할로는 ① 영아와 신뢰감 쌓기, ② 세심한 관찰을 통해 비언어적 의사소통 인해, ③ 영아들의 언어표현 미성숙으로 또래와 상호작용 기술부족으로 인해 발생하는 상황일 경우 적극적인 상호작용으로 개입, ④ 기본생활지도, ⑤ 사회적 기술형성 돕기와 부모와 관계 등을 들었다.

영아는 유아와 다르게 의존도가 더 크기 때문에 영아가 안정애착형성을 할 있도록 따뜻하고 수용적이며, 민감한 상호작용을 해주어야 한다.

(3) 영아의 언어발달 미성숙

영아의 수용언어 발달은 표현언어 발달의 세 배 이상이다. 영아는 정확한 뜻은 몰라도 말하는 사람의 억양이나 표정·분위기를 통해 어떤 상황인지 충분히 알 수 있다. 교사는 영아에게 충분히 설명할 필요가 있다. 영아가 보여주는 외부에 대한 호기심에 교사는 민감하게 반응해주는 것은 언어발달과 인지발달에 도움이 된다. 영아는 자신의 뜻이 잘 전달되지 않음을 경험한 영아는 점차 자신의 의사표현 노력을 하지 않고 좌절하며 세상을 불신하기 때문에 영아반 교사는 영아에게 신뢰감을 심어 줄 수 있도록 적극적인 반응을 해주어야 한다.

(4) 영아기의 호기심은 적극적 탐색

영아가 주변 환경 탐색과정에서 다양한 위험에 노출될 수 있다. 영아반 교사는 안전에 염두를 두고 인간성장 발달원리를 잘 이해하고 환경구성을 해야 한다. 영아는 뇌 발달이 먼저 이루어지므로 신체적 균형이 이루어지지 않은 상태이다. 기거나 걸음마기가 되면 굴러 떨어지지 않도록 하고 안전문을 설치하고, 가구모서리는 각이 지지 않고 둥글게 처리되어야 하고 모서리 보호대를 부착한다. 영아는 모든 물건을 입으로 가져가서 탐색을 하기 때문에 장난감은 항상 청결해야하고 코, 귀, 목에 걸릴만한 작은 물건을 두지 않는 것이 바람직하다.

(5) 영아기의 중요한 과업 배변훈련

영아는 18개월경이 되면 괄약근 조절이 가능해진다. 교사의 지지와 또래간의 모델링 효과를 활용하기 위해 배변훈련을 하는 시기의 영아들을 적절한 시기를 선택하여 함께 배변훈련을 할 수 있는데 또래의 성공적인 배변경험은 다른 영아에게 도전의식을 불러일

으킬 수 있다(공인숙 외, 2013). 배변훈련이 성공했을 경우 "○ ○ 응가가 예쁘게 나왔네." 처럼 많은 칭찬과 격려는 해주도록 한다. 기저귀 대신에 얇은 팬티나 바지를 입히고 대소변의 느낌이 있을 때 변기를 활용하도록 가르친다. 이때 변기와 친숙해 질 수 있도록 변기와 관련된 그림동화책을 읽어주면 효과적이고, 영아가 실수하더라도 야단치지 말고 당연한 일이므로 기다려주는 교사의 인내심이 필요하다. 배변훈련은 부모와 상의해서 가정과 연계될 수 있도록 같은 시기에 하는 것이 바람직하다(이순형 외, 2010).

월드스포츠[라이프]

- 애착이란

자신과 가장 가까운 사람들에게 느끼는 감정적 유대감을 말한다. 영아는 출산 직후부터 애착을 형성하고 발달시키는데 특히 자신을 돌봐주는 엄마에게 강한 친밀감과 유대감을 느낀다. 교육학 전문가들에 따르면 애착형성 시기에는 아이를 대하는 엄마의 행동이 가장 중요하다. 초기에 결정된 애착은 성인이 된 후까지 영향을 미치기 때문이다. 애착형성이 잘 된 아이는 정서적 안정감을 느끼며 감정조절이나 자기 조절 능력이 뛰어나다. 또한 자신감이 있어 타인과 잘 어울린다. 반면에 애착형성이 부적절하게 이루어진 아이의 경우 정서불안과 함께 사회적 관계에 혼란을 겪게 된다.

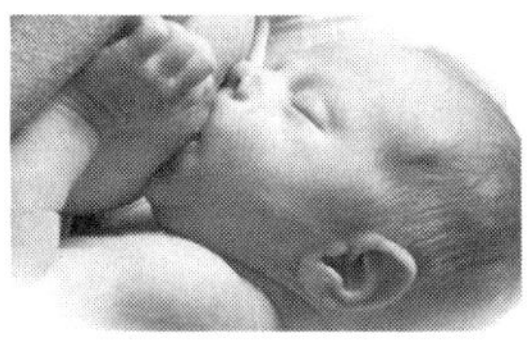

애착형성의 중요성이 부각되면서 김포 나리병원은 부모와 아이의 안정적 애착형성을 위해 모자 병동실을 운영하고 있다. 김포 나리병원 관계자는 "애착형성의 중요 요인은 모유수유와 스킨쉽이다. 아이를 품에 안고 모유수유를 하면, 아이는 엄마의 심장소리를 듣고, 엄마의 냄새를 맡으며 애착을 느끼는 것"이라며 "이 때 엄마가 아이 눈을 바라보고 사랑과 믿음을 주는 것도 중요하다"고 전했다.이에 나리병원 측은 출산 후 아이를 격리시키지 않고 산모와 함께 하도록 하고 있다. 출산 직후 1시간 동안은 아이가 엄마 품에서 젖을 물도록 하는데 이 때 느낀 애착감은 아이들의 무의식 속에 남게 된다.

출처: 월드스포츠[라이프]http://www.sportsworldi.com/

2) 유아반 보육교사의 역할

유아반을 담당하는 보육교사는 3세 이상 유아의 발달 특성을 이해해야 한다. 유아반 보육교사 역할은 일반적 보육교사 역할들이 해당되므로 영아반 교사역할과 특별히 구별되는 내용을 살펴보고자 한다.

- 유아에게는 다양한 경험을 제공하여 호기심과 탐구심을 키워준다.
- 예리하고 지속적인 관찰을 통해 유아 개개인의 관심과 요구를 발견하여 그에 대응하는 유통성 있는 교육과정을 운영한다.

- 교사 중심적으로 고집하기보다 유아 자신의 느낌이나 감정, 생각 등을 표현하도록 기회를 주어서 창의적인 사고가 발달하도록 돕는다.
- 유아반 교사는 동기유발 될 수 있는 개방된 질문을 하고 유아에게 탐구할 수 있는 충분한 시간을 제공한다. 이때 교사는 유아들의 반응을 기다릴 수 있는 인내심이 요구된다.
- 유아반 교사는 유아 개개인의 요구와 흥미에 관심 갖는 것도 중요하지만 통제하기보다 학급의 규칙이 합리적으로 지켜질 수 있도록 살펴보고 관찰할 수 있는 통찰력이 필요하다.

3세 이상의 유아들에게 나타나는 발달적 특성과 관련하여 살펴본다.

첫째, 유아기는 영아기 보다 성장속도가 다소 느리지만 꾸준히 성장한다. 신체발달에 따라 유아의 운동능력도 향상되어 활동성이 높아지는 시기이다. 이러한 활동성은 사회성 발달과 또래관계 형성까지 영향을 미치게 되므로 유아의 신체놀이 경험과 운동능력을 향상시키도록 계획을 구성한다. 유아는 일상생활 속에서 옷 입기, 벗기, 단추 끼우기, 양말이나 신발 신기, 장갑 끼기 등 기본생활을 스스로 해낼 수 있는 자조적인 능력과 기본생활습관 형성도 운동능력발달에 관련이 있다. 유아는 몸을 움직여서 대 근육을 발달시킬 수 있는 공 던지기 받기, 공차기, 미끄럼틀 타기, 사다리 오르내리기, 시소타기 등 다양한 신체 놀이는 필수적이다. 유아반 교사는 유아들의 소 근육 협응능력을 발달시키기 위해서 퍼즐 맞추기, 가위로 오리기, 점토 놀이, 조립형 장난감 맞추기 등 소 근육을 이용하는 활동을 준비해준다.

둘째, 유아기는 피아제의 인지발달단계의 전조작기에 해당된다. 피아제에 의하면 유아는 정신적 표상 즉, 상징적 사고가 가능해지고 상징놀이를 한다. 소꿉놀이, 병원놀이 등 다양한 극 놀이는 표상능력의 발달을 보여주는 것이다. 상징적인 극 놀이를 통해서 유아의 인지발달을 촉진시키고, 사회적 규범, 사회성 발달, 언어발달, 정서조절능력, 가역적 사고가 발달된다.

예를 들어 아기역할을 하던 유아가 극 놀이가 끝나면 본래의 유아모습으로 되돌아와야 하므로 자연스럽게 가역적 사고가 발달할 수 있다. 유아반 교사는 놀이 활동에서 나타나는 상징행동을 격려하고 유아들의 눈높이에서 함께 놀이에 참여해 줌으로써 유아들의 표상능력을 도울 수 있다.

셋째, 유아기 상징적 사고의 발달은 급속한 언어발달이 이루어진다. 영아기 처음 50개의 단어를 사용하기까지 오랜 기간이 걸리지만 2~3세경에는 200~300개 정도 어휘가 발달된다. 유아반 교사는 창의적인 사고를 촉진시켜줄 수 있는 개방적 질문을 하고, 유아의 질문이나 반응에 적절하게 반응해주는 것이 언어와 인지발달을 돕는데 효과적이다(조성연 외, 2013) 언어표현을 서두르는 유아는 원하는 것을 제대로 표현하지 못하는 답답함 때문에 짜증이나 공격적 행동이 증가할 수 있다. 유아반 교사는 유아의 답답함을 읽어주고 언어적 상호작용의 기회를 자주 제공해준다.

넷째, 유아기 사회성 발달은 또래관계 형성 관련되고 사회적 관계에 영향을 미친다. 유아기는 또래가 유아의 발달에 미치는 영향력이 증가하는 시기로 또래관계를 통해 사회적 관계를 경험하게 된다. 또래관계에서 유아의 분노는 다양한 공격성을 유발한다. 즉, 장난감을 얻기 위한 도구적 공격성과 연령이 증가할수록 신체적·언어적으로 타인을 괴롭히는 적대적 공격성이 나타난다. 공격적 행동이 나타나면 또래관계에서 갈등이 발생하는데 이는 유아들이 사회적 문제해결능력을 증진시키는 기회가 될 수 있다. 유아반 교사는 또래관계망에 관심을 가지고 또래와 상호작용 기회를 자주 제공해 줄 필요가 있다. 그리고 협동을 통해 공동의 목적을 달성해보는 경험은 유아의 사회성 향상에 도움이 된다(이순형 외, 2010).

4. 여성문화 중심에 적응하는 남성 보육교사 역할

1) 유아기는 성역할 고정관념과 성역할 정체감이 형성되는 시기

우리나리의 경우 영유아를 가르치는 교사는 대부분이 여성이다. 영유아는 성인의 영향을 가장 많이 받는 시기임과 동시에 성역할이나 성정체감이 형성되는 중요한 시기이다. 즉, 유아기는 성과 외모 등에 편견이나 고정관념이 일어날 수 있는 시기라는 뜻이다. 개인이 지닌 성(性)은 주위 사람들로 하여금 역할기대를 다르게 인식하게 하며 양육방식의 차이를 가져온다. 성은 성역할에 영향을 주는데 성역할(sex role)이란 어떠한 사회에서 여성 또는 남성으로서 역할의 일부인 일련의 행동, 태도, 권리, 책임이다. 영유아교육기관에서 영유아에게 바람직한 성역할 모델을 제공하기 위해서는 남성보육교사들이 많이 근무하는 것이 바람직하다. 그러나 그 비율은 전체보육교사의 약 5% 정도로 매우 낮다(교육통계, 2010).

보육교사직이 여성화로 인해 발생될 수 있는 문제는 첫째, 반 편견 교육의 관점으로 영유아들이 보육교사는 여성들만 하는 직업으로 잘못된 성역할을 인식할 수 있으며, 더 나아가 보육과 양육은 여성만 전담하는 영역으로 생각 할 수 있다(조경자·이현숙, 2004). 남성보육교사가 보육에 참여할 경우 영유아는 자신의 성이 여성이든 남성이든 상관없이 직업을 선택하는 것을 배우게 되고 양육하는 일도 성에 상관없이 책임을 자져야한다고 생각한다. 또한 남성보육교사는 아버지의 양육참여를 격려하고 아버지가 양육활동에 더 많은 책임을 인식하게 된다(심미옥, 2002).

2) 남성보육교사가 영유아교육기관에 참여하는 장점

한국의 남성보육교사는 직무환경이나 업무 면에서 성별에 따른 차별을 받고 있는 실정이다. 예를 들어 남성보육교사를 위한 화장실이 없거나 담임을 맡지 않도록 하거나 아예 채용 기회조차 없는 실정이다. 이러한 상황은 남성보육교사들이 쉽게 어린이집에 근무할 수 없게 만들고 어린이집은 여전히 여성보육교사에 의해 운영되고 있다. 또 다른 이유는 영유아교사직이 다른 직업에 비해서 보수가 적어 남성들이 선택하지 않는 경우이다.

남성보육교사가 보육에 참여할 경우 장점은 다음과 같다.

① 양성평등교육에 긍정적이다.

영유아기의 보호와 교육은 통합된 다는 하나의 개념으로 보호한다는 말에는 돌봄(caring)이 포함된다. 남성보육교사의 보호와 돌봄을 받는 영유아는 여자뿐만 아니라 남자도 사랑하고 이해하고 양육할 수 있다는 것을 직접 경험할 수 있다. 영유아기 성장과정에서 남성보육교사는 양성교육 측면에서 매우 긍정적이라고 할 수 있다.

② 다양한 교육과정운영에 장점을 제공한다.

영유아교육은 초·중등교육과 달리 교육내용과 선정 및 조직에서 자율성이 바로 교사에게 가장 많이 허용된다는 점에서 보육교사는 곧 보육의 질을 결정해주는 주요한 요인이다. 남성보육교사는 여성보육교사에 비하여 신체활동 및 실외활동, 견학활동 등에서 활발한 활동을 보인다. 또 남성보육교사는 다양한 기자재를 활용하며, 다양한 교수방법을 활용하고 유머감각이 있다(송일순, 2002). 남성과 여성은 심리적으로 많은 차이가 나기 때문에 보육현장에서 남성보육교사와 여성보육교사의 교육과정운영이 다를 수 있다.

③ **어린이집운영에 도움이 된다.**

남성보육교사는 여성보육교사에 비해 어린이집운영에 더욱 많은 관심을 가지고 있고 헌신하며, 행사 진행 및 행정에 우수한 성과를 보여주며, 조직원 간의 협력과 협동을 촉진시킨다. 여성보육교사는 일반적인 교육상황에서 강점을 보이는 반면, 남성보육교사는 어린이집행사 및 외부활동 등 어린이집운영에서 강점을 보인다.

④ **부성부재 보완에 도움이 된다.**

현대의 다양한 가족구조에 남성보육교사는 부성부재에 대한 욕구충족과 영유아의 사회성 발달을 촉진시킨다. 아버지가 없이 어머니에 의해 길러진 한 부모 영유아에게 남성보육교사는 부성부재를 보완해 줄 수 있는 요인 이 되고, 삼촌이 없는 영유아들은 삼촌과 같이 남성보육교사를 따르며 안정감을 느낄 수 있다. 또한 영유아기 동안에 긍정적인 남자모델을 가지는 것은 높은 청소년 자살, 비행청소년 등 사회적 문제를 해결하는데 도움이 된다. 이렇듯 아버지의 역할을 보지 못한 영유아들은 남성보육교사를 보면서 모델링하며 부성부재의 부족분이 채워질 수 있다. 하지만 보육현장에서는 남성보육교사가 매우 드물고, 처우문제도 있지만 가장 큰 이유는 남성보육교사는 여성문화에 대한 이해와 부족과 선입견으로 동료교사 그리고 어머니들과의 관계현성에서 어려움이 있다. 특히, 여자아이의 부모입장에서 보면 남성보육교사가 불편할 수 있다.

보육현장에서 필요한 교사는 여성이냐 남성이냐 라는 특정한 성이 기준은 아니라 보육의 질을 끌어올려 줄 수 있는 질 높은 보육교사가 필요하다. 남성도 질 높은 보육교사가 될 수 있으며, 남성보육교사는 여성보육교사 중심의 공동체의 발달을 자극하는 촉매제가 될 수 있다. 그러므로 보육현장에서 남성의 보육참여를 차단하고 있는 것은 아닌지 생각해 보고, 영유아에게 다양한 경험을 제공해 주는 방안을 고려해 보는 자세가 필요하다(이은상 외, 2013).

제3장
보육교사의 자질

1. 보육교사의 자질의 개념
2. 보육교사의 개인적 자질과 전문적 자질

교육의 질은 교사의 질을 능가하지 못한다. 보육의 질 역시 보육교사의 질을 능가하지 못한다는 점에서 영유아가 처음 내딛는 사회 속에서 만나게 되는 최초의 교사로서 진학 이전에 사회화 과정에 중요한 영향을 미치게 되므로 보육교사의 자질은 영유아를 위한 질 높은 보육에 무엇보다 중요하다. 유능한 보육교사가 되려면 영유아에 대한 사랑뿐만 아니라 실천적 지식을 겸비한 보육전문가로서의 전문성이 모두 요구되는 것이다. 영유아에 대한 사랑의 넘치는 기본 인성을 가졌더라도 전문성 자질이 부족하거나, 보육의 전문적 능력은 우수하나 영유아에 대한 애정과 사랑이 부족한 경우 모두 보육교사의 자질이 부족하다 볼 수 있다. 3장에서는 보육교사의 개인적 자질과 보육교사의 전문적 자질을 살펴보기로 한다.

1. 보육교사의 자질의 개념

'자질'이란 타고난 성품이나 소질 또는 어떤 분야 일에 대한 능력이나 실력의 정도를 의미하는데 교사의 자질이란 교사가 갖추어야 할 개인적 특성과 교직 태도를 의미한다. 교사의 자질은 그 사회의 사회관과 교사의 역할에 대한 기대에 따라서 달라지기 때문에 정의하기 어렵지만 동일한 보육교사 국가자격증을 소지했다 하더라도 보육교사의 자질은 저마다 개인차이가 있다.

교육의 질은 교사의 질을 능가하지 못한다고 한다. 보육의 질 역시 보육교사의 질을 능가하지 못한다는 점에서 영유아가 처음 내딛는 사회 속에서 만나게 되는 최초의 교사로서 진학 이전에 사회화 과정에 중요한 영향을 미치게 되므로 보육교사의 자질은 영유아를 위한 질 높은 보육에 무엇보다 중요하다. 보육의 질에 관한 연구들은 보육의 질적 수준에 교사의 질이 중요한 영향을 미친다고 밝히고 있다(최희양, 2001).

유능한 보육교사가 되려면 영유아에 대한 사랑뿐만 아니라 실천적 지식을 겸비한 보육전문가로서의 전문성이 모두 요구되는 것이다. 영유아교육이 자연스런 일상생활 속에서 구체적 체험위주의 경험으로 이루어진다는 점에서 보육교사의 자질은 매우 중요하다. 영유아에 대한 사랑의 넘치는 기본 인성을 가졌더라도 전문성 자질이 부족하거나, 보육의 전문적 능력은 우수하나 영유아에 대한 애정과 사랑이 부족한 경우 모두 보육교사의 자질이 부족하다 볼 수 있다.

영유아의 보육을 담당하는 보육교사에게 필요한 자질은 개인적 자질과 전문적 자질로 구분될 수 있다. 개인적 자질은 개인의 사람됨 즉, 보육교사의 인성 측면과 관련되고, 전문적 자질은 영유아에 관한 전문적인 지식과 교육과정 및 교수에 관한 전문적 지식과 운영기술 등에 관련된 전문적 기술로 구분할 수 있다.

2. 보육교사의 개인적 자질과 전문적 자질

1) 보육교사의 개인적 자질

오늘날 교사의 지식과 교수 기술뿐만 아니라 교사의 신념체계, 직업의식, 자아개념, 효능감 등과 같이 교사가 지닌 질적인 변인에 대한 관심이 높아지고 있다. 유능한 보육교사가 가져야할 자질은 진실성, 영유아에 대한 이해와 존중, 공감하는 태도와 온정, 또한 위험상황 대처능력, 즐거움과 자발성의 모델, 교수학습자로서의 기회수용, 자신의 독특하고 보편적인 인간성을 공유할 수 있는 태도와 특성을 가질 필요성이 있다(권영례, 김소라, 2001).

보육교사 자질 연구에 의하면 다른 교직에 비해 어린연령을 대상으로 장시간 함께 하기 때문에 사람됨은 다른 무엇보다 중요하다. 보육교사의 개인적 자질에서 영유아를 사랑하는 마음, 성실, 열정적 태도가 강하고 긍정적일 수록 영유아의 상호작용의 질이 높고, 보육교사의 건강상태와 건강행동이 보육의 질과 정적상관관계가 있음을 밝혔다(허혜경·박인숙, 2010: 김혜금, 2011).

(1) 신체적·정신적으로 건강

영유아를 보육하려면 기본적으로 신체활동이 많이 요구 된다. 에너지가 왕성한 영유아의 안전을 위해 잠시도 한눈 팔 틈도 없이 몸을 움직여야 하고, 오랜 시간 서 있어야 하고, 면역성이 약한 영유아에게 감기나 전염병들을 옮기지 말아야 한다. 보육교사는 계속해서 자신의 건강관리를 통해서 신체를 건강하게 유지해야한다.

영유아기의 안정애착형성은 이후의 삶에 많은 영향을 미치므로 부모나 보육교사의 상호작용을 통해 세상에 대한 신뢰감을 배우게 된다. 따라서 심리적 정신적으로 불안정한 교사는 영유아의 안정애착형성에 부정적인 영향을 미친다. 보육교사는 하루 중 긴 시간을 영유아와 함께 생활해야 하며 영유아의 다양한 요구를 만족스럽게 충족시켜 주어야 하기 때문에 신체적으로나 정신적으로 건강해야 한다. 보육교사가 스스로 자기조절을 못하거나 불안, 우울 성향이 높으면 보육교사의 분노나 우울이 고스란히 영유아에게 전해짐으로 이는 또래 간의 갈등이나 공격을 증가하게 된다. 또한 보육교사는 도덕적으로 건강해야 한다. 사회적 규범을 지키고 질서를 지키며 다른 사람을 도와주기를 즐겨하고, 예의바른 교사는 영유아에게 본보기가 되며 그들의 도덕적 성장을 도울 수 있다.

(2) 영유아를 대한 존중과 애정

보육교사는 영유아들을 각각의 인격체로서 존중해야 하므로 영유아의 말과 몸짓, 표정을 존중해 주어야 하며 반응해 주어야 하고, 영유아를 진심으로 사랑해 주어야 한다. 영유아는 성인의 정서적 신호에 가장 예민할 수 있는 대상이기 때문에 인간에 대한 애정과 존중이 우선 시 되어야 한다. 즉, '개별성에 대한 존중과 수용'으로 모든 영유아의 서로 다른 모습을 각각 소중히 여기며 존중하고 수용할 수 있어야 한다는 것이다.

그리고 '온화한 태도와 긍정적인 신호'를 모낼 수 있어야 한다. 온화한 태도는 특별한 상황에서만 취하는 것이 아니라 늘 몸에 배어있어야 한다. 긍정적인 신호는 칭찬만 의미하는 것이 아니라 만약 영아가 넘어졌을 때 스스로 일어나도록 기다려주고 할 수 있도록 긍정적인 신호를 보내주는 것이다. 또한 '적절한 강화'는 영유아의 바람직한 발달을 위해 적절한 강화를 할 수 있어야 한다.

(3) 원만한 인간관계 형성

보육교사는 어린이집 영유아뿐만 아니라 원장, 동료교사, 보육교직원, 지역사회 구성원 등 다양한 구성원들 간 신뢰와 배려적인 관계를 형성해야 한다. 보육교사는 영유아들을 대상으로 보육활동을 실시하지만 다른 구성원들이나 학부모들과도 영유아의 보육활동을 위해서 협조해야 하기 때문에 원만한 관계를 형성할 수 있어야 한다. 한명의 영유아 성장을 위해서 보육교사는 영유아를 둘러싼 여러 구성원들과 원만한 의사소통은 성공적인 보육과 관련된다.

(4) 성실하고 열정적이며 인내심과 이해하는 태도

모든 직장이 성실함을 요구하지만 부모를 대신하여 영유아를 양육하고 영유아에게 다양한 보육의 경험을 제공해야 하는 보육교사는 다른 어떤 직업보다 성실하고 열정적이어야 한다. 또한 영유아는 발달 특성상 보육교사의 인내심과 이해심을 요구하는 행동들을 많이 하게 된다. 그러기 때문에 보육교사는 최대한 영유아들의 발달상황에 대해 이해하고 있어야 한다.

2) 보육교사의 전문적 자질

최근 들어 보육교사의 전문성이 이슈가 되고 있으며, 보육교사가 영유아를 안전하게 돌보기 위해서 영유아의 기본 요구에 대한 지식을 토대로 영유아의 발달을 위한 교수기술과 전문성을 함양해야 한다는 요구가 지속되고 있다(Berthelsen & Brownlee, 2007). 한민경(2009)은 보육과 보육기관의 특성상 실제 교육과정운영 및 교수-학습활동에서 교사의 질과 교육의 질이 결부되어 있어 질 높은 교사를 양성해야한다고 강조하였다.

보육교사는 보육활동이라는 전문적인 일을 수행함에 있어서 보육과 관련된 전문적인 지식, 기술, 태도를 갖추고 있어야 한다. 특히 영유아와 매일 상호작용을 도모하는 교사가 무엇을 어떻게 하느냐 하는 전문적 자질이나 능력은 보육에 있어서 매우 중요하다. 그렇다면 교사는 훈련에 의해서 혹은 경력에 의해서 전문성이 증진될까? 교사의 전문성 신장에 대한 의견은 학자마다 다를 수 있다.

Spodeck(1975)은 전문성은 장기간 필요한 내용을 훈련, 교육받아야 하고 폭넓은 자율성과 그에 따른 책임을 져야하며, 자율적인 조직체계와 전문적인 지식을 갖추는 것이다. 조부경(1994)은 교사의 전문성은 고정되어 있는 것이 아니고, 성장 발전해 나가는 것으로 전문성 수준은 학력, 경력, 연령, 평가인증 경험 등 사회 인구학적 변인에 따라 그 수준이 다르게 나타날 수 있다. 이현정(2010) 연구에 의하면 4년제 대학교를 졸업한 교사들이 2, 3년제 대학을 졸업한 교사들에 비해 전문성 수준이 높았다. 김혜린(1993) 연구에서는 2, 3년제 대졸 교사가 4년제 대졸 교사에 비해 교직전문성 수준이 더 높게 인식하였다. 이희선(1996), 이 경(2002), 김정한(2004) 연구에서는 교사의 학력이 높아질수록, 경력이 길어질수록 교직전문성에 대한 수준이 높아진다. 많은 연구에서 경력과 학력이 높을수록 전문성이 증진된다고 보고 있다.

현장의 많은 사람들도 학력과 경력은 상당히 타당한 전문성 증진 기제라고 이해한다. 그러나 과연 그럴까? 전문성이라는 것이 경력을 쌓으면 자연스레 생기는 것일까? 전문성은 무엇인가? 어떻게 하면 나는 빨리 전문적인교사가 될 수 있는가? 전문성은 효능감인가? 교사로서의 만족도인가? 교사의 전문성에 대한 개념 자체도 혼란스럽고 하나로 통일되어 있지 않다. 또 다른 연구를 보면 학력, 경력, 연령을 배경변인으로 교직전문성 수준 연구 결과를 보면 학력별로는 차이가 없었고, 경력과 연령이 많아질수록 교사의 전문성 수준이 높게 나타났다. 평가인증에 참여한 교사들의 경우 자기이해발달의 개인적 측면에서 통계적으로 유의미한 차이를 보였고, 평가인증제도가 교직원의 자질과 역량 강화 측면에서 보육전문가로서의 자질과 역량이 높아졌고, 자존감 향상에 도움이 되었다는 연구결과도 있다(김동례, 2007: 김향은, 2008: 박주영, 2009).

(1) 영유아의 발달단계를 이해와 보육과정에 관한 특별한 지식

영유아의 발달에 적합한 지식을 바탕으로 실제를 실현할 수 있는 기술과 능력을 갖추어야 한다. 보육교사는 영유아의 발달상황과 그에 적합한 보육의 실제를 실행하여 보육활동을 실시해야하기 때문에 영유아 발달단계에 맞는 신체, 정서, 언어 및 인지 발달에 관련 전문적 지식이 필요하다. 그러므로 영유아의 효율적인 보육활동을 위해 보육과정과 보육프로그램에 따라 보육계획안을 작성하고 실행하며 또한 평가와 관찰을 통해서 영유아의 발달향상을 위해 전문적인 지식과 기술을 활용해야 한다. 특히, 영유아는 언어능력이 미성숙하여 자신의 욕구를 정확하게 표현하기 어렵고, 급성장하는 시기로 발달의 특성이 대한 이해는 반드시 필요하다.

예를 들어 왜 옹알이를 할 때 엄마가 긍정적 표정으로 상호작용을 해 주어야 하는지, 왜 연령에 적절한 놀잇감을 제공해 주어야 하는지를 아는 것은 보육교사가 갖추어야 할 전문성이다. 즉, 보육프로그램 계획, 보육활동 조직, 교수방법 선택, 교재교구 제작과 활용, 보육활동 평가 등 어린이집표준보육과정과 누리과정에 대한 특별한 지식은 충분히 전문적인 특별한 지식이라 할 수 있다.

(2) 효과적인 교수방법 개발

보육교사는 영유아의 성장 발달을 돕는 교수방법이 필요하다. 영유아는 다른 학년과 다르게 구조적, 집단적, 언어적 방법으로 학습하기 어렵다. 영유아는 개별적, 적극적, 능동적으로 학습활동에 참여할 수 있도록 해야 한다. 특히, 영유아 교수방법은 교과서가 없기 때문에 어느 학년보다 자율성이 주어지지만 그에 다른 책임감도 뒤 따른다. 활동주제에 맞는 내용을 담아 교재교구를 제공해주고, 개별적인 활동할 수 있도록 격려하고, 적극적인 탐색과 능동적인 활동이 이루어지도록 환경을 조성해주고, 영유아 스스로 활동에 대한 평가가 이루어질 수 있도록 도모한다. 또한 구체물을 활용하여 영유아의 감각기관을 발달 시켜야 할 중요성과 영유아 개개인의 인지수준이 다르기 때문에 과제의 친숙성 정도에 따라 난이도를 조절하여 다양한 경험을 할 수 있도록 제공해준다.

(3) 효과적인 의사소통에 관한 기술

보육교사는 영유아만을 대상으로 하는 것이 아니라 영유아의 가족과 지역사회의 요구를 기초한 통합적인 서비스를 제공하기 때문에 보육교사는 보육에 관련 된 모든 사람들과 긍정적인 관계를 형성하는 것이 중요하다. 보육교사는 이에 따른 의사소통 기술을 가지고 있어야 한다. 첫째, 영유아와를 이해하기 위한 의사소통은 영유아를 주의 깊게 살펴보고 그들의 신호에 따라 민감하게 반응해주면서 욕구를 충족시켜주어야 한다. 예를 들어 영아의 울음은 배고플 때, 몸이 아플 때, 심심할 때 등 구체적 상황에 따라 다르다.

원활한 의사소통을 위한 기본적 기술로는 '경청하기', '나-전달법' 등이 있다. '경청'은 귀뿐만 아니라 마음을 모아 상대방의 정확한 감정을 이해하고자 하는 노력이다. '나-전달법'은 문제 상황에서 상대방을 비난하지 않고, '나'를 주어로 나의 느낌과 감정을 전달하는 의사소통 방법이다. 보육교사는 영유아뿐만 아니라 동료 및 상급자와의 효율적인 의사소통 기술과, 지역사회 및 인적자원과의 의사소통능력도 필요하다. 또한 보육교사는 부모가 자녀를 맡긴 시간 동안 있었던 일이나 영유아의 상태 등에 대해 정확하게 전달할 수 있는 부모와 원만한 인간관계를 위한 의사소통기술이 필요하다.

(4) 자존감과 효능감

자존감이란 자신의 특성에 대한 자신의 평가를 나타낸다. 즉, 자기가 자신을 귀중히 여기는 정도를 말하며, 자신이 능력이 있고, 의미 있고, 성공적이며, 가치 있다고 믿는 정도를 가리킨다. 자아존중감이 높은 교사일수록 교사가 받는 직무스트레스가 낮았고(조성연, 2005; 한인자, 2005), 이는 자아존중감이 보육교사의 소진이나 이직 등의 주요 원인이 되는 과다한 직무스트레스를 줄여 주는 효과가 있다.

또한 자기효능감은 자신이 하는 일을 수행할 수 있는 능력이 어느 정도 있는지를 평가하는 것으로 자기 자신의 능력을 믿는 것이다. 교사의 질은 교사효능감에 따라 차이가 나타나며, 이러한 요소들은 교사의 전문성수준에 따른 역할수행으로도 이어져 교사-영유아 상호작용과 영유아 발달에 직접적으로 영향을 미치게 된다. 일반적으로 자기효능감이 높은 교사는 가르치는 일에 자신감을 가지고 학습자의 입장을 잘 고려하며, 맥락 특징적이어서 상황에 따라 융통적으로 교수방법을 택할 수 있다. 윤진주(2011)는 교사의 전문성 수준이 높을수록 교사의 효능감이 긍정적이며, 교사효능감이 높은 교사는 영유아 학습과정에서 바람직한 교육목표를 세우고 필요한 지식과 기술을 습득해 가면서 전문성 수준을 높여간다.

즉, 보육교사의 자기효능감은 보편적인 인성특성이 아니라, 특정 상황에 따른 행동의 결정요인으로 이는 활동의 내용이나 상황에 따른 개인 내 차이로 나타난다. 보육교사가 보육활동에 임할 때 자신이 잘 할 수 있다고 생각하고 능률적으로 임하게 되면, 그만큼 보육활동이 의미 있게 진행될 수 있을 것이고, 영유아를 보육하는 일에 대한 스트레스나 부담이 적어진다(조성연, 2005).

(5) 보육교사직에 대한 사명감과 윤리강경

보육교사는 교사로서 사회에서 기대하고 요구하고 또한 지켜야 하는 행동 규범이나 도덕적 의무를 이해하고 실천해야 한다. 언제 어디서나 항상 보육교사로서의 교사직에 대한 사명감과 소명을 가지고 행동해야 한다.

좋은 보육교사가 되기 위해서는 보육교사로서의 능력과 인간존중에 대한 배려 및 헌신적인 태도는 필수적이다(김익균 외, 2004). 능력은 전문적인 지식과 훈련 및 경험을 통해 향상된다. 이에 반해 영유아에 대한 헌신적인 태도는 보육교사직에 대한 사명감과 윤리의식이 없다면 기대하기 어렵다. 보육교사는 근무시간이나 적은 보수, 과다업무, 부족한 휴가 등으로 힘든 점이 많다. 그럼에도 불구하고 보육교사는 직무에 대한 사명감이 높다는 연구결과가 있다. 한 연구에서 보면 보육교사직을 선택한 동기가 '적성에 맞아서'와 '아이들과 생활하는 것이 좋아서'라는 응답비율이 가장 높다.

NAEYC(2005)는 아동, 가정, 동료교사 및 기관, 지역사회와 공동체에 대한 책임을 나누고 영유아 대상 윤리기준 및 실천 강령을 제시하여 영유아교사의 윤리의식을 강조하고 있다. 영유아는 신체적으로 정신적으로 미성숙하고, 자지주장을 정확하게 표현하기 어렵기 때문에 자신을 돌보는 부모나 보육교사에게 의존도가 높다. 그러므로 보육교사는 투철한 사명감과 윤리의식으로 영유아의 동심을 다치지 않도록 해야 한다(이순형 외, 2013).

제4장
교사효능감의 개념

1. 자아효능감의 개념
2. 보육교사 효능감에 미치는 영향
3. 보육교사 효능감이 영유아에게 미치는 영향

자아효능감이란 기대되는 상황이나 활동에서 요구되는 행동을 개인이 가진 실제적인 지식이나 기술보다 자신이 얼마나 잘 수행할 수 있을지에 대한 개인의 믿음이다, 일반적으로 자아효능감이 높은 교사는 교수활동에 자신감을 가지고 있기 때문에 교수역할을 수행함에 있어 적절한 행동을 할 수 있다고 확신하는 정도와 교사의 교수행위가 학생의 성취 및 결과에 긍정적인 영향을 줄 것이고 믿는 것을 교사 효능감이라고 할 수 있다.

4장에서는 자아효능감의 개념을 살펴보고 교사의 효능감, 보육교사의 효능감, 보육교사 효능감에 미치는 영향, 보육교사 효능감이 영유아에게 미치는 영향 등을 살펴보기로 한다.

1. 자아효능감의 개념

1970년대 Rutter(1987)의 귀인이론에 근거한 랜드(RAND)그룹의 연구로 통제소재의 개념에 기초하여 교사효능감에 대한 개념이 탄생하는 계기가 되었다. Bandura(1977)는 자아효능감(self-efficacy)을 특정한 결과를 얻기 위한 일련의 행동을 조직하고 수행하는 자신의 능력에 대한 믿음으로 정의하고 이를 교사효능감에 적용하였으며, 효능기대(efficacy expectation)와 결과기대(outcome expectation)의 두요소로 나누었다. **효능기대**는 주어진 상황과 맥락에서 자신이 특정한 수준의 수행들을 해낼 수 있을 것이라는 스스로의 능력에 대한 개인적인 신념을 말하고, **결과기대란** 특정한 상황과 맥락에서 구체적 행동의 가능한 결과들에 대해 내리는 예상 또는 판단으로 이는 어떤 행동은 어떤 결과를 이끌어 낼 것이라는 개인의 일반적 신념을 말하는 것이다.

자아효능감이란 기대되는 상황이나 활동에서 요구되는 행동을 개인이 가진 실제적인 지식이나 기술보다 자신이 얼마나 잘 수행할 수 있을지에 대한 개인의 믿음이며, 자신의 능력에 대한 신념에 초점을 둔 개념을 의미한다. 일반적으로 자아효능감이 높은 교사는 교수활동에 자신감을 가지고 학습자의 입장을 잘 고려한다. 따라서 교사가 교수역할을 수행함에 있어 적절한 행동을 할 수 있다고 확신하는 정도와 교사의 교수행위가 학생의 성취 및 결과에 긍정적인 영향을 줄 것이고 믿는 것을 교사 효능감이라고 할 수 있다(Riggs & Enochs, 1990: 권미성, 2013).

자아효능감이 높은 사람은 자신에게 어떠한 문제가 주어졌을 경우 문제를 해결하는 과정에서 즐거움을 찾게 되고, 그 결과에 대하여 긍정적으로 기대하게 되므로 성공할 수 있다는 확신을 가지고 있다. 때문에 문제해결과정에서 주어진 일을 열심히 수행하고자 노력한다. 반면 자자효능감이 낮은 사람은 문제가 주어졌을 경우 그 결과에 대하서 부정적으로 기대하게 되고 성공할 수 없다는 불안감으로 주어진 문제에 대해서 회피하려는 경향이 있다. 따라서 조건이 동일한 경우 자자효능감이 높은 사람일수록 주어진 활동을 시도하고 행동을 유발하고 지속하는 정도에 있어서 개인차를 설명해주는 체계이다(강정은·송다영, 2010).

1) 교사의 효능감

교사효능감은 자아효능감을 교사에게 적용시킨 개념으로 1970년대 반두라의 사회인

지이론(social cognitive theory)에 근거한 자아효능감 이론을 기반으로 하고 있다(Hoy and Miskel, 2012). 교사효능감은 "교사가 학생의 수행에 영향을 미칠 수 있는 능력을 가지고 있다고 믿는 정도"를 의미한다(Ashton, Webb and Doda, 1983). 일반적으로 교사자신의 수행능력에 대한 믿음이나 학생의 학습에 대한 책임감, 효율적인 지도에 대한 확신 또는 믿음의 개념을 포함한다고 볼 수 있다(박희숙·이현경, 2008). 교사효능감은 결국 효능감의 발현이 학생을 대상으로 하기 때문에 교사자신의 교실에서의 행동과 영유아들과의 상호작용에서도 많은 영향을 주는 중요한 변인이 된다(강영식·김규수, 2004; 김아영·김미진, 2004).

교사효능감에는 '일반적 교사효능감(general teaching efficacy)'과 '개인적 교사효능감(personal teaching efficacy)'로 적용될 수 있다. 이 중 **'일반적 교사효능감'**은 교수-학습 관계에 대해 보다 일반화된 신념으로서 학생의 가정환경이나 학생의 지능, 학교환경과 같이 교수-학습과 관련 되어 주어진 요인들을 일반적으로 교수를 수행하는 교사로서 얼마만큼 조절할 수 있다고 믿는가에 하는 신념이다. **'개인적 교사효능감'**은 한 개인의 교사가 스스로 얼마만큼 적절한 교수를 수행하고 있다고 믿는가에 대한 신념이다(Hoy & Woolfolk, 1993). 즉 일반적 교사효능감이란 교사들이 환경을 통제할 수 있다고 믿는 정도로서 학생들이 가정환경이나 지능 및 학교 환경등과 같이 주어진 요인들을 통제할 수 있는 범위에 영향을 주는 것을 의미한다. 그리고 개인적 교사효능감이란 특정한 행위과정을 실행할 수 있는 개인적 능력에 대한 신념으로서 교사들이 학생들에게 긍정적인 변화를 가져올 수 있다는 자신의 교수능력에 대한 자기평가를 말하는 것이다(김선영·이경옥, 2005; 김아영·김미진, 2004).

교사효능감이 높은 교사는 학습자의 학업성 취도를 높이기 위하여 효과적인 교수전략을 선택하는데 비해 교사효능감이 낮은 교사는 학습자를 통제하기 위하여 교사의 권위를 더 내세우는 것으로 나타났다. 이를 영유아에 적용시킨 연구에서도 교사효능감이 높은 보육교사는 낮은 교사에 비해 실제 역할수행 시 보다 영유아 중심적 활동을 계획하고 전개하며 영유아의 발달을 위하여 지속적인 노력하고 직무스트레스를 덜 받는 것으로 나타났다(강영식·김규수, 2004),

2) 보육교사의 효능감

보육의 경험이 영유아의 발달에 미치는 영향에 대한 연구결과들은 대체로 보육의 질

변인에 따라서 다양한 결과들을 나타내고 있다. 이러한 결과는 각 변인별 측정내용이 다를 뿐 아니라 영유아를 담당하고 있는 교사변인들에 따라 그 영향이 다르기 때문인 것으로 해석 된다. 결국 보육의 질이나 양육자의 행동과 심리적인 요인, 또는 여러 환경체계 간의 상호관계를 중요시하는 방향으로 견해가 모아지고 있다(이은상 외, 2013).

그 동안 영유아교육이 교육의 방법적 측면이나 영유아의 발달이론에 관한 측면만을 강조하고 초점을 맞춰왔다면, 현재는 영유아보육에서도 교사교육의 중요성을 인식하고 있다. '교육의 질은 교사의 질을 능가하지 못 한다'는 말처럼 보육에 있어서도 보육교사의 역할이 매우 중요하며, 보육의 질은 곧 보육교사의 질에 달려있다. 특히, 영유아기는 다른 어떤 시기보다 환경에 영향을 크게 받는 시기이므로 영유아의 미래가 보육교사의 질에 달려있으므로 보육교사의 중요성은 더욱 강조될 수 있다.

교사가 가지고 있는 내적조건에는 자신이 어떤 사람인가에 대해 인지적으로 인식하는 자아개념이 포함된다. 자아개념은 인간의 행동을 이끌어나가는 데 많은 영향을 미치고 교사로서의 역할 수행에도 영향을 미치고 있다. 보육교사가 가지고 있는 자아개념이 교사의 교수효능감이나 영유아의 학습 발달에 어떤 영향을 미치는지를 알아볼 필요가 있다. 교사효능감은 수업활동을 선택하고 효과적인 교수-학습이 되도록 노력하는데 영향을 주어 결국 학생의 성취도까지 영향을 미치므로 학생의 성취와 교사자신의 능력을 예측하는데 중요한 요인이 된다(Anderson, Greene & Lowen, 1988).

교사효능감이 높은 보육교사는 학업성취도가 낮은 영유아를 쉽게 포기하지 않으며, 맡은 일을 환수하는데 최선을 다하고, 학습활동을 실행하는 도중에 새로운 해결방안을 모색하며 어려운 과업에 매달리는 특징이 있다. 또한 교사 효능감이 높은 교사는 자신의 교육활동에 가치를 느끼고, 교수활동을 계획하고 진행하는 과정에서 스트레스를 적게 받고, 학습의 동기유발에 능력을 발휘하고 영유아에게 자율과 신뢰, 책임감을 조장하므로 학업성취도가 높다. 영유아의 학습에 강한 책임감을 느끼며, 다양한 교수법을 사용하고, 영유아의 의사결정 과정에 민주적인 방법으로 참여시키려는 경향을 가지고 있다(Thomson & Handley, 1990).

한편, 교사효능감이 낮은 보육교사는 교실상황의 전체적 활동맥락을 보지 못하고 몇몇 영유아의 활동에 몰입하고, 목적 없는 방관 및 비활동 참여 영유아를 방치하고, 영유아들이 학습지도 하는 과정 중 방해가 되는 상황에서 쉽게 좌절하였다. 그리고 동료 교사나 다른 사람들에게 교실의 공개를 회피한다(Gibson & Dembo, 1985). 교사효능감이 낮은 보육교사는 가르치는 일에 당혹감을 느끼며, 학습에 적은 노력을 하며, 영유아의 옳지 않은 반응에 대해 즉각적인 비판적 반응과 포기를 하였고, 교사의 교수행동에 대한 자부심과 책임감은 영유아 학습행동 및 결과와 밀접한 관계가 있음을 나타냈다.

이처럼 교사의 자아개념이나 효능감 등의 보육교사의 질적인 특성과 관련연구는 교사행동의 질이 영유아 발달 및 능력과 밀접한 관계가 있음을 지적하고 있다. 영유아의 사회·정서발달과 교사행동의 관련성을 통해서 상호작용의 질에 대한 중요성을 생각해볼 수 있다. 여러 선행 연구에 의하면, 양육자가 민감하며 영유아에게 일관성을 가지고 적절히 반응할 때, 교사가 영유아의 활동 및 행동에 보다 많은 개입하여 상호작용을 할 때 영유아는 안정애착을 발달시키는 것으로 나타났다(이은상 외, 2013 재인용).

보육의 질을 높이기 위해서는 보육교사의 효능감을 어떻게 강화하고 개발시킬지에 대한 연구 즉, 교사효능감에 영향을 주는 요인에 대한 연구가 필요하고, 보육교사의 어떤 변인들이 교사효능감에 관련이 있는지 살펴본다.

2. 보육교사 효능감에 미치는 영향

기존의 교사효능감에 영향을 주는 변인 연구들은 주로 일반교사를 중심으로 이루어지다가 최근에 와서는 영유아를 돌보는 보육교사의 효능에 대한 연구들이 증가하고 있다. 보육교사의 효능감에 영향을 주는 요인으로는 주로 개인적인 요인과 환경적 요인으로 구분하여 접근하는 방식을 취하고 있다. 보육교사의 **개인적 요인**에는 연령, 학력, 경력 등이 주요하게 논의되고 있다. 전반적인 경향은 학력이 높을수록, 교사의 경력이 오래되고 연령이 높을수록 효능감이 좋아지는 것으로 보고되고 있다(김아영·김민정, 2002). 반면 보육교사를 둘러싼 환경적 요인 중에 교사효능감에 영향을 미치는 변인으로는 교사교육, 조직구조(풍토), 업무지원정도, 시설장 리더십 및 의사결정 참여, 교사-부모관계 등이 포함된다. 특히, 교사가 속해 있는 조직의 풍토는 기관의 물리적 환경, 구성원들 간의 역동적인 상호작용에 의해 형성된 분위기로 교사효능감에 강한 영향을 미치는 것으로 나타났다(하은옥·황해익, 2003; Jorde-Bloom, 1989).

보육교사의 효능감에 영향을 주는 요인 중에서 개인적 요인으로 연령, 학력, 경력이 얼마나 교사효능감에 영향을 주는지 살펴보고 환경적 요인 중에서 교사교육, 평가인증 참여여부와 횟수, 보육시설의 유형 등이 얼마나 교사효능감에 영향을 주는지 살펴본다.

1) 개인적인 요인

(1) 보육교사의 연령

영유아교육 현장에서 보육교사의 연령 측면에서 교사효능감은 통계적으로 유의미한 차이가 있는데 연령이 많고 기혼인 교사들이 교사효능감에 대해 긍정적으로 지각하고 있는 경향이 있다. 보육교사가 직접 자녀를 양육해 본 경험이 영유아의 학습과 행동변화에 긍정적인 영향을 미칠 수 있음을 시사한다. 보육교사의 연령에 따른 교사효능감은 연령이 많을수록 교사효능감에서 긍정적으로 나타났으며 교사연령이 31세 이상일 때 가장 높고, 그 이하의 연령은 유사하나 20~24세의 교사가 가장 낮은 결과가 나왔다(박영태·이경님·하수연, 2008).

(2) 보육교사의 경력

경력 측면에서는 교사로서의 경험이 쌓여가는 과정에서 교사효능감이 발달하는데 경력교사는 초임교사보다 교사효능감이 높았으며, 경력교사 중에서 5~10년 사이의 경력을 가진 교사가 교사효능감이 가장 높다고 보고 있다(김희진·이분려, 1999). 김영미(2007)는 경력이 3년 이상 교사들이 3년 이하인 교사들보다 교사효능감이 높게 발달한다고 보았다. 반면, 5~10년의 중간경력을 가진 교사들이 그 이상의 경력이 증가할수록 효능감이 감소된다.

(3) 보육교사의 학력

보육교사의 학력에 따른 교사효능감에 관한 연구에서는 대체로 학력이 높을수록 교사효능감이 높아지고, 교사효능감이 2, 3년제 대졸, 고졸, 4년제 대졸 순으로 높게 나타났으며, 안선희(2005)의 연구에서는 2, 3년제 대졸 교사가 4년제 대졸 교사보다 교사효능감이 더 높게 나타났다. 이는 학력이 교사효능감에 미치는 영향은 각 연구마다 차이가 있음을 보여주는 것이다(김주희, 2010: 한현숙, 2009).

2) 환경적 요인

(1) 교사교육

보육교사 교사효능감은 교사교육의 경험에 의해서 영향을 받는데 교사교육기간이 짧거나 학급의 실제 상황에 대처할 수 있는 지식이나 기술을 배울 수 없는 교육과정 일 때는 교사효능감이 감소된다고 보고하고 있다(Brown & Gibson, 1982). 초보교사가 교수 상황에 직면할 때 불안감을 가질 수 있으며, 초보교사는 성공과 실패경험의 영향에 더욱 민감하다.

(2) 평가인증 참여여부

교사효능감에 관련된 다른 변인으로 평가인증 참여여부와 참여횟수에 따른 교사효능감 차이를 알아본 연구에서 평가인증제도가 교사들의 교사효능감에 유의한 영향이 미치는 것으로 나타났으며, 평가인증 2회 참여한 교사의 효능감이 가장 높게 나타났고, 평가인증을 받은 어린이집교사가 평가인증을 받지 않은 교사보다 전체 교사효능감에서 높은 점수를 받은 것으로 나타났다(이은수, 2011: 박명주, 2012). 평가인증제에 참여한 보육교사의 교수효능감은 평가 인증제 실시 후 기관 유형, 교사 학력에 따라 유의미하게 향상된 것으로 나타났다. 이는 보육시설 평가인증제가 보육교사의 교수효능감과 역할 수행 인식에 긍정적인 역할을 미친다는 것을 시사한다(최미숙·이미혜·이민경, 2007). 반면 보육교사들이 평가인증을 준비하면서 보육업무보다는 평가인증지표나 평가항목에 치중함으로써 교사효능감이 떨어졌고, 평가인증제도는 교사효능감에 유의한 영향을 미치지 않았다고 하였다.

(3) 보육시설 유형과 교사효능감에 미치는 영향

보육시설유형 따라 교사효능감이 질적으로 차이가 나는지를 살펴본 결과 개인적 변인보다는 조직 내 지원, 조직풍토, 교사를 위한 학습 환경 조성과 같은 환경적 변인이 보육교사의 교사효능감에 영향을 미치고 있는 것으로 나타났다. 전반적으로 시설운영이 안정적 지원되는 국공립보육시설이나 직장보육시설의 보육교사는 뚜렷하게 민간보육시설이나 가정보육시설의 교사에 비해 교사효능감이 높았다. 이것은 국공립보육시설이나 직장보육시설의 보육교사가 다른 민간기관 보육교사들에 비해 조직 내 업무지원이나 학습지원이 충분하게 제공되는 환경이기 때문으로 분석된다(강정은·송다영, 2010).

3. 보육교사 효능감이 영유아에게 미치는 영향

첫째, 교수학습에 영향이 미친다.

교사효능감이 높은 보육교사는 지속적인 인내심과 다양한 유형의 피드백을 보여주고 인지적 구성주의 교수방법, 자율적인 통제와의 관련성이 높다. 교사 자신의 효능감과 영유아의 학습 성취에 긍정적인 영향을 주기 위하여 바람직한 교육환경을 조성하며 다양하고 효과적인 교수전략을 사용한다. 또한 교사효능감이 높은 교사는 자신의 교육활동에 대해 가치를 느끼고 영유아의 행동과 성취에 대해 긍정적인 기대를 갖는 경향이 있다. 영유아의 학습에 대해 강한 책임감을 느끼며, 특정한 교육목표의 달성을 위해 다양한 교수법을 사용하려 하며, 영유아를 의사결정과정에 민주적인 방법으로 참여시키려는 경향을 가지고 있다. 반면에 교사효능감이 낮은 교사들은 실패를 두려워하고 스트레스를 자주 받으며, 학습자의 학습 성취도를 향상시키기 위해 외적 보상과 처벌에 의존한다. 또한 학습자가 학습하는 데 노력을 적게 기울이고 학습자의 대답을 기다리기보다는 직접 해답을 주며 권위주의적이고 엄격한 통제를 보인다(Woolfolk & Hoy, 1990).

둘째, 영유아와 상호작용하는 데 중요한 역할을 한다.

보육교사의 교사효능감은 교사-영유아 상호작용을 보육현장에 적용하는 실천적 지식과 기술을 반영한다. 교사효능감이 높은 교사는 교실에서 영유아와 상호작용하는 데 중요한 역할을 한다(Woolfolk, Rosoff & Hoy, 1990). 따라서 교사효능감은 교사-영유아 상호작용에 영향을 주는 변인이며, 교사효능감이 높은 교사는 효율적인 보육활동을 계획, 수행하게 되고, 교사-영유아 상호작용에 긍정적인 영향을 준다(이정미, 2007: 임옥희, 2006: 장종윤, 2010).

셋째, 보육교사의 전문성을 발달시킨다.

교사효능감의 형성에 영향을 미치는 요인으로 중요한 역할을 하는 것은 교사교육의 경험이다. 교사의 전문성은 교수신념을 드러낼 수 있고, 형성된 교사의 교수신념은 교수계획 및 실제적인 교사의 행동에 중요한 영향을 미친다(배소연, 2001). 이를 통해 보육교사의 전문성 발달수준이 높을수록 교사의 효능감은 긍정적으로 높다.

넷째, 교사효능감이 높은 보육교사들은 직무만족도가 높다.

자신의 업무와 역할을 긍정적으로 평가하고 영유아들을 가르치는 것에 대해 관심과 열의를 보일 때, 교사효능감이 증진되고 이를 통해 직무만족도가 향상되어 교사효능감과 직무만족도는 서로 영향을 준다. 따라서 보육교사가 보육에 대한 전문성 인식과 긍정적인 교사로서의 효능감을 지니게 된다면 직무만족도도 높아질 것이다. 교사효능감과 직무만족도의 상관관계는 교사효능감이 높아지면, 직무만족에서도 긍정적으로 영향을 준다(강란혜, 2006).

다섯째, 보육교사의 정서에 영향을 미친다.

교사효능감이 스트레스에 미치는 영향을 살펴보면, 효능감이 높은 교사는 스트레스를 받을 때 주변자원을 충분히 활용하여 적절한 대처행동을 시도하므로 자신의 역할이나 행동을 지속적으로 유지할 수 있다(Gibson& Dembo, 1984). 특히 교사가 지각하는 스트레스가 직접적으로 교사의 신체적 긴장과 탈진에 영향을 주기도 하지만, 교사역할에 대한 효능감이 스트레스의 부정적인 영향에 대한 완충역할을 한다(Van Dick & Wagner, 2001).

여섯째, 보육시설의 건강한 조직문화를 형성한다.

어린이집 조직 환경에 대한 보육교직원들의 인식, 태도, 가치는 교사효능감과 밀접한 관계가 있다. 조직 환경과 더불어 상호작용으로 인한 경험은 교사효능감 형성에 가장 기본적인 것을 제공해 주며, 조직의 환경, 문화, 기대, 구성원의 특징, 지도자의 지도성 및 기타 조직체제들은 교사의 직무태도 및 행동을 형성한다. 인간은 주어진 환경과 상호작용을 통해 성장·발달하기 때문에 건강한 조직 환경은 영유아들과의 보육활동에 영향을 미칠 수 있고 교사효능감 증진에 기여한다(Hoy & Woolfolk, 1993).

제5장
보육교사 정서의 중요성

1. 정서와 정서지능의 개념
2. 보육교사의 정서노동과 자아탄력성
3. 보육교사의 직무스트레스 이해

보육교사는 매일의 일과에서 경험하는 업무와 대인관계를 통해 매우 복잡한 정서적 경험을 한다, 다양한 상호작용 속에서 보육교사가 느끼는 정서를 따로 분리해내기 어렵다. 보육교사들은 영유아들을 돌보고 가르치면서 성장하며 발전해가는 모습을 발견하면서 성취감과 뿌듯함을 느끼기도 한다. 긍정적 정서에 대한 경험은 보육교사로서 자신의 직무를 지속하게 만드는 원동력이 되기도 한다. 반면에, 보육교사의 부정적 정서경험은 자신의 직무수행 전반에 대한 혼동과 불만, 회의 등으로 이어지거나 갈등을 일으켜 직무수행에 대한 몰입을 방해하는 중요한 요소로 작용하기도 한다.

5장에서는 정서와 정서지능의 개념을 살펴보고 보육교사의 정서노동과 자아탄력성, 보육교사의 직무스트레스 이해를 알아보고 직무스트레스 대처방안을 생각해본다.

1. 정서와 정서지능의 개념

1) 정서의 개념

정서의 일반적인 사전적 의미로는 '사람의 마음에 일어나는 여러 가지 감정. 또는 '감정을 불러일으키는 기분이나 분위기'(네이버 국어사전)라고 정의하고 있다. 관련 어휘로는 감정, 감각, 기분, 낭만, 분위기, 상태, 정감 등에 대해 느끼는 심리적인 상태를 말하는 것으로 긍정적인 것과 부정적인 것으로 정의할 수 있다. 또 정서는 특정 대상이나 상황에 대해 인지하고, 그 인지과정에서 동반되는 생리적·신체적 상태변화와 함께 동반되는 심리적인 상태이다(김경희, 1995).

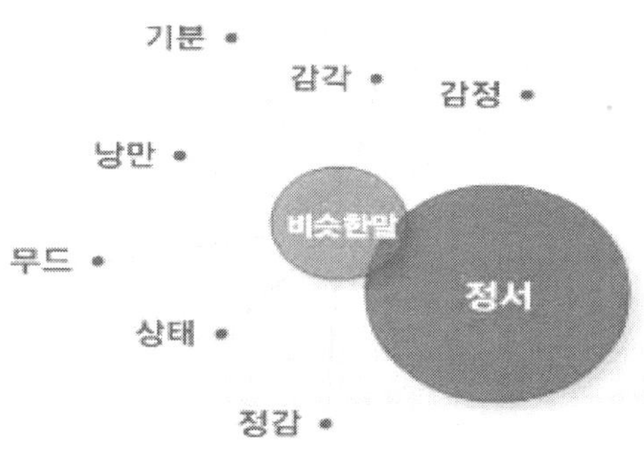

정서와 관련 어휘

출처: 네이버 사전
http://krdic.naver.com

정서가 가르치는 일의 중심이 된다는 사실을 오랫동안 인식하고 있었으며 보육교사가 영유아를 효과적으로 상호작용하기 위해 끊임없는 정서적 행동이 필요하다(박복매, 2011). 가르치는 것은 교사들의 자아존중감과 개인적이고 전문적인 만족에 중요한 영향을 주기 때문에 교사들이 그 상황에서 깊게 정서를 느끼는 것은 당연한 일이다. 교사는 가르치는 상황에서 정서를 조절하여 긴장감을 유지하는 것은 그들 자신에 대한 일종의 보호와 기쁨이라고 할 수 있다(Day, 2000). 가르친다는 것은 신체적·지적·정서적 에너지가 많이 필요한 일이기 때문에 열정을 유지하기 위해서 긍정적인 정서가 부정적인 정서보다 많아야 한다(Coopers, 1976).

보육교사는 매일의 일과에서 경험하는 업무와 대인관계를 통해 매우 복잡한 정서적 경험을 한다. 영유아, 교사, 부모, 원장 등 사람들과 다양한 맥락 속에서 정서적 상호작용을 해야 하고, 다양한 상호작용 속에서 보육교사가 느끼는 정서를 따로 분리해내기 어렵다(Ashforth & Humphrey, 1995). 영유아를 대상으로 한 교수-학습과정에서 교사는 성취감, 기쁨, 만족, 행복과 같은 긍정적 정서를 경험하기도 하지만 반면 좌절, 짜증, 화 등을 경험하기도 한다. 부모, 동료교사 및 원장과의 관계에서도 때론 부정적이며 긍정적인 정서를 경험한다(Hargreaves, 1998). 이렇게 보육교사가 다양한 맥락에서 느끼는 여러 가지 정서적 경험들은 자신의 직무수행에 중요한 영향을 줄 수 있다(박찬옥, 1996).

긍정적인 정서의 기능을 살펴보면 첫째, 유머를 통해서 잠시의 휴식을 제공 할 수 있다. 둘째, 각 개인이 효과적이고 가치 있다고 느끼도록 도와줌으로써 가르치는 일을 계속할 수 있게 한다. 셋째, 각 개인이 서로 연결되어 있고 배려한다고 느끼도록 도와줌으로써 가르침으로 인한 소진으로부터 회복할 수 있게 해준다.

그러므로 보육교사의 긍정적 정서경험은 교사로서 갖게 되는 사명감이나 교직 및 직무수행에 대한 확신으로 이어져 보육교사로서 더 높은 비전을 추구하고 열정적이며 헌신적인 교사상을 갖고 자신의 직무에 몰두할 수 있도록 하는 원동력이 되기도 한다. 예를 들어, 보육교사들은 영유아들을 돌보고 가르치면서 성장하며 발전해가는 모습을 발견하면서 성취감과 뿌듯함을 느끼기도 한다. 영유아와의 상호작용과정에서 그들의 무한한 가능성을 발견하면서 자기직무의 중요성을 깨닫고 책임감을 느끼기도 한다. 즉, 일상생활 속에서 경험하는 영유아들과의 소소한 에피소드로부터 교사로서의 유능감, 만족감, 보람 등을 느끼며, 이러한 긍정적 정서에 대한 경험은 보육교사로서 자신의 직무를 지속하게 만드는 원동력이 되기도 한다(이은상 외, 2013).

반면에, 보육교사의 부정적 정서경험은 자신의 직무수행 전반에 대한 혼동과 불만, 회의 등으로 이어지거나 갈등을 일으켜 직무수행에 대한 몰입을 방해하는 중요한 요소로 작용하기도 한다(박은혜·고재천, 2008: 조운주, 2007). 따라서 보육교사가 자신의 직무에서 느끼는 정서적 경험은 매우 중요하며, 교사로서의 효능감, 직무만족도 및 전문적 역량발휘에 지대한 영향을 미칠 수 있다(Day, 2007: Sutton & Wheatley, 2003).

2) 정서지능의 개념

정서지능이라는 개념을 사용한 연구는 1980년대 중반에 시작하여 20세기 초까지 감정과 동일하게 사용되었으나 현재는 여러 감정들을 포괄하는 상위개념으로 사용하고 있다. Gardner(1983)는 대인관계 지능의 4대 구성요인을 들어 정서지능의 기초를 마련하였다. 즉, 인간조직체를 조화하여 협동하는 집단을 조직화하는 능력, 갈등을 예방하고 해결점을 찾는 협상능력, 타인의 정서를 인지하고 적절하게 반응하는 대인관계 능력, 타인의 정서동기와 관심을 간파할 수 있는 사회적 분석능력을 들고 있다.

Salovey & Meyer(1990)는 정서지능 구성 요인을 정서적 성숙을 증진시키기 위한 정서의 사려적 조절능력, 정서의 이해와 분석, 정서지식의 사용능력, 정서를 통한 사고의 촉진능력, 정서의 지각, 평가 및 표현 능력으로 분류하였고 인지적 측면을 강조하였다.

정서지능의 구성요소(Salovey & Mayer, 1997)

① **정서를 인식하는 능력** : 느낌, 사고, 행동 및 상태에 따라 자신의 감정을 인식하는 능력, 타인의 감정상태를 파악할 수 있는 능력을 포함한다.

② **정서를 표현하는 능력** : 자신의 느낌, 감정, 욕구 등을 충동적이거나 부정적이 지 않은 방법으로 솔직하게 적절히 표현하는 능력을 포함한다.

③ **정서를 조절하는 능력** : 자신이나 타인의 감정을 상황, 장소, 시간 등을 고려하여 적절한 반응에 의해서 조절할 수 있는 능력을 포함한다.

④ **정서를 활용하는 능력** : 자신의 내면적상태를 동기화하여 긍정적인 방향으로 자신의 목표성취를 위해 정서를 활용할 수 있는 능력을 포함한다.

⑤ **감정이입하는 능력** : 타인의 감정욕구, 관심에 대해 인식하고 이에 대해 감정 이입하고 공감할 수 있는 능력을 포함한다(이은상 외, 2013).

Goleman(1995)은 정서지능을 좌절상황에서 자신을 동기화하고, 좌절을 이겨내며, 충동을 통제하고, 만족을 지연시키며, 스트레스로 인해 사고력이 저하되지 않도록 자신의 정서를 규율할 수 있고, 타인에게 공감하고, 희망을 유지하는 능력으로 정의하면서 정서지능의 구성요소를 다음과 같이 제시하였다.

정서지능 구성 요소 (Goleman, 1995)

① **자기인식(self-awareness)** : 스스로 자신의 감정을 깨닫는 상태,
② **자기조절(self-management)** : 자기의 감정을 통제하고 제어할 수 있는 능력,
③ **자기 동기화(self-motivation)** : 집중력이나 만족지연, 난관 등으로 문제를 해결하기 위해서 계속 노력하는 능력,
④ **감정이입(empathy)** : 타인의 생각이나 느낌을 이해할 수 있는 능력,
⑤ **대인관계 기술(social skill)** : 타인의 감정을 조절하기 위하여 자신이 할 수 있는 일을 알고 실천할 수 있는 능력 등으로 제시하였다.

Goleman(1995)은 Salovey & Meyer(1990)가 제시한 정서지능 능력을 응용하여 EQ(Emotional Quotient)라는 대중적인 용어로 정착시켰다. Wong & Law(2002)는 정서지능을 '타인의 정서를 이해하고, 조절하고, 알고 있는 정서를 효율적으로 활용할 수 있는 능력'으로 정의하고 조직현장에서 손쉽게 사용할 수 있는 척도를 개발하였다. 문용린(1997)은 Salovey & Meyer(1990)의 이론을 인용하여 정서지능은 '이성능력을 발휘하게 하거나 억압하고 제한하기도 하는 감성능력, 좌절상황에서 희망을 지속시킬 수 있는 능력이라고 하였다.

EQ 감성지능 : 감성지능은 왜 IQ보다 더 중요할까

불과 몇 년 전까지만 해도 사람들은 지능지수 IQ Intelligence quotient를 통해 자신의 삶이 장차 어떻게 흘러갈지 미리 예측할 수 있다고 믿었다. 즉, 자기가 앞으로 얼마나 똑똑하게 살아갈지를 IQ를 통해 내다볼 수 있으리라고 여겼다. 인생에서 부딪치는 문제를 얼마나 명쾌하게 해결할 수 있을지, 언어를 얼마나 빨리 배울 수 있을지, 문장의 맥락을 얼마나 제대로 간파할 수 있을지 등등을 말이다. 우리는 IQ를 직업적인 삶은 물론이고 개인적인 삶을 얼마나 잘 살아갈 수 있을지를 가늠하는 하나의 척도로 받아들였다.

그런데 1995년 다니엘 골먼(Daniel Goleman)이 〈EQ 감성지능 : 감성지능은 왜 IQ보다 더 중요할까〉라는 책을 세상에 내놓으면서 판도가 완전히 달라졌다. 골먼은 1990년에 피터 샐로비(Peter Salovey)와 존 D.메이어(John D.Mayer)가 발표한 '감성지능'이라는 글을 근거로 이 책을 썼다.

골먼은 자신의 책 〈EQ 감성지능〉에서 뇌연구와 행동 연구를 통해 IQ가 높은 사람들이 왜 성공하지 못하는 일이 발생하며, 반대로 IQ가 낮은 사람이 왜 예상 밖의 성공을 거두는지에

대해 설명한다.

"우리는 이제껏 인생에서 IQ로 측정되는, 순전히 이성의 차원에 대해서만 지능의 가치와 중요성을 지나치게 강조해왔다." 그가 제기하는 주장을 한마디로 요약하면 이렇다. "좋든 싫든, 지성은 감성에 의해 잘 통제되지 않으면 말짱 헛수고다."

골먼의 이 책은 〈뉴욕타임스〉 베스트셀러 목록에 1년 6개월 동안 올랐으며, 전 세계 30개 언어로 번역되어 500만 부가 넘게 팔렸다. 골먼은 그 후로도 계속해서 감성지능 혹은 EQ가 직장, 인간관계, 교육, 리더십의 영역에서 어떤 영향을 미치는지에 대하여 글을 썼다.

2010년에는 환경 분야로도 관심을 돌려 〈에코지능 : 미래 경제를 지배할 녹색 마인드〉라는 책을 출간하기도 했다. 그러나 골먼은 여전히 '감성지능'으로 가장 널리 알려져 있고 최고의 인기를 끌고 있으며, 〈뇌와 감성지능 : 새로운 통찰〉은 전자책으로도 출판되었다.

출처: 브레인월드 www.brainworld.co.kr 2014년 1월 24일 화요일

마시멜로 실험연구

이 연구는 1960년대에 스텐포드 대학교 내 유치원에서 심리학자 Walter Mischel이 시작했고 피험자들은 주로 스텐포드 대학교 교직원, 대학원생, 기타 고용인 자녀들로 당시 네 살이던 아이들이 고등학교를 졸업할 때까지 추적했다. 그 이후 이야기는 ...?

정서지능 개념을 종합적으로 정리해보면 자신의 감정인지, 감정 조절하기, 자신을 동기화하기, 타인의 감정 인지하기, 대인관계 다르기 등의 깊은 통찰의 과정을 통해 자신의 마음을 잘 파악하고 타인의 마음과 공감하며 주위환경을 잘 관찰하고 다스려서 삶의 질을 높이는 감성능력이라고 할 수 있다. 따라서 잘 발달된 정서지능은 감정이입을 통해 형성된 이타심, 도덕심을 기초로 한 자아형성과 타인의 마음을 올바르게 동기화 시키며, 원만한 사회적 조화의 환경으로 될 수 있는 능력이다(박복매, 2011).

보육교사의 정서지능에 관련된 연구 결과를 보면 송미선·김소양(2009)은 보육교사의 정서지능과 직무스트레스와의 관계연구에서 보육교사들이 지각하는 전반적인 정서지능의 정도는 보통이상으로 나타났으며 연령, 경력, 결혼여부와 상관관계는 부적 상관을 보였고, 직무스트레스에 가장 큰 영향을 미치는 정서지능 요인은 자기정서인식을 나타났다.

주선영(2008)은 보육교사의 성격유형에 따른 정저지능의 차이 연구 결과 성격유형에 따라 정서지능은 높은 상관이 있었다. 교사의 자질이 있는 성격유형인 보육교사는 자신의 성격을 잘 파악하고, 매일 오랜 시간 영유아와 경험하는 정서를 통제하고 활성화시키는

능력을 자신에 맞도록 적절히 사용하고 있다. 유치원 교사 대상으로 한 연구에서 정서지능은 자기효능감과 자아개념에 중요한 영향을 주기 때문에 교수행위에서 적극적으로 정서를 인식하고 적용하고 활용할 수 있는 능력을 기를 수 있도록 지원해야한다고 했다.

과거에 정서는 이성과 상치되는 것으로 여겨서 이성적인 판단을 방해하고 업무 수행에 오히려 혼란을 준다고 믿었다. 따라서 업무수행과정에서 감정을 개입시키지 않고 이성에 의존하는 것을 당연시하였다. 하지만 최근에는 정서의 적절한 활용과 관리는 업무의 효율성을 높이며 긍정적 리더십을 발휘할 수 있도록 도움을 준다고 본다. 따라서 보육교사가 일과 속에서 경험하는 자신의 정서를 긍정적인 방향으로 관리하는 능력을 배양해야 할 것이다(이은상 외, 2013).

2. 보육교사의 정서노동과 자아탄력성

1) 보육교사의 정서노동

정서는 사전적의미로 두려움, 놀람, 기쁨 등의 실제적인 경험에 의해서 정의되거나, 정신적인 감정 혹은 애정을 정의되어 인지적이거나 의지력과는 구별되는 개념으로 정의된다. 김지영(2010)은 정서는 감정, 기분과는 구별되는 대상 지향적이며, 시간에 따라 쉽게 변하는 특성을 가진 모든 행동에 근본이 되는 감정적 과정의 의식적 산물이다. 따라서 정서는 일반적인 사전적 정의에서 비롯하여 정서 그 자체를 인간의 내재적인 특성으로 간주하여 인간 행위 등을 연구하는 것에 이르기까지 여러 관점에서 정의되어지고 있다.

정서에 대한 개념을 노동의 요소 유형으로 본격적으로 파악하기 시작한 것은 Hochschild(1983)의 연구에서 정서를 서비스 노동과 같은 특정 노동유형의 요소로써 개념화하였다. 실제적 정서와 외현적 정서가 다를 수 있음을 인식하기 시작하면서 "개인의 정서를 직업 또는 조직의 규범에 맞게 조절하여 공개적으로 관찰 가능한 얼굴 및 신체의 정서표현을 관리하는 것"으로 정서노동의 개념을 처음 소개하였다.

정서노동은 기관 내 혹은 사회문화적인 맥락에서 특정한 목적을 달성하기 위해서 외현적으로 적절한 정서를 표현하여 상대방이 편안하고 일정한 상태의 정서를 유지하도록 만드는 행동으로 기관의 규칙과 가치에 부합하는 정서를 표현하는 것이다. 즉, 정서노동은 소속된 기관이 갖고 있는 목적을 달성하기 위해 개인이 수행하는 것으로 정서관리 그 자체가 개인이 제공하는 서비스의 일부가 되고 재화창조의 가치를 가지는 도구이자

목표라고 하였다. 이러한 정서노동은 정서가 외현적으로 표현되기에 적합하도록 조절되고 규제되어야 하므로 정서관리가 기본적으로 전제되어야 한다(Hochschild, 1983). 김지영(2010)은 정서노동은 개인이 소속된 기관에서 요구하는 정서표현에 적합한 정서행동을 하기 위해 실제로 느낀 정서와는 다른 정서를 표현한 것이다. 의도적으로 다른 적절한 정서를 느끼고 표현해 보는 시도까지 포함하는 포괄적 행위로 보고 있다.

보육교사는 지속적으로 영유아와 긍정적으로 상호작용해야 하고 다양한 역할을 수행하면서 각 역할에 대한 역할기대에 맞춰야 하므로 교사가 느끼는 부담이 크기 때문에 부정적 감정을 조절(emotional regulation)하고 정서통제(emotional control)하는 데 더 많은 노력이 요구된다. 보육교사의 정서는 영유아교육이라는 특수한 상황 속에서 보육교사의 행동과 사고를 연결하고 결정하는 중요한 역할을 한다. 최근에는 몇몇 연구들은(염지숙, 2005: Day, 2000) 효과적인 가르침의 보육을 위해 보육교사의 정서가 중요한 역할을 한다고 강조하고 있다.

특히, 보육교사는 돌봄의 특성을 가진 직업이며, 장시간 영유아들과 함께 생활한다. 또한 영유아의 연령이 하향화되고 있다는 점에서 보육교사의 정서가 무엇보다 중요하다. 뿐만 아니라 보육교사는 영유아들과 그들의 부모와 긴밀한 관계를 형성하고 동료 및 관련 구성원과 인간관계를 형성해야하고, 사회적으로 높은 기대와 더불어 많은 정서노동을 경험하기도 한다. 이는 영유아들의 정서적 안정과 발달을 도모하기 위해서 보육교사의 정서적 역할이 보다 중요하다는 것을 시사한다(이운성, 2013). 또한 보육교사가 하는 일은 많은 노동력을 요구하면서도 이에 대한 사회적인 지위나 보수가 충분히 지원되지 못한다. 따라서 이러한 사회적 현실이 상대적으로 보육교사로 하여금 정서노동을 더 무겁게 느끼게 만들 수 있다.

실제로 보육교사가 일과 운영하면서 자신의 정서를 조절하거나 통제하여 보육시설에서 기대하는 정서표현에 부합되는 정서표현을 하고자 하는 노력을 하면할수록 보육교사의 정서적 고갈에 영향을 미친다. 이렇게 경험하는 정서노동이 교사효능감에 부정적 영향을 미치거나 직무만족도 소진이나 직무스트레스와 밀접한 관련이 있다고 한다(이진화, 2007: 권혜진, 2009). 즉, 정서노동은 부정적 정서를 억제하고 긍정적 정서로 표현해야 하는 것으로 이러한 노력이 지속적으로 이루어질 때 교사는 심리적·체력적 소진을 느끼기 쉬우며 스트레스가 쌓일 수밖에 없다.

영유아들의 발달에 지대한 역할을 미치는 보육교사는 사회적 기대에 부응하고, 교사로서의 역할을 충실히 하기 위해 자신의 감정을 숨기거나 가장하기 위한 노력을 요구하고 있다. 이러한 정서노동은 교사의 업무수행 및 직무만족도에 대한 부정적 영향을 주므로 이를 감소시키려는 노력과 더불어 보육교사는 자신의 정서관리를 해야 한다. 그러나 보육교사는 소속된 보육기관에서 특정한 교육이나 연수 등을 통해서 정서적 행동을 위한 안내를 제공하는 경우가 드물다. 따라서 보육교사의 적절한 정서관리방안을 위한 지원 관련 교사교육이 필요하다.

2) 정서노동의 유형

정서노동의 유형연구에서 Gilstrap(2005)는 자연적 행동, 내면적 행동, 표면적 행동을 분류했고, 이주일(1998)의 연구는 심층표현 행위, 표면적 표현행위, 신강현 외(2006) 연구에서는 표면행위, 내면행위로 정서유형을 분류했다. 이렇게 정서유형이 학자마다 조금씩 차이가 있으나 개인이 정서를 표현할 때 스스로가 느끼는 정서적 경험과 표현정도, 소속된 기관의 정서표현 규범 등에 따라서 정서노동은 다르게 나타날 수 있다.

일반적으로 교사의 정서노동은 개인의 정서에 있어서 실제적인 정서와 외현적 정서의 일치 정도에 따라 분류하는데 실제적-외현적 정서가 일치하는 자연적 행동(natural acting), 실제적 정서를 억제하거나 외현적 정서를 가장 하는 표면적 행동(surface acting), 실제적 정서의 조절로 외현적 정서와 동일시하는 내면적 행동(deep acting)으로 크게 세 가지로 나누어 볼 수 있다(김지영, 2007: 이진화, 2007).

Gilstrap의 정서노동 유형을 구체적으로 살펴보면 다음과 같다.

① **자연적 행동**은 실제적 정서와 외현적 정서가 일치하는 것이다. 즉, 교사가 자신이 실제로 느끼는 정서와 외현적으로 표현되는 정서가 특별한 노력 없이 일치하는 것을 말한다. 즉, 어린이집에서 교사에게 기대하는 정서적 표현이 보육교사의 정서와 거의 일치하는 경우이다.

② **표면적 행동**은 교사가 실제적 정서를 숨기거나 억제하거나 외현적 정서를 가장하는 것이다. 이 경우에 교사는 자신이 실제 느낀 정서와 표현하는 정서가 일치하지 않기 때문에 표현될 정서의 질, 강도, 종류를 조절하고 통제하는 과정을 지속적으로 거침으로써 자신의 감정을 외현적으로 가장하여 과대표현하거나 축소하여 표현한다

(Kruml, 1999). 표면적 행동은 교사로 인해 지속적인 정서를 가장하는 데서 오는 정서고갈과 낮은 성취도 및 높은 직무스트레스의 원인이 된다고 하였다(안선희·김지은, 2007).

예를 들어, 규칙위반을 한 영유아에게 소리를 지르거나 제재를 가하고자 하는 정서를 그대로 표현할 수 있으나 이를 자제하고 간접화법으로 표현하거나 자신이 느끼는 불쾌감으로 표현하는 경우가 많다. 그렇지만 외현적 표현은 기관의 기대와 보육교사의 역할에 부합되게 가장된 표현을 하게 된다. 이러한 행동으로 인해 보육교사는 실제 개인의 정서자아와 충실한 직업적 자아와 충돌로 인해 자신의 정체성의 의문이 제기 될 수 있으며 정서적 불안이 쌓여 정서적 건강에 영향을 줄 수 있다.

③ **내면적 행동**은 실제적 정서 조절로 외현적 정서와 동일시하는 것이다. 교사가 업무상황 파악과 예측을 통해 자신에게 요구되는 정서적 가치와 규칙에 부합하도록 자신의 정서를 내면화하여 동일시하는 것이다. 이 는 단순히 겉으로 보이는 정서를 가장하는 것이 아니라 내면적 정서까지도 연습과 노력을 통해 자연스럽게 동일시되는 것이다. 정서조절과 노력을 통해 자신의 외현적 정서뿐 아니라 내면적 정서까지 업무성향에 맞게 적절히 조절한 교사는 자신의 직무에 높은 성취감과 몰입도를 보인다(노혜미, 2006: Grandey, 2000).

정서노동이 자연적 행동으로 나타날 때 그 직무의 특성이 개인과 적절하게 조화된다고 볼 수 있다. 강도 높은 표면적 행동을 하는 개인에 비해서 정서적 소진이 적고 직무에 대한 열의를 오래 유지할 수 있다고 한다. 자연적 행동이나 내면적 행동은 개인의 직무만족의 증진뿐 아니라 업무효율성 증진에도 긍정적인 영향을 준다(이진화, 2007).

결론적으로 정서노동의 세 유형은 보육교사의 직무수행 결과로 나타나는 여러 가지 특성들 즉, 직무만족도, 이직의도, 소진, 직무스트레스 등에서 그 차이가 나타낼 수 있다. 또한 개인의 상황과 개인이 가진 정서적 특성에 따라 다르게 나타날 수 있으므로 보육교사들이 수행하는 정서노동을 보다 잘 이해하기 위해서 이에 영향을 주는 개인 및 기관의 변인들에 대해서 고찰할 필요가 있고, 이를 파악하여 적절히 관리 할 긍정적인 정서관리 방안이 필요하다.

3) 보육교사 자아탄력성

Rutter(1985)는 환경적인 어려움과 스트레스 상황 하에서 놀랍게도 잘 적응하며 스트레스에 저항하는 아이들을 발견하고 탄력성이란 단어를 처음 언급했다. 탄력성은 역경이나 어려움을 경험하면서 개인이 자신의 능력이나 이전과 같은 기능을 상실했을 때 이전의 적응 수준으로 다시 되돌아오고 회복할 수 있는 능력이다. 즉, 탄력성은 '상처받지 않은'과 같이 불변의 고정적 특성이 아니라 대처과정의 변화무쌍한 역동적 본질을 포함하고 있다(김승경, 2004).

Block & Block (1980)은 현대사회처럼 급격한 변화 속에서 잘 적응하고 조화와 균형을 이루며 살아가기 위한 적응력이 있어야 한다. 이러한 적응력 개념을 자아탄력성이라고 하였다. 자아탄력성(ego-resilience)은 심리적으로 스트레스를 받거나 위기를 느끼는 상황에서 이를 유연하고 융통성 있게 극복하고 적응력을 발휘하는 능력이다. 이러한 능력 및 성격의 소유자는 자신의 삶의 만족도가 높고 스트레스에 대한 대처능력이 뛰어나다.

안진희(2010)는 자아탄력성은 어떠한 위기의 순간에 손상 받은 능력이나 감정을 위기 이전의 기능으로 다시 회복할 수 있는 능력이라고 보았다. 개인이 장기적인 목표를 이루는 데 요구되는 적절한 자기통제와 적응능력으로 현대사회를 살아가는 데 필요한 유용한 능력으로 보았다. Block & Block(1980)은 자아탄력성이란 급변하는 사회 환경에서 당면한 상황에 여유롭게 적응하고, 상황이 요구하는 바와 취할 수 있는 행동가능성 간에 최적이 무엇인가를 알아내는 분석력, 융통성 있는 문제해결전략(인지적 측면 뿐 아니라 사회적, 개인적인 영역까지 포함)이라고 정의하였다(김윤경, 2011)

Klohnen(1996)은 자아탄력성은 내·외적 긴장 상황에서 유연하고 풍부하게 적응할 수 있는 개인의 일반적 능력이다. 자아탄력성이 높은 사람은 낙천적이며, 자신감이 있고, 생산적으로 자신의 일을 해나가며 자율적인 활동능력이 있는 것으로 보고된다. 또한 대인관계가 원만하고 사회성이 높으며 적절히 자기표현을 하는 사회적 기술을 소유하고 있다고 한다.

자아탄력적인 유아교사는 가족 또는 타인에게 긍정적인 반응을 이끌어 내는 심리적 특성을 가지고 있다(Garmezy, 1993: Rutter, 1987). 자아탄력성이 높은 보육교사는 자신의 업무환경과 제약 속에서 유연성과 융통성을 발휘하여 자신의 스트레스를 잘 극복한다. 그리고 자신의 직무를 충실히 수행해나갈 수 있으며, 긍정적인 태도와 높은 문제해결력, 자기효능감 및 직무에 대한 효능감을 발휘할 수 있다. 자신의 교직생활 속에서 정서적으로 힘든 문제를 잘 해결해 나가고 자신감 있고 유능성을 발휘할 수 있다고 한다(Block & Kermen, 1996). 반면에 자아취약적인 보육교사는 조절능력이 낮아서 낯선 상황이나 스트레스 상황에서 반응의 융통성이 부적절하여 효율적으로 대처하지 못한다(안진희, 2010).

자아탄력적인 보육교사는 높은 자신감과 자기존중감을 지니고 있어서 스트레스 상황에 잘 적응하고, 낙관적이고 대인관계에 있어 더 적극적이고 개방적이어서 영유아와 온정적인 관계를 형성함으로써 심리적 소진을 덜 경험한다(이상욱, 2005). 김인숙(2009)은 높은 수준의 자아탄력성을 지닌 보육교사는 높은 직무만족도를 보임으로써 자아탄력성이 영유아교사에게 직·간접적으로 영향을 미치고, 이는 유야교육기관에서 근무하는 교사의 정서노동에 영향을 미친다고 했다.

많은 연구결과와 같이 영유아와 함께 활동하는 동안 자신감 있는 낙천성과 생산적인 활동으로 영유아에게 질적인 교육을 기대할 수 있는 인적자원인 보육교사가 자아탄력적인 보육교사이다.

3. 보육교사의 직무스트레스 이해

1) 직무스트레스의 개념 및 특징

현대인들은 대부분의 일상생활을 직장에서 보내고 있어 직업 중심이거 일 중심이다. 조직 속에서 대부분 시간을 보내고 조직의 목표를 달성하기 위해 많은 시간과 노력을 하게 된다. 이러한 과정에서 누구나 스트레스를 받게 되며 스트레스는 좋은 성과를 유도하기도 하지만 지나치게 높은 스트레스 수준은 오히려 부정적이어서 조직 뿐 아니라 개인에게 신체적, 정신적으로 부정적인 영향을 미치게 되어 심한 경우 질병을 유발하거나 부적절한 영향을 미치게 된다. 스트레스가 정확히 무엇인지 전문가들 사이에서도 의견이 일치되지 않을 만큼 정의를 내리기가 어렵다.

Selye(1974)는 '스트레스 연구의 아버지'로 불리는데 스트레스는 심리적 위협을 포함하는 유해한 자극의 어떤 형태에 대한 신체적인 방어로 대처해가는 상황이다. 신체가 스트레스 상황에서 경고반응기, 저항기, 소진기 단계를 거쳐 반응하고 있다. 이러한 반응을 "일반적 적응 증후군"이라는 개념으로 설명한다. 스트레스에 대한 관심은 산업사회의 특성과 함께 1960년대 이후에 여러 직종에 걸쳐 직무스트레스를 연구하기 시작하면서 교사의 스트레스는 교직에서 초래되는 긴장, 좌절, 분노, 우울 등의 부정적인 정서를 경험하는 것으로 정의하였다(Kyriacou & Sutcliff, 1978).

신혜영(2004)의 연구결과 보육교사의 직무스트레스를 유발하는 요인은 영유아들의 특성, 과다한 업무량, 시간의 유용성 부족, 보수나 처우의 미흡, 행정적 자원부족, 학부모와의 갈등, 원장 및 동료와의 관계, 사회적 인식 등의 스트레스 요인으로 지적되고 있다. 보육교사 직무스트레스로는 부모의 무례한 태도와 영유아의 안전사고와 관련된 내용이 상당한 부분을 차지한다. 영유아가 다칠 경우, 보육교사 스스로 부모에게 죄책감을 느끼고 업무수행과정에서 교사 스스로를 무능한 존재로 인식하면서 직무스트레스가 높아진다고 보고하였다(김유진, 2003: 허송연, 2002).

스트레스에 장기간 노출된 교사는 영유아의 잘못된 행동에 인내심이 적어지고 영유아와 개별적인 개입 및 상호작용의 수준이 낮게 나타났다고, 교수방법에서도 창의적이지 못한 것으로 나타났다. 새로운 교수법이나 생각을 수용하기 어려우며, 영유아의 행동에 대한 칭찬에 인색하게 되고, 영유아의 생각을 덜 수용함으로써 교사와 영유아들에게 모두 부정적이라고 보하고 있다. 이러한 결과는 교사의 직무스트레스가 교사의 역할 및 업무수행에 직접적으로 영향을 미치는 중요한 요인임을 보여준다. 따라서 교사의 직무스트레스를 낮추고 관리하는 것은 교사에게 요구되는 중요한 자질임을 알 수 있다.

2) 개인 내적 특성과 직무 환경적 특성의 직무스트레스

보육교사가 직무스트레스는 업무의 특성, 기관의 특성, 개인적인 특성이 상호의존적으로 작용하여 나타나는 결과라고 볼 수 있다. 여기서는 보육교사의 직무스트레스를 개인 내적 특성과 직무 환경적 특성으로 구분하여 살펴보기로 한다.

(1) 개인 내적 특성의 직무스트레스

직무스트레스는 똑같은 기관의 보육교사라 할지라도 각 개인이 외부상황이나 자극을 받아들이는 자세나 해석방향에 따라 느끼는 정도가 차이가 날 수 있다. 교사 개인의 연령, 교육 정도, 교직경력, 결혼 등에 따라 스트레스를 느끼는 정도가 차이날 수 있다. 또한 개인이 자신의 직무에 대한 욕구나 가치, 교사로서의 사명감, 자질과 경험, 성격, 교사 효능감, 교사로서의 자존감 등도 직무스트레스에 영향을 주는 것으로 나타났다.

(2) 직무 환경적 특성의 직무스트레스

직무 환경적 직무스트레스에 영향을 주는 요인들은 보육시간, 수당지급 유 무, 열악한 직무환경, 역할 과다, 기관 구조, 낮은 대우, 동료교사와 관계 등이 있다. 직무 환경적 특성 직무스트레스를 살펴보면,

- **기관의 폐쇄성으로** 토의나 의견을 물어서 의사결정에 교사를 참여시키는 것이 아니라 원장이나 상급자의 의견에 일방적 수용 등이 직무스트레스를 높인다.
- **교사의 권위의 상실로는** 보육과정 의사결정을 하는데 있어서 원장이나 부모 등의 지나친 간섭과 부당한 지시에 대한 수용이 있다.
- **낮은 사회적 대우로는** 사회·경제적 지위가 상대적으로 낮게 평가되고, 그 전문성에 대한 인식이 높지 않다.
- **보육시간, 근무시간의 과다로는** 맞벌이 부모의 직장근무시간으로 인해 보육시설 교사의 근무시간은 10시간이 넘는 것이 일상의 대부분이며, 행사준비나 특정 행정업무 처리를 하다보면 초과근무가 불가피하다.
- **과다한 업무, 보조인력 부족으로는** 보육교사는 청소, 문서관리, 홈페이지 관리 등을 위해 청소, 각종 문서 및 행정관리, 홈페이지 관리 등을 조력해 줄 수 있는 보조인력 수급을 위한 행·재정적인 지원도 필요하다.
- **적정 수당 지급으로는** 보육교사가 교재교구를 개발하거나 보육일지를 작성, 부모 상담으로 인해 늦어질 경우에는 시간 외 수당을 지급할 수 있도록 지원해야 할 것이다. 이는 개별 보육시설에 책임을 지우기보다 사회적인 제도개선이 요구된다(이은상 외, 2013).

개인적 특성을 가진 보육교사일지라도 자신이 근무하는 어린이집의 근무조건, 담당학급, 근무시간, 상사 및 동료관계, 업무의 양, 부모 및 원아와 관계 등 근무환경에 따라 스트레스의 정도가 다르게 나타날 수 있다(조성연·구현아, 2005).

3) 직무스트레스 대처방안

스트레스는 몸의 면역력을 저하시켜 만병에 근원이 될 뿐 아니라 개인의 사고력이나 기억력까지 감퇴시켜 직무능력을 떨어뜨리는 주범이 된다. 스트레스를 1시간만 받아도 뇌기능이 떨어져 기억력에 손상을 입는 것은 물론 심할 경우 신경세포가 죽게 될 수 있다.

대부분의 영유아교사는 직무스트레스를 심리적·정서적 문제를 경험하게 되는데 이것이 교사 자신에게는 물론 잠재적으로 영유들의 심신에도 유해하며 교육효과의 약화를 초래하게 되므로 보육교사가 직면하게 되는 스트레스의 실상에 관심을 가지고, 보육교사는 자신의 능력을 충분히 발휘하기 위해서 스트레스를 잘 관리할 필요가 있다.

(1) 보육교사로서 자기효능감 형성하라

자기 효능감과 직무스트레스 연구결과를 보면 자기효능감이 높은 교사는 스트레스가 신체적 증상이나 탈진에 영향을 주지 않는다. 반면 자기효능감이 낮은 교사는 스트레스로 신체적 증상 및 탈진과 관련이 된다는 결과는 보육교사의 자기효능감이 스트레스와 그로 인한 부정적인 효과 간의 관계를 중재하는 것으로 나타났다.

(2) 사고방식을 전환하자

사람들이 어떤 사건이나 역경을 겪고 나서 분노, 화, 우울 등의 정서를 경험하는 결과는 개인에게 일어난 사건이나 역경 때문이 아니라 개인의 사고방식 즉, 신념 때문이다. 개인이 어떠한 사건을 겪고 나서 스트레스를 받는 것은 사건 자체로 인한 것이 아니라 그 사건을 자신이 이미 가지고 있는 기본 생각의 틀에 비추어 비합리적으로 해석하기 때문이다.

스트레스를 잘 관리하기 위해서는 우선 자신의 사고를 점검해보아야 한다. 만일 자신의 사고가 '무슨 일이든 항상 완벽하게 처리해야 한다', '항상 유능해야 한다'와 같은 비현실적이고 융통성이 없는 형태라면 이를 바꾸는 노력을 해야 한다. 최대한 자신을 긍정적으로 생각하고 상황을 여유 있게 바라보는 것이 중요하다(이순형 외, 2013)

(3) 시간 관리를 효율적으로 하자

어떤 사람은 하루 24시간을 효율적으로 분배하여 계획했던 일들을 차근차근 처리함으로써 스스로의 삶의 능동적으로 통제하며 살아간다. 반면에 어떤 사람은 늘 시간에 쫓기면서 스트레스를 받는다.

시간을 효율적으로 관리하기 위해서는 첫째, 업무의 우선순위를 정한다. 둘째, 최소한 하루 전날 다음날 수행해야 할 일들과 일의 순서를 체크한다.

셋째, 한 번에 한 가지 일만 한다. 동시에 여러 가지 업무를 수행하면 과다한 에너지 소모로 지치게 되고 실수 할 가능성이 높아서 일의 효율성도 떨어진다(이순형 외, 2013).

(4) 명상을 하자

명상은 머릿속의 복잡한 생각을 비워 마음을 편안하게 함으로써 정신적인 스트레스를 줄일 수 있는 좋은 방법이다. 하루 종일 영유아들과 상호작용을 하며 생활하는 보육교사는 혼자서 조용히 명상을 하는 시간을 갖는 것은 심신의 건강을 유지하는데 큰 도움이 될 수 있다(이순형 외, 2013).

(5) 운동을 하자

운동은 체력 증진 효과가 뛰어나다. 보육교사는 보육업무의 특성상 정신적 에너지 소모가 많은 반면 움직임이 많지 않기 때문에 체력관리에 소홀 하다 보면 체력이 급격히 저하되어 소진되기 쉽다. 면역력이 약한 영유아들과 생활을 하기 때문에 각종 질병 및 질환에 쉽게 노출이 될 수 있다. 보육교사는 다른 어떤 직조보다 운동으로 체력관리가 중요하다. 운동은 체력관리뿐 아니라 스트레스를 받을 때 감소시키는 아드레날린의 분비를 감소시킴으로써 정신적 긴장이나 피로를 푸는 데 효과적이다(이순형 외, 2013).

(6) 정신적 멘토를 만들자

직무를 수행하다 보며 누구나 크고 작은 문제에 직면하게 되고, 사안별로 매뉴얼을 참고하여 적절히 대처하는 과정을 반복한다. 그런데 보육교사는 직무수행을 하는 과정에서 대면하는 주요 대상은 영유아와 부모가 서로 전혀 다른 특성을 가지고 있다, 뿐만 아니라 개개인의 영유아와 부모마다 독특한 개성을 가지고 있기 때문에 직면하게 되는 문제마다 정형화 된 매뉴얼에 의지하기가 현실적으로 어렵다. 보육경험이 부족한 초임교사는 좌절을 느끼고 중도에 교직을 포기하는 사례도 있다. 따라서 문제가 발생했을 때 슬기롭게 자문을 구하고, 대처할 수 있도록 힘들 때마다 의지할 수 있는 멘토를 평소에 만들어 두는 것이 중요하다. 정신적인 멘토가 사소한 일까지 털어놓고 이야기할 상대가 된다면 이상적일 것이다(이순형 외, 2013).

PART 3 현장론

제1장 보육교사 준비하기
제2장 보육교사 경험하기
제3장 보육기관 근무하기
제4장 교육과정 관리하기
제5장 안전하게 생활하기
제6장 영유아 영양
제7장 보육교사 자격관리하기

제1장
보육교사 준비하기

대학(교)에서의 보육 관련 교과목은 보육필수, 발달 및 지도, 영유아교육, 건강·영양 및 안전, 가족 및 지역사회 협력, 보육실습의 6개 영역으로 구분 되어 있으며, 각 영역별로 필수와 선택과목을 합하여 전체 17과목 51학점 이상을 이수하면 보육교사 2급 자격을 인정하고 있다.

이수 교과목은 〈표 1-1〉, 유사교과목 인정범위는 〈표 1-2〉를 참조한다.

〈표 1-1〉 이수 교과목 및 학점

영역	교과목	이수학점(과목)
보육필수	아동복지(론) 보육학개론 보육과정 영아발달 유아발달 보육교사론	6과목(18학점) 필수
발달 및 지도	인간행동과 사회 환경 아동관찰 및 행동연구 아동생활지도 아동상담(론) 특수아동이해 장애아지도	1과목(3학점) 이상 선택
영유아 교육	놀이지도 언어지도 아동문학 아동음악 아동동작 아동미술 아동수학지도 아동과학지도 영유아프로그램 개발과 평가 영유아 교수방법(론)	6과목(18학점) 이상 선택
건강·영양 및 안전	아동건강교육 아동간호학 아동안전관리 아동영양학 정신건강(론)	2과목(6학점) 이상 선택

가족 및 지역사회 협력 등	부모교육(론) 가족복지(론) 가족관계(론) 지역사회복지(론) 자원봉사(론) 보육정책(론) 보육교사(론) 보육시설 운영과 관리	1과목 (3학점) 이상 선택
보육실습	보육실습	1과목(3학점) 필수
계	17과목(51학점) 이상	

〈표 1-2〉 유사교과목

영역	교과목	유사교과목 인정 범위
보육기초	보육학개론	영유아보육학, 유아교육(개)론
보육기초	보육과정	영유아보육과정, 유아교육과정
보육실습	보육실습	보육현장실습, 교육실습

제2장
보육교사 경험하기

1. 보육실습의 개념
2. 보육실습의 의의
3. 보육실습 기관
4. 보육실습기관 사전 방문하기
5. 준비 자료
6. 보육실습의 과정
7. 보육실습의 역할
8. 보육실습의 주차별 내용
9. 보육실습 시 영유아 관찰
10. 보육실습 시 상호작용 관찰
11. 보육실습의 평가 및 결과 처리
12. 보육실습일지 작성

1. 보육실습의 개념

보육실습이란 향후 어린이집 교사 자격증을 받고 교사가 되고자 준비하는 학생이 어린이집 현장에서 예비보육교사의 역할을 직접 경험해보는 과정으로 국가가 발급하는 '보육교사 자격증'을 취득하기 위해 필수적일 뿐 아니라 양성교육기관에서 배운 이론과 지식을 현장에서 실제 적용해 보는 핵심적 과정이기도 하다.

2. 보육실습의 의의

이론 중심으로 배웠던 지식을 보육현장에 실제 적용해보면서 실천적 지식을 습득하고, 영유아에 대한 이해를 향상시키는 기회를 갖으며 보육계획이 어떻게 이루어지고, 융통적으로 운영되며, 보육실 내외에서 영유아의 놀이와 활동과 자료가 흥미와 발달에 적합하게 운영되는가를 직접 관찰하여 교사의 전문적인 역할과 상호작용 법을 배울 수 있는 기회를 갖는다. 또한, 실습생이 직접 보육활동을 계획, 실시해봄으로써 바람직한 일과 운영을 익히고 효과적인 교수학습방법을 이해하며 어린이집 교사의 역할에 대해 현실적으로 이해하고 보육교사로서 자신의 능력과 자질을 평가해 보는 시간을 갖는다.

그럼으로써 어린이집 원장, 보육교사 및 부모 등의 다양한 관점과 요구 등을 관찰하고, 지역사회에서 어린이집의 역할과 기능에 대해 생각해 보는 기회를 갖으며 영유아에게 영향을 미치는 좀 더 넓은 관점인 사회 현상, 보육정책, 부모교육 등과 영유아에 대한 심도 있는 연구 결과들에 관심을 가질 수 있다.

어린이집에서 4주간의 보육실습을 성공적으로 끝냈다는 자신감은 향후 새롭게 시도할 다양한 경험에 대한 도전 정신과 긍정적 태도를 줄 수 있다.

3. 보육실습 기관

실습기관은 정원 15인 이상인 어린이집 또는 방과 후 과정을 운영하는 유치원(교육청에 방과 후 운영 유치원으로 등록되어야 함)에서 실시한다.

실습기간은 60시간(4주) 이상 연속하여 실시해야 하며 실습 지도교사는 보육교사 1급 자격소지자, 유치원 정교사 1급 자격증 소지자로 하며 실습의 평가는 점수가 80점 이상일 때 이수한 것으로 인정 한다.

4. 보육실습기관 사전 방문하기

보육실습생은 실습 시작 전 보육실습기관에 전화로 방문일정에 대한 약속을 하고 방문하여야 한다. 방문 시간은 보육실습기관의 일과에 영향을 주지 않는 오후 시간대가 바람직하다. 사전교육은 대체로 실습이 시작되기 최소 일주일 전에는 이루어지는 것이 좋다.

5. 준비 자료

사전에 방문 시 다음의 자료를 준비하여 실습기관에 제출하여야 한다.

- 보육실습생 신상카드 〈표 2-1〉 참조.
- 보육실습생 서약서 〈표 2-2〉 참조.
- 보육실습 동의서 〈표 2-3〉 참조.
- 보육실습 확인서 〈표 2-4〉 참조.
- 보육실습 평가서 〈표 2-5〉 참조.
- 보육실습생 신분증 사본
- 보건소의 전염성 질환(간염, 결핵, 장티푸스, 성병 등)에 대한 건강진단결과서(구 보건증)

〈표 2-1〉 보육실습생 신상카드

보육실습생 신상카드

<table>
<tr><td rowspan="2">성 명</td><td>한 글</td><td colspan="2">(여, 남)</td><td rowspan="4">(사 진)</td></tr>
<tr><td>한 자</td><td colspan="2"></td></tr>
<tr><td>주민등록번호</td><td colspan="3"></td></tr>
<tr><td>소 속</td><td colspan="3"></td></tr>
<tr><td>집 주 소</td><td colspan="4"></td></tr>
<tr><td rowspan="3">학 력</td><td colspan="2">. . ~ . .</td><td colspan="2">고등학교 입학 및 졸업</td></tr>
<tr><td colspan="2">. . ~ . .</td><td colspan="2"></td></tr>
<tr><td colspan="2">. . ~ . .</td><td colspan="2"></td></tr>
<tr><td>보육관련
이수 교과목
(이수교과목을
모두 적으세요)</td><td colspan="4">:총 ( )개 교과목</td></tr>
<tr><td rowspan="3">비상연락처</td><td colspan="4">집전화:</td></tr>
<tr><td colspan="4">본인휴대폰:</td></tr>
<tr><td colspan="4">비상시 연락휴대폰: (관계:)</td></tr>
<tr><td>e-mail 주소</td><td colspan="4"></td></tr>
<tr><td colspan="5">위의 사항이 틀림없음을 확인합니다.

년 월 일

본인 서명 (인)

원 장 귀 하</td></tr>
<tr><td colspan="5">개인정보 수집·이용 동의</td></tr>
<tr><td colspan="5">보육실습생 관리를 위하여 '개인정보보호법'에 따라 개인정보 수집·이용에 대한 내용을 알려드리오니 동의하여 주시기 바랍니다.

[법률근거] 개인정보보호법 제15조 '개인정보의 수입·이용'에 관한 법률
[수집·이용 항목] 이름, 주민등록번호, 연락처(전화번호, 휴대폰번호),전자 우편, 주소
[수집·이용 목적] 보육실습생 관리를 위한 목적으로 이용되며, 수집한 개인정보는 다른 목적으로 사용되지 않습니다.
[이용 및 보유기간] 보육실습이 종료되는 시점에 수집한 개인정보는 폐기됩니다.
[동의거부 및 불이익] 위의 개인정보 수집·이용에 관한 내용에 동의하지 않는 경우에는 보육실습이 불가합니다.

□ 동의함 □ 동의하지 않음
실 습 생: (인)</td></tr>
</table>

〈표 2-2〉 보육실습생 서약서

보육실습생 서약서

성 명:
소 속:

상기 본인은 귀 어린이집의 보육실습생으로서 보육실습의 목적과 중요성을 충분히 이해하고 어린이집의 제반 규정을 성실히 준수하여 보육능력 향상에 최선을 다할 것을 서약합니다.

년 월 일

보육실습생: (인)

○ ○ ○ 어 린 이 집 원장 귀 하

〈표 2-3〉 보육실습 동의서

보육실습 동의서

학 생 정 보					
성 명		학과		학번	
보육실습 기간	20 년 월 일 ~ 20 년 월 일 (연속 4주 160시간 이상)				
집 주 소	우편번호)				
개인연락처		e-mail 주소			

보 육 실 습 기 관 정 보			
보육실습 기관명	(정원: 명)	보육실습기관 원장명	
기관주소	우편번호)		
전화번호		팩스	
평가인증 여부	① 예( ), ② 아니오 ( )		
보육실습 지도교사	이름:	보육교사 1급 ( ) 유치원정교사 1급 ( ) ※ 해당 자격에 'O'표 하세요.	

위 학생이 본 기관에서 보육실습을 수행함에 동의합니다.

20 년 월 일

보육실습기관 원장: (서명 또는 인)

〈표 2-4〉 보육실습 확인서

보 육 실 습 확 인 서

1. 실습 이수자 기본사항

이　름	주민등록번호	양성교육기관명

2. 실습기관

실습기관명		실습기관 보육정원	
기관종류		최초인가일	
주소			
연락처			

3. 실습 지도교사

이　름	자격 종류	자격번호

4. 실습 기간

실습기간	년　월　일 ~　년　월　일(　주간)
실습시간	총　시간(매주　요일 ~　요일까지,　오전　시 ~　오후　시)

위 사람은 영유아보육법시행규칙 제12조제1항에 의한 보육실습을 충실히 이수하였음을 확인합니다.

년　월　일

어린이집 원장　(서명 또는 인)

학과장　(서명 또는 인)

※ 첨부서류
1. 실습기관 시설인 가증 사본 1부　2. 보육실습 지도교사 자격증 사본 1부

〈표 2-5〉 보육실습 평가서

보 육 실 습 평 가 서

성　　　명:
주민등록번호:
보육실습기관명:
보육실습기간:20 년 월 일 ~ 20 년 월 일

평가영역(배점)	평가항목		배점	점수
근무태도와 자질 (20점)	근무사항	출석, 결석, 지각, 조퇴 등	5	
	태도	성실성, 근면성, 친절, 적극성, 복장 및 용모, 예절	5	
	자질	영유아 존중, 책임감, 인성, 열의	5	
	관계형성	실습지도교사와의 관계 동료실습생과의 관계	5	
보육활동 계획과 실행 (30점)	보육활동계획	영역별, 반일(일일)보육활동 계획의 적합성과 충실한 준비	15	
	보육활동실행	영역별, 반일(일일)보육활동의 효과적이고 적절한 실행 정도	15	
예비보육 교사로서 역할수행(30점)	영유아 행동 및 놀이 관찰, 보육환경 관찰		5	
	보육일과 진행 보조와 일상생활지도		10	
	영유아 상호작용과 놀이 참여		15	
보육실습일지 작성 (10점)	구체적이고 충실한 보육실습일지 작성과 일일자기평가 및 지도교사 평가 반영		10	
총평 (10점)	실습기간동안 예비보육교사로서 향상 정도		10	
총 점			100	

20 년 월 일

보육실습 지도교사: (인)
어린이집 원 장: (인)

6. 보육실습의 과정

보육실습 4주간 동안 실습생은 영유아를 관찰하고, 보조교사로 참여 한다. 실습생이 기관 및 해당 반의 하루일과에 익숙해지면, 보육실의 흥미영역 중 한 개 영역에 해당하는 보육활동을 계획하여 직접 실행해 보고, 점차 다른 영역으로 확대해 보며 반일이나 일과 전체에 대한 보육계획안을 실습생이 직접 작성하고, 교재교구를 준비하여 영유아를 지도하는 과정으로 보육실습을 한다.

7. 보육실습의 역할

보육실습생은 영유아 행동 관찰 기록, 보육활동 계획과 실행 및 평가, 영유아 놀이 참여 및 상호작용 기술 향상, 보육실습일지를 작성하고 지도교사는 매일 실습일지 읽고 평가란에 조언과 평가 작성, 관찰일지, 보육활동계획안, 보육활동자료 준비, 일과 운영 등에 대한 지도와 영유아 행동 및 놀이, 상호작용에 대한 지도를 한다. 또한, 시설장은 주별 실습일지 결재, 최종평가 실시, 실습생 인적사항 및 실습점수 결과 보육통합 시스템 입력을 한다.

8. 보육실습의 주차별 내용

주차별로 진행할 수 있는 보육실습 내용을 정리해 보면 〈표 2-6〉과 같다.

〈표 2-6〉 보육실습 4주간의 실시 내용 예시

<table>
<tr><th>주</th><th>월</th><th>화</th><th>수</th><th>목</th><th>금</th></tr>
<tr><td rowspan="2">1주</td><td colspan="5">보육실습 일정 협의
관찰(하루일과, 보육환경, 영유아·교사 상호작용)
보조교사 역할 수행(실내외 놀이 참여, 일상생활지도)
영유아 이름 익히기, 영유아와 친밀감 형성하기</td></tr>
<tr><td colspan="3">2주차 영역별 보육활동 찾기</td><td colspan="2">2주차 영역별 보육활동 선정 및 계획안 제출</td></tr>
<tr><td rowspan="2">2주</td><td></td><td>영역별
보육활동 실시</td><td></td><td>영역별 보육활동
실시</td><td></td></tr>
<tr><td colspan="3">2주차 활동 자료 준비 및 제작
3주차 영역별 보육활동 찾아보기</td><td colspan="2">3주차 영역별 보육활동 선정 및 계획안 제출</td></tr>
<tr><td rowspan="2">3주</td><td colspan="2"></td><td>영역별
보육활동 실시</td><td></td><td>연계활동 실시</td></tr>
<tr><td colspan="3">3주차 영역별 보육활동, 연계활동 자료 준비 및 제작
4주차 반일(일일)보육활동 선정</td><td colspan="2">4주차 영역별 보육활동 및
반일(일일)보육활동계획안 제출</td></tr>
<tr><td rowspan="2">4주</td><td colspan="2"></td><td>반일(일일)보육
활동 실시</td><td rowspan="2">최종
평가회</td><td rowspan="2">실습일지 정리
제출</td></tr>
<tr><td colspan="2">반일(일일)
보육활동 자료 점검</td><td></td></tr>
</table>

9. 보육실습 시 영유아 관찰

관찰은 보육실습 기간 동안 계속적으로 이루어지지만 실습 초기에 영유아 행동 및 놀이에 대 한 관찰과 일과 운영에 대한 관찰 시간을 충분히 갖고 관찰 내용에 대해 실습지도교사의 지도를 받는 것이 필요하다.

관찰의 주된 내용은 영유아의 연령에 따른 보육실 환경구성의 특성, 하루일과의 진행, 영유아의 발달 및 놀이 특성, 보육교사의 역할 및 영유아와의 상호작용을 포함하며 보조교사로 참여하면서 영유아와 친밀한 관계 형성, 영유아에 대한 이해, 일상생활지도 등 보육교사로서의 업무를 파악한다.

또한, 보육활동에 대한 실습은 실습담당교사의 지도 아래 보육실습생이 직접 보육활동을 계획하고 실행하며 보육활동에 대한 보육실습은 하루 일과 중의 특정 시간이나 한 두 영역의 보육활동 수행에서 시작하여 반일 또는 귀가까지 하루 일과를 보육실습생이 직접 계획하여 수행하는 방식으로 진행한다.

10. 보육실습 시 상호작용 관찰

보육실습의 첫 시작은 영유아의 놀이와 영유아-교사, 영유아-영유아, 영유아-교구간의 상호작용을 관찰한다. 그러므로 보육실습생이 장차 영유아의 전인적 성장발달을 돕는 보육교사가 되기 위해서는 첫 주 실습에서 충분한 관찰이 필수적이며 보육교사와 영유아 상호작용은 보육의 질을 결정하는 중요한 요소 중 하나이므로 관찰을 통해 실습생은 질적으로 우수한 상호작용을 배울 수 있어야 한다.

영유아 관찰시 유의사항은 다양한 상황과 장소에서 영유아 관찰을 지속적으로 실시하며 관찰내용은 일정한 형식에 따라 일관성 있게 기록한다.

관찰자의 주관이나 편견이 개입되지 않도록 실제 일어난 상황을 객관적으로 기록하며 관찰된 행동에 기초한 해석이나 평가는 관찰내용 기록과 구분하여 기록한다.

11. 보육실습의 평가 및 결과 처리

보육실습일지는 보육실습생의 실습 내용과 실습기관의 실습 지도를 알 수 있는 문서로 보육실습생의 출근부, 보육실습기관 현황, 보육실습 일정, 연간 및 월간 보육계획안, 매일의 보육일과를 실습한 내용, 보육활동(영역 별, 반일 또는 일일보육활동) 계획안, 가정 연계 및 행사, 보육실습 평가 등으로 구성된다.

보육실습생에게 제공하는 보육실습기관 현황 양식은 출근부, 보육 일지, 영역별 보육활동 계획안, 반일(일일)보육활동 계획안이 제시되고 있고 보육실습기관은 보육실습생 사전 교육 시 보육실습기관 현황 자료를 제공한다(〈표 2-7〉 참조).

또한, 보육실습기관 및 보육실습 지도교사와 실습생 간 의사소통을 원활히 하기 위하여 보육실습 일정을 기록하고 이를 서로 공유하며 보육실습의 주차별, 요일별 내용은 보육실습기관과 보육실습 반의 연령에 따라 다를 수 있다.

〈표 2-7〉 보육실습기관 현황

보육실습기관 현황

<table>
<tr><td>기관명</td><td>어린이집</td><td>유형</td><td></td><td>운영체</td><td></td></tr>
<tr><td>주 소</td><td colspan="5"></td></tr>
<tr><td>전화번호</td><td colspan="3"></td><td>원장명</td><td></td></tr>
<tr><td>설립이념</td><td colspan="5"></td></tr>
<tr><td>연 혁</td><td colspan="5"></td></tr>
<tr><td>기관특성</td><td colspan="5">특수보육서비스(장애통합, 초등 방과 후, 야간, 연장, 휴일 보육 등)
기타 사항: 평가인증 통과 연도 (　　　　)</td></tr>
</table>

<table>
<tr><td>연령별 반</td><td>0세</td><td>1세</td><td>2세</td><td>3세</td><td>4세</td><td>5세</td><td rowspan="3">기타 종사자 수</td><td rowspan="2">사무원</td><td rowspan="2">취사부</td><td rowspan="2">영양사</td><td rowspan="2">간호사</td><td rowspan="2">기타</td></tr>
<tr><td>원아수</td><td></td><td></td><td></td><td></td><td></td><td></td></tr>
<tr><td>교사수</td><td></td><td></td><td></td><td></td><td></td><td></td><td></td><td></td><td></td><td></td><td></td></tr>
</table>

보 육 실 습 반 현 황

반명	반 (만 　　세)	보육실습 지도교사명	
영유아 수	총 　　명 (남아 　　명/여아 　　명)	보육교사 수	명

〈표 2-8〉 보육실습생 출근부

보육실습생 출근부

소속:		학번: 이름:ㅇ ㅇㅇ
보육실습기관	ㅇㅇㅇ어린이집 ㅇ세 ㅇㅇ반	보육실습 지도교사:ㅇㅇㅇ
보육실습 기간	20 . . ~ 20 . . (총 주간)	

구 분	월	화	수	목	금
보육실습생	㊞	㊞	㊞	㊞	㊞
보육실습 지도교사	㊞	㊞	㊞	㊞	㊞
날짜	월 일 시 분부터 시 분까지	월 일 시 분부터 시 분까지	월 일 시 분부터 시 분까지	월 일 시 분부터 시 분까지	월 일 시 분부터 시 분까지
보육실습생	㊞	㊞	㊞	㊞	㊞
보육실습 지도교사	㊞	㊞	㊞	㊞	㊞
날짜	월 일 시 분부터 시 분까지	월 일 시 분부터 시 분까지	월 일 시 분부터 시 분까지	월 일 시 분부터 시 분까지	월 일 시 분부터 시 분까지
보육실습생	㊞	㊞	㊞	㊞	㊞
보육실습 지도교사	㊞	㊞	㊞	㊞	㊞
날짜	월 일 시 분부터 시 분까지	월 일 시 분부터 시 분까지	월 일 시 분부터 시 분까지	월 일 시 분부터 시 분까지	월 일 시 분부터 시 분까지
보육실습생	㊞	㊞	㊞	㊞	㊞
보육실습 지도교사	㊞	㊞	㊞	㊞	㊞
날짜	월 일 시 분부터 시 분까지	월 일 시 분부터 시 분까지	월 일 시 분부터 시 분까지	월 일 시 분부터 시 분까지	월 일 시 분부터 시 분까지
보육실습생	㊞	㊞	㊞	㊞	㊞
보육실습 지도교사	㊞	㊞	㊞	㊞	㊞
날짜	월 일 시 분부터 시 분까지	월 일 시 분부터 시 분까지	월 일 시 분부터 시 분까지	월 일 시 분부터 시 분까지	월 일 시 분부터 시 분까지

* 결석·지각·조퇴는 불가하며, 불가피할 경우 위의 기재된 보육실습 기간 중 법적 이수 시간을 채운다.

〈표 2-9〉 보육실습일지

<table>
<tr><td colspan="3" rowspan="2">보육실습일지</td><td rowspan="2">결
재</td><td>실습생</td><td>지도교사</td><td>원장</td></tr>
<tr><td>㊞</td><td>㊞</td><td>㊞</td></tr>
<tr><td>반 명</td><td></td><td>일시</td><td colspan="4">년 월 일
요일</td></tr>
<tr><td>날 씨</td><td></td><td>결석 영유아</td><td colspan="4"></td></tr>
<tr><td>주 제</td><td></td><td>소주제</td><td colspan="4"></td></tr>
<tr><td>시간 및 일과</td><td colspan="2">활동계획 및 실행</td><td colspan="4">평가 및 유의점</td></tr>
<tr><td>~ 09:00
등원 및 맞이하기</td><td colspan="2"></td><td colspan="4"></td></tr>
<tr><td></td><td colspan="2"></td><td colspan="4"></td></tr>
<tr><td></td><td colspan="2"></td><td colspan="4"></td></tr>
<tr><td></td><td colspan="2"></td><td colspan="4"></td></tr>
<tr><td></td><td colspan="2"></td><td colspan="4"></td></tr>
<tr><td>~ 18:00
귀가 및 가정과의 연계</td><td colspan="2"></td><td colspan="4"></td></tr>
<tr><td>실습생 평가</td><td colspan="6"></td></tr>
<tr><td>지도교사
조언 및 평가</td><td colspan="6"></td></tr>
</table>

12. 보육실습일지 작성

실습일지는 날짜, 날씨, 결재, 주제, 소주제, 일과운영에 따른 보육내용, 보육실습생 소감, 지도교사 조언 등으로 구성되어 있으며 날씨 및 월초·월말, 주초·주말 등의 일정에 따라 보육내용이 달라질 수 있다.

실습생의 보육실습 일지 작성요령은 다음과 같다.

- 보육실습이 이루어진 날짜와 요일을 기록하며 그 날의 날씨의 주된 특성과 일과 운영과의 관련성을 파악한다.
- 해당 날짜에 결석한 영유아명을 쓰고, 결석한 이유와 급식·간식·낮잠·배변 등의 일상생활 지도와 안전이나 위생, 등 하원 관련 내용을 기록한다.
- 주제 및 소주제는 실습 해당 반의 연간, 월간, 주간보육활동계획안을 참고하여 기록하고 일과 운영 시간 흐름에 따른 보육내용을 기록한다.
- 흥미영역별로 영유아의 놀이 흐름과 실습 지도교사 또는 실습생과 영유아와의 상호작용, 활동 참여 정도와 활동명, 자료, 활동방법을 기록하되 보육실습생에게 의미 있었던 바를 구체적으로 기록한다.
- 하루 일과 중 새롭게 발견한 영유아의 발달적 특성 및 흥미에 대한 내용과 보육실습 지도교사-영유아 상호작용에 대한 내용을 기록한다.
- 보육실습생 평가는 하루 동안 반에서 보육실습생으로서 관찰, 실내외 활동 및 놀이 참여, 영유아 일상지도 등을 경험하면서 느낀 소감이나 의문사항을 기록하되 반성적으로 사고할 수 있도록 작성한다.

이에 따른 보육실습 지도교사의 역할을 살펴보면 다음과 같다.

- 보육실습 지도교사는 사전에 보육실습일지 작성 방법에 대해 보육실습생과 충분히 협의하고 안내하며 매일 실습생을 관찰하고 지도한 내용이나 실습생의 자기 평가 내용을 바탕으로 조언을 적는다.
- 실습 지도교사는 매일의 보육실습생 역할 수행 정도, 태도 등에 대해 구체적으로 평가를 하며 실습생이 반에서 이루어지는 보육일과 운영을 구체적으로 기록하되 반복적으로 기록하지 않도록 지도한다.

- 실습 지도교사는 보육실습생의 신체적, 심리적 어려움이나 이론을 실제에 적용하는 데 있어서 실수한 행동, 영유아 행동 지도의 어려움, 영유아간 문제를 해결하는 방법에 대한 혼란 등에 대해 적절한 답을 제공하고 공감과 용기를 북돋아준다.
- 실습 지도교사는 실습생에게 영유아의 일상생활지도 및 놀이참여, 상호작용에 대해 보육실습생의 역할을 구체적으로 알려 주며 멘토(mentor)로서의 역할을 수행하도록 한다.

실습일지 작성을 마친 후 보육실습기관의 원장은 보육실습생의 실습일지 기록과 실습 지도교사의 지도사항을 확인하고 점검한 후 결재한다.

보육실습 일지는 예시 자료 〈표 2-10 영아반〉〈표 2-11 유아반〉를 참고하여 작성해 본다.

〈표 2-10〉 보육실습 작성 예시 (영아반)

<table>
<tr><td colspan="3" rowspan="2">보육실습일지</td><td rowspan="2">결재</td><td>실습생</td><td>지도
교사</td><td>원장</td></tr>
<tr><td>㊞</td><td>㊞</td><td>㊞</td></tr>
<tr><td>반 명</td><td>만 1 세 ○○반</td><td colspan="2">일 시</td><td colspan="3">2013년 ○월 ○일○요일</td></tr>
<tr><td>날 씨</td><td>흐린 후 맑음</td><td colspan="2">결석 영유아</td><td colspan="3">김OO(감기), 박OO(여행)</td></tr>
<tr><td>주 제</td><td>더워요</td><td colspan="2">소주제</td><td colspan="3">여행가는 놀이를 해요</td></tr>
<tr><td>시간 및 일과</td><td colspan="3">활동계획 및 실행</td><td colspan="3">평가 및 유의점</td></tr>
<tr><td>~09:00
등원 및
맞이하기</td><td colspan="3">* 부모와 교사가 반갑게 인사하기 - 교사가 부모에게 인사하는 모습을 영아에게 보여주며 영아와도 함께 인사나누기 - 투약의뢰서 유무를 확인
* 혼자서 양말을 벗어요 - 교사는 영아가 혼자 양말을 벗어 볼 것을 제안한 뒤 쉽게 벗을 수 있도록 양알 끝을 잡아줌 - 스스로 시도하고 벗을 것에 대하여 'OO가 혼자 벗었구나'라고 격려한 뒤 서랍장에 넣는 것도 혼자 넣도록 교사가 제안함</td><td colspan="3">교사가 영아 스스로 해 볼 수 있도록 충분히 기다려 주거나 최소한의 도움을 주며 영아가 성취감을 느낄 수 있도록 배려함</td></tr>
<tr><td>9:00~9:20
오전간식</td><td colspan="3">* 손 씻기 및 오전 간식(롤케익, 우유) - 소독비누로 거품을 내서 씻도록 하고 물로 씻을 때 비누가 남지 않도록 도와주기
* 즐겁게 먹어요 — 간식을 먹으며 영아에게 등원하면서 경험한 것, 가정에서의 일상을 물어 보며 관심 갖기 - 간식을 먹으며 영아의 이름을 개별로 불러주고 눈을 마주치며 '선생님은 OO를 사랑해' 노래를 불러줌.</td><td colspan="3">준비된 간식을 스스로 먹고 정리할 수 있도록 도움</td></tr>
<tr><td>09:20~10:20</td><td colspan="3">* 신체영역: 둥근 고리 끼우기 놀이해요 - 둥근 고리를 놀</td><td colspan="3">둥근 고리를 놀잇감에 끼우</td></tr>
</table>

오전실내 자유놀이	잇감에 끼워 보거나 손목에 끼우고 흔 들어 봄.	는 것 보다 영아들의 손목에 끼우는 것에 더 재미를 나타냄
	* 언어영역: 울퉁불퉁 종이에 끼적여요 - 다양한 질감의 종이에 부드럽고 무독성의 영아용 크레파스로 끼적거리기를 함.	여러 질감의 종이 중 큰 벽지에 끼적거리기를 하는 것을 가장 선호함
	* 역할·쌓기영역: 밀가루 반죽에 빨대를 꽂아요 - 밀가루 반죽을 소꿉그릇에 담아보기, 반죽을 모형 소 꿉칼로 칼집을 내서 만져 보거나 손으로 두드리기, 손가락으로 찔러보기 등의 다양한 방법으로 촉감을 느끼도록 함. - 반죽에 빨대를 꽂고 생일 초처럼 불어 보거나 생일축하 노래를 부르는 놀이를 함.	월령이 낮은 영아가 빨대를 꽂을 때 빨대가 잘 안 꽂혀지자 교사가 함께 꽂으며 도움을 줌.
10:20~10:35 정리정돈 및 배변	* 정리정돈 - 교사가 영역별, 영아 개별로 곧 정리할 것임을 알려 주고 노래를 부르며 정리를 시작함. - 정리 중에 뛰어 다니는 영아들이 있어 부딪히지 않도록 함께 손을 잡고 '장난감 집 찾아주기'놀이를 하며 영역을 둘러 봄. * 친구들도 기저귀가 있어요 - 기저귀 갈이를 하기 전에 자신의 기저귀를 보면서 또래들의 기저귀를 함께 보도록 함. 기저귀를 보는 것 에 익숙한 영아들은 교사가 기저귀를 갈기 위해 또래들의 이름을 부를 때 마다 그 영아의 사진과 이름이 붙은 개별 장을 가리키기도 함. * 영아용 변기에서 소변보기 - 월령이 높은 영아들 중 팬티형 기저귀를 입는 영아들 은 영아용 변기에 앉아서 소변을 보도록 시도해 봄	교사는 영아용 변기에 앉는 것을 거부하는 영아에 대해 수용하며 다른 영아가 변기에 앉아 있는 것을 바라볼 수 있도록 함. 교사는 변기에 앉기를 시도하는 영아에게 미소 짓기와 긍정적인 언어로 격려해주면서 변기에 앉는 두려움이 감소되도록 지원함.
10:35~11:30 실외놀이	* 실외놀이·모래로 놀아요 - 체를 준비하여 교사가 모래를 체로 걸어줄 때 떨어지는 모래를 만져 보기, 걸러진 부드러운 모래 만져 보기 - 모래를 다른 친구에서 뿌리지 않도록 안전에 만전을 기함	교사는 모래를 체로 치며 영아가 관심을 갖도록 유도 함. 모래를 만지기 거부하는 영아에게는 충분히 또래영아들의 놀이를 지켜보면서 작은 통에 담긴 모래를 제시하여 만져보도록 권유함.
11:30~11:45 정리 및 손씻기	* 정리, 손씻기 및 이동	모래를 털고 닦는 데 시간이 오래 걸림.
11:45~12:15 점심	* 점심 (잡곡밥, 콩나물국, 닭양념찜, 깻잎나물, 김치) 영아들이 먹고 싶어하는 반찬을 먼저 먹고 나물은 먹 지 않으려 하자 교사가 양을 줄여줌	나물을 먹고 싶어 하지 않는 영아들이 많아서 처음에 있던 양보다 덜어준 후 조금씩 나누어 제공함
12:15~13:00 이닦기 및	* 이닦기 및 기저귀 갈이 시 보조교사로 참여하여 도움 - 자신의 차례에 교사의 도움을 받아 양치질을 할 수 있도	영아가 이닦기, 세수하고 로션 바르기를 할 때 도움을 주

기저귀 갈기	록 보조교사로 참여하여 도움 - 세수하고 로션 바르기 - 잠옷이나 편안한 곳으로 갈아입고 제한된 영역에서 블록과 책을 통하여 조용한 놀이 즐기기	었으나 혼자 해보겠다고 하는 영아들이 있어 영아 스스로 로션을 바를 수 있도록 손에 로션을 주었고 교사가 도와줌.
12:15~15:00 낮잠준비 및 낮잠	* 내 이불, 내 베개를 찾아요 - 영아가 옷을 갈아입는 것까지 낮잠준비를 모두 마치 면 이불을 깔아 주면서 영아 개별의 이름을 불러 줌 - '00 베개는 어디에 있나요?' '이불은 어디에 있을까'하 고 자신의 이불과 베개를 찾아 볼 수 있도록 함	대부분의 영아들이 자신의 베개와 이불을 찾을 수 있었음.
15:00~15:30 낮잠 깨기 및 정리정돈/ 기저귀 갈기	- 낮잠에서 깨면 교사가 개별로 다리를 주물러 주거나 기지개를 켜도록 도움 - 기저귀를 확인하고 갈아 줌 - 교사가 정리 시 자신의 베개를 가져올 수 있는 영아에 게 '○○ 베개는 어디에 있나요?' '선생님께 가져 올까 요?'라고 물어봄. 가져 온 영아에게는 '도와줘서 고마 워요'라고 말함 - 옷을 갈아입도록 도와줌	
15:30~16:00 오후간식	* 손씻기 및 오후간식 (단호박범벅)	호박을 먹는 것에 대해 거부감 없이 잘 먹었고 더 달라고 손짓과 말소리로 의사를 표현함.
16:00~17:30 오후 실내외 자유놀이	* 오후 실내자유놀이 • 신체영역: 둥근 고리 끼우기 놀이해요 • 언어영역: 울퉁불퉁 종이에 끼적여요 • 감각·탐색영역: 누구의 기저귀일까요? • 역할·쌓기영역: 밀가루 반죽에 빨대를 꽂아요 * 오후 실외자유놀이 - 유희실에서 놀이를 함	교사가 오전에 끼적거리기 했던 종이를 바닥에 붙이고 그 위에 투명 비닐을 덮어 게시 하자 영아들이 함께 작품을 공유하며 자신들이 한 활동에 대한 만족감을 나타냄.
18:00~19:30 귀가 및 가정 과의 연계	영아는 통합 보육실에 가서 놀이를 하다 부모님이 오시면 통합 보육 선생님께 인사를 하고 귀가	
실습생 평가	- 실외놀이에서 정리 후 실내로 이동할 때 단순히 정리하는 것이 아니라 놀이로 연결 하여 활동을 진행함으로 영아들이 정리와 자신의 신변을 처리하는 것을 즐겁게 참여 하였다. 일상적인 하루일과를 진행하면서도 영아의 개별적 발달을 고려하여 관심과 흥미에 적절히 반응하여 기본생활습관지도로 연결하는 것을 배울 수 있었다. - 한 영역에 오래 머물지 못하는 영아의 특성을 고려하여 영역간 연계할 수 있는 활동 이 진행됨으로 안정적인 교실 운영을 경험하였다.	
지도교사 조언 및 평가	영아에게 하루 일과의 흐름을 활동중심으로 나누어 진행하는 것보다 개별적인 흥미나 발달수준을 고려하여 개별적인 활동으로 진행하는 것이 적절합니다. 따라서 놀이 후 정리도 개별적인 놀이가 끝난 후에 자연스럽게 이루어져야 하며, 영역간의 구분을 나누어 놀이하기보다 자연스럽게 흥미를 나타내면 놀이의 흐름을 지속하도록 영역 간에 연계 가 이루어지도록 계획하는 것이 중요합니다.	

〈표 2-11〉 보육실습일지 작성예시 (유아반)

<table>
<tr><td colspan="2" rowspan="2">보육실습일지</td><td rowspan="2">결재</td><td>실습생</td><td>지도 교사</td><td>원장</td></tr>
<tr><td>㊞</td><td>㊞</td><td>㊞</td></tr>
<tr><td>반 명</td><td>만 5 세 ○○반</td><td>일 시</td><td colspan="3">2013년 ○월 ○일○요일</td></tr>
<tr><td>날 씨</td><td>흐린 후 맑음</td><td>결석 영유아</td><td colspan="3">서OO(감기), 정OO(감기)</td></tr>
<tr><td>주 제</td><td>나와 가족</td><td>소주제</td><td colspan="3">나의 몸</td></tr>
<tr><td>시간 및 일과</td><td colspan="2">활동계획 및 실행</td><td colspan="3">평가 및 유의점</td></tr>
<tr><td>7:30~8:50 등원 및 맞이하기</td><td colspan="2">* 등원 및 맞이하기:
반갑게 맞이하며 유아의 건강 점검하기 가방 및 소지품을 스스로 정리 할 수 있도록 하며, 조 용한 놀이를 할 수 있도록 함.</td><td colspan="3">자신의 소지품을 스스로 정리하도록 교사가 개별적으로 부드럽게 말함.</td></tr>
<tr><td>8:50~9:10 놀이계획 하기</td><td colspan="2">* 언어영역: 놀이계획하기 개별적으로 유아가 오늘의 놀이를 계획함. 놀이하고 싶은 영역에 동그라미를 치거나, 숫자로 순서를 정하 고 놀이 후 평가할 수 있도록 안내함.</td><td colspan="3">놀이를 계획성 있게 실천할 수 있도록 교사가 개별적으로 상호 작용하며 지도함.</td></tr>
<tr><td>9:10~9:30 오전간식</td><td colspan="2">* 오전간식:
놀잇감 정리 후, 손을 씻고 간식을 들고 자리로 이동 함. 바르게 앉아 간식을 먹고 다 먹은 뒤, 그릇을 정리함.</td><td colspan="3"></td></tr>
<tr><td rowspan="4">9:30 ~11:00 오전 실내자유 선택활동</td><td colspan="2">* 쌓기영역: 단위블록으로 몸 구성하기 전지에 누워 그림을 그린 뒤, 그 그림에 뼈대를 그려 봄. 뼈대, 겉모습을 카프라와 끼우기 블록을 놓아 몸 을 구성함.</td><td colspan="3">전지에 누워 그린 겉모습에 뼈대를 그리는 작업 전 벽면에 게시 된 인체 골격을 살펴 볼 수 있도록 유도하였으나, 교사의 도움이 많은 부분 필요하였음.</td></tr>
<tr><td colspan="2">* 미술영역: 〈꾸미기〉손, 발 페인팅 손과 발바닥 찍기 활동을 진행함. 또한, 손등과 발등 에 작은 붓을 이용하여 꾸미기를 하여 봄.</td><td colspan="3">페이스페인팅물감보다 수채물감 을 이용하자 물에 손쉽게 씻겨 졌음. 여아들의 참여도가 높았음.</td></tr>
<tr><td colspan="2">* 언어영역: 〈읽기/쓰기〉동시 ‘내동생’ 교사가 들려주는 동시 ‘내동생’을 듣고 스스로 읽으며 동시를 순서에 맞도록 구성함. 또한, “싫어, 싫어” 반복 어구를 대신하는 용어를 쓰며 동시를 재구성하여 봄.</td><td colspan="3">반복어구가 있는 간단한 동시여 서 유아들이 쉽게 읽고 교사와 나누어 읽기가 가능하였음. 또 한, 동시의 반복어구를 대신하는 다른 용어를 사용하여 동시를 재구성하여 봄.</td></tr>
<tr><td colspan="2">* 수·과학영역: 〈분류〉우리 몸에 필요한 영양소 영양 탑과 음식카드를 이용하여 영양분에 따라 음식카드를 분류하여 봄.</td><td colspan="3">뒷 배지의 색을 영양소와 음식카드에 따라 다르게 하여 유아들이 영양소를 모르더라</td></tr>
</table>

		도 찾아볼 수 있도록 하였음.
	* 수·과학영역: 컴퓨터로 내 이름 큰 글자로 출력하기 컴퓨터를 이용하여 자신의 이름을 적고 프린트로 출력하여 봄.	잘 쓰지 못하는 유아의 경우 자 모음 순서를 교사가 손가락으로 짚으며 알려 주고 이를 먼저 컴퓨터 자판에서 찾아서 치도록 도움을 줌.
11:00 ~11:30 대소집단 활동	* 대집단 활동: 주말 지낸 이야기/ 〈동시〉내 동생 동시자료를 이용하여 동시를 음률을 살려 들려줌. 동 시를 듣고 한 소절씩 유아들이 읽도록 참여하고 동시 말을 바꿔보는 활동을 함.	주말 지낸 이야기를 할 때 긴장 하여 평소보다 목소리가 작거나 올바른 자세를 취하지 못하는 유아들이 있었음. 대부분의 유아들 이 친구의 이야기를 경청하는 모습을 보였음. 주말에 가족과 함께 있던 경험과 연계된 동시 내용에 흥미를 보이며 적극적으로 참여함.
11:30 ~12:30 실외 자유선택 활동	* 실외자유선택활동: 몸으로 재어보기 실외놀이터에서 접하는 물체(나무, 물놀이대, 미끄럼 틀 등)를 손뼘, 양팔 등 신체 부위를 이용하여 측정하여봄.	유아들은 교사와 함께 나무를 안 아 둘레를 재어보며 적극적으로 활동에 참여함. 한 아름이 넘는 나무가 없어 나무의 둘레를 넓게 재어보기에는 아쉬웠음.
12:30 ~13:30 점심 및 양치	* 점심 및 양치 식사도우미의 배식에 자신의 음식량을 조절하여 식사를 받아 자리에 바르게 앉아 반찬과 밥을 골고루 먹 음. 식사 후 교실로 이동하여 이를 닦고 조용한 놀이를 함.	유아들이 식사도우미의 역할에 적극적으로 참여하며, 기다렸고 자신의 순서를 잘 지킴. 음식의 종류를 살피고 양 조절을 어려워하여 교사의 도움이 필요하였음.
13:30 ~15:00 조용한 놀이 및 휴식	* 그림책 보면서 휴식하기 '그만 내 몸은 소중해/이슬이의 첫 심부름'등 준비된 도서를 읽으며 조용히 휴식을 준비함. 또한, 자리에 누워 잠을 자거나 휴식을 취함.	휴식을 원하지 않는 유아는 조용 한 놀이에서 활동할 수 있도록 함.
15:00 ~15:30 오후간식	* 오후간식: 궁중떡복이 놀잇감 정리 후, 손을 씻고 간식을 들고 자리로 이동 함. 바르게 앉아 간식을 먹고 다 먹은 뒤, 그릇을 정리함.	
15:30 ~17:30 오후자유 선택 활동 또는 실외활동	* 오전자유선택활동이 계속 진행됨. * 블록으로 구성한 몸 사진 찍어 전시하기 전지에 누워 그림을 그린 뒤, 그 그림에 뼈대를 그려 봄. 뼈대, 겉모습을 카프라와 끼우기 블록을 놓아 몸 을 구성함. 구성된 몸을 사진으로 찍어 전시함.	교사가 블록으로 구성한 몸 사진 을 찍어 전시하자 활동에 관심을 나타내는 유아들이 많았고 참여 가 늘어나는 것을 볼 수 있었음

17:30 ~18:00 세안 및 몸단장 옷 단정히 입기	* 세안 및 옷 단정히 입기 / 귀가 자신의 몸을 스스로 단장할 수 있도록 격려 후 자신 의 물건을 혼자 챙길 수 있도록 하면서 서랍 정리도 함께 이루어 질 수 있도록 함.	
18:00 ~19:30 통합보육 및 개별귀가 지도	* 통합보육 및 개별 귀가 지도 통합 보육 실에 가서 놀이를 하다 부모님이 오시면 통 합 보육 선생님께 인사를 하고 하원 함.	
실습생 평가	- 매일 이루어지는 자유선택활동이지만 막상 놀이계획을 진행하려고 보니 어색해하는 유 아가 많아 교사가 개별적으로 상호작용함으로 유아의 능동적인 활동을 유도하는 것을 볼 수 있었다. - 언어활동이 각 영역에서 통합적으로 이루어지면서 자신의 이름을 이용하여 쓰기에 관심을 갖도록 하였다. 자신의 이름으로 쓰기에 참여하면서 이름이 완성되고, 동시 '내 동 생'과 연계하여 가족의 이름을 묻고 쓰면서 언어활동이 활발히 이루어졌다. 통합적인 언어활동의 실제를 선택활동에서 경험하는 좋은 시간이 되었다.	
지도교사 조언 및 평가	- 만 5세반이 되어 언어적 활동에 많은 관심을 보이면 교사도 유아의 관심과 흥미에 민감하게 반응해 주어야 합니다. 그렇다고 전통적인 학습의 방법으로 교사 주도적으로 이끌며 진행하기보다는 선택활동으로 유아의 개별적 특성을 고려하여 접근하는 것이 보다 유아의 동기를 유지시키면서 지속적으로 참여하도록 하는 방법이 됩니다. 왜냐하면 유아마다 언어적 흥미나 내용에 대한 사전 경험이 다를 수 있고, 듣기, 말하기, 읽기, 쓰기 등의 영역에 대한 발달수준도 모두 다를 수 있기 때문이지요. - 만 5세반 유아는 하루일과를 진행할 때 스스로 놀이나 활동을 선택하고 계획하여 실행하는 과정을 통해 자아존중감이 형성되고 독립심이 길러지므로 선택활동들 이 체계적으로 계획되어 질 필요가 있습니다. 이렇게 스스로 선택한 활동이나 놀이에 대해서는 유아가 더 주의집중을 하여 지속하려고 하고, 문제가 생겼을 때 스스로 해 결하고자 하는 노력도 더 보이게 됩니다. 교사 주도적 활동과 유아 주도의 활동에 참여 할 때 중 어느 활동에 유아가 더 주의집중하며 의미 있게 학습을 하는지 잘 관찰해 보세요.	

〈표 2-12〉 보육실습생의 자기평가표

보육실습생의 자기평가표

보육실습생 성명:

번호	평 가 항 목	못함 1	2	3	4	잘함 5
1	보육목표를 달성할 수 있는 보육내용을 영유아의 흥미, 수준에 근거하여 적합하게 선정하였는가?					
2	영유아의 흥미와 능력, 사전경험을 잘 관찰하여 영유아 지도계획에 활용하였는가?					
3	보육활동계획안이 적절하게 계획되고 성실하게 준비되어 실행에 무리가 없었는가?					
4	보육활동계획에 따라 자료를 충실히 준비 하였는가?					
5	영유아의 행동을 민감하게 파악하며 상호작용에 최선을 다했는가?					
6	다양한 흥미영역에 고루 참여하여 영유아의 놀이가 지속되고, 확장되도록 놀이를 촉진하였는가?					
7	영유아의 기본생활습관이 형성되도록 동기 유발하였는가?					
8	대소집단 활동 시 보육교사로서 다양한 교수법을 활용하여 효과적으로 활동을 이끌었는가?					
9	영유아의 부정적 정서나 갈등적 상황을 잘 파악하여 긍정적으로 수용하고 적절하게 해결되도록 지도하였는가?					
10	영유아의 개별적 특성, 개인차를 고려하여 지도하였는가?					
11	영유아를 존중하는 언어를 사용하고, 영유아가 잘 알아들을 수 있도록 어휘, 발음, 음성의 고저, 빠르기 등에 노력을 기울였는가?					
12	보육실습일지의 내용과 평가 등을 성실히 기록하였는가?					
13	영유아의 안전, 위생, 건강에 각별히 신경을 썼는가?					
14	영유아의 낮잠, 간식, 점심, 배변활동, 이닦기, 손 닦기, 옷 입기 등 일상생활이 영유아 스스로 즐겁게 할 수 있도록 지도하였는가?					
15	보육실의 통풍, 채광, 정리정돈 등 청결한 환경을 위해 노력하였는가?					
16	보육실습기관의 지도 방침에 적극 협력하였는가?					
17	보육실습 지도교사와의 관계를 원만히 유지하며 성실히 임했는가?					
18	보육실습 동료들과 잘 협력하였는가?					
19	영유아의 수준과 흥미에 적합한 활동을 계획하고 다양한 행동을 적절히 지도하고자 관련 문헌이나 전문 서적을 찾아보고자 노력하였는가?					
20	실습기간을 통해 보육교사로서의 전문성이 스스로 향상되었다고 여겨지는가?					
합 계						

〈표 2-13〉 보육실습확인서

보 육 실 습 확 인 서

1. 실습 이수자 기본사항

이 름	주민등록번호	양성교육기관명

2. 실습기관

실습기관명		실습기관 보육정원	
기관종류		최초인가일	
주소			
연락처			

3. 실습 지도교사

이 름	자격 종류	자격번호

4. 실습 기간

실습기간	년 월 일 ~ 년 월 일(주간)
실습시간	총 시간(매주 요일 ~ 요일까지, 오전 시 ~ 오후 시)

위 사람은 영유아보육법시행규칙 제12조제1항에 의한 보육실습을 충실히 이수하였음을 확인합니다.

년 월 일

어린이집 원장 (서명 또는 인)

학과장 (서명 또는 인)

※ 첨부서류
1. 실습기관 시설인 가증 사본 1부 2. 보육실습 지도교사 자격증 사본 1부

〈표 2-14〉 보육실습평가서

보 육 실 습 평 가 서

성　　　명:
주민등록번호:
보육실습기관명:
보육실습기간:20　년　월　일 ~　20　년　월　일

평가영역(배점)	평가항목		배점	점수
근무태도와 자질 (20점)	근무사항	출석, 결석, 지각, 조퇴 등	5	
	태도	성실성, 근면성, 친절, 적극성, 복장 및 용모, 예절	5	
	자질	영유아 존중, 책임감, 인성, 열의	5	
	관계형성	실습지도교사와의 관계 동료실습생과의 관계	5	
보육활동 계획과 실행 (30점)	보육활동 계획	영역별, 반일(일일)보육활동 계획의 적합성과 충실한 준비	15	
	보육활동 실행	영역별, 반일(일일)보육활동의 효과적이고 적절한 실행 정도	15	
예비보육 교사로서 역할수행(30점)	영유아 행동 및 놀이 관찰, 보육환경 관찰		5	
	보육일과 진행 보조와 일상생활지도		10	
	영유아 상호작용과 놀이 참여		15	
보육실습일지 작성 (10점)	구체적이고 충실한 보육실습일지 작성과 일일자기평가 및 지도교사 평가 반영		10	
총평 (10점)	실습기간동안 예비보육교사로서 향상 정도		10	
총 점			100	

20　　년　　월　　일

보육실습 지도교사:　　　　(인)
어린이집 원　　장:　　　　(인)

제3장
보육기관 근무하기

1. 영유아와의 상호작용
2. 학부모와의 상호작용
3. 교직원과의 상호작용
4. 어린이집 원장과의 상호작용

상호작용이란 서로의 감정과 의사가 오고 가며 서로 간에 영향을 미친다는 의미이다. 보육기관에서는 교사와 영유아, 학부모, 동료교사, 어린이집 원장과의 상호작용이 필요하다. 그래서 교사로서의 상호작용이란 지속적인 방법과 기술이 필요하며 끊임없이 학습해야 될 부분이다.

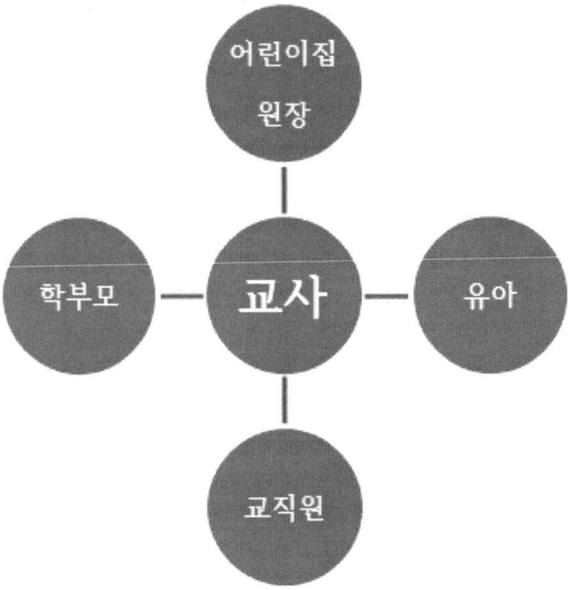

〈표 5-1〉 교사의 상호작용

위의 표와 같이 보육기관 중심에 있는 교사에게 상호작용은 매우 중요한 요소이다. 그러므로 교사는 편견이나 차별이 없고 동등함을 전제로 하는 개방적인 상호작용이 되도록 노력해야 한다.

이 장에서는 교사와 영유아의 상호작용, 교사와 학부모의 상호작용, 교사와 동료교사의 상호작용, 교사와 시설장의 상호작용을 다루어 보기로 한다.

1. 영유아와의 상호작용

교사는 항상 유아에게 따뜻하고 안정된 감정을 지원해 주어야 한다.

유아가 '우리 선생님은 나의 마음을 잘 알아' 라고 이해 할 수 있는 상호작용이 되도록 노력해야 하며 이런 요소들을 이화여자대학의 BK21핵심 사업팀(2001)에서 개발한 「유아교육기관 인정기준」 설명서의 상호작용을 통해 알아본다.

1) 유아를 존중하는 상호작용

교사는 유아들이 서로 다른 환경에서 자라온 독특한 존재임을 인식하고 각각의 유아들을 존중하는 태도로 대한다. 존중하는 상호작용 방법으로는 유아와 눈높이를 맞추어 이야기를 나누고, 유아의 생각과 느낌을 수용하고 존중하는 태도로 상호작용하며, 유아의 개별적 요구에 관심을 보이고 유아 개개인의 평등한 식습관 발달의 기회를 제공해야 한다.

학급에서 발생하는 문제를 해결하거나 유아들의 바람직하지 못한 행동들을 지도하기 위해 민주적인 방법으로 상호작용한다. 민주적인 상호작용 방법은 유아들과 토의를 통해 문제를 해결하고, 민주적인 지도방법을 사용하여 유아와 긍정적으로 상호작용하며 민주적인 지도방법을 일관성 있게 실행한다. 유아들은 교사에게서 존중받고 있음을 느낄 때 타인과의 적절한 상호작용 방법과 자기조절 방법을 배운다.

2) 따뜻하고 반응적인 상호작용

교사는 유아가 기관에서 안락하고 편안하게 생활할 수 있도록 유아의 정서적인 표현과 요구에 따뜻하고 반응적으로 상호작용한다. 이러한 상호작용 방법으로는 유아가 활동에 적극 참여하도록 유아를 인정하고 격려하고, 유아에게 친밀하고 애정 어린 태도로 말하고 행동하며 긍정적이고 즐거운 학급분위기를 조성할 수 있도록 한다. 이러한 상호작용을 통하여 유아는 즐겁게 활동에 임할 수 있으며 교사와 유아간의 상호작용을 보다 촉진해준다.

3) 발달을 지원하는 상호작용

교사는 유아와의 상호작용을 통해 유아가 다음 단계로 발달할 수 있도록 돕는다. 이러한 상호작용 방법은 유아의 정서표현이나 요구 등에 반응적으로 상호작용이 필요하며 유아의 자율성을 길러주고 친사회적 행동을 배양하며 유아의 호기심과 사고를 북돋아

주어 문제해결의 기회를 제공하며 유아의 언어적 표현을 명료화시켜주며 유아에게 반영적 사고를 하도록 이끌어준다.

이를 위해 교사는 유아의 발달수준과 흥미, 관심사 등을 파악하고 적절한 교수기회를 포착하여 지도함으로써 유아의 발달을 지원해준다.

4) 영유아와의 상호작용 실제

상호작용영역 지표는 일상양육에서의 개별화, 교사의 수용적이고 반응적인 태도, 긍정적인 방법을 사용한 행동지도 등에 대한 부분으로 교사의 상호작용이 얼마나 바람직하게 이루어졌는지를 평가하게 된다.

본 장에서는 교사와 영유아 간의 상호작용의 실제부분을 보건복지부에서 실시하고 있는 어린이집 평가인증 상호작용영역의 지표를 토대로 살펴본다.

- 보육교사가 영유아의 바람직한 식습관과 자율성을 격려하고, 즐거운 분위기에서 대화를 나눈다. 바람직한 식습관은 오랜 시간에 걸쳐서 형성되므로 교사는 즐겁고 긍정적인 방법으로 영유아의 식습관과 자율성을 기르도록 한다. 교사는 식사하는 동안 영유아의 말과 행동에 관심을 보이고 주의 깊게 들으며, 밝은 표정으로 적절하게 반응하여야 하며 음식을 대하는 자세와 식사하는 자세, 먹은 자리를 정리하는 모습 등을 통해 바른 식사 예절과 편식하지 않는 태도를 영유아에게 보여준다.
- 낮잠시간을 마련하여 잠들 수 있는 분위기를 만들어 주고 영유아의 개별적인 낮잠습관을 수용한다. 영유아는 발달 특성상 낮잠을 자거나 편안히 쉬면서 새롭게 에너지를 충전하는 휴식의 시간이 반드시 필요하다. 영유아 낮잠의 유무, 낮잠 시간과 횟수는 연령에 따라 달라질 뿐 아니라 개인차가 크기 때문에 영유아의 개별적 요구를 반영하는 것이 바람직하다.
- 보육교사는 기저귀 갈기, 화장실 사용 시 영유아가 긍정적인 경험을 갖도록 개별적 상호작용을 한다. 기저귀 갈기 시간이나 화장실 가기와 같은 배변 경험은 중요한 일과 중 하나이며 사적이고 개별적으로 이루어지는 활동이므로 교사는 영유아의 연령과 준비정도에 다라 융통성 있고, 개별적으로 지도하는 것이 필요하며, 화장실을 사용할 때 청결 습관 뿐 아니라 스스로 할 수 있다는 자신감을 키워주도록 한다.
- 보육교사는 영유아를 존중하고 평등하게 대한다. 존중받았다고 느끼게 되면 심리적 안정감을 느끼고, 자존감을 키울 수 있다. 교사는 영유아가 스스로 가치 있다고

느끼고 독립된 개체로 존중 받는다고 느낄 수 있도록 말과 행동으로 이를 표현해야 하며 성별, 발달적 지체유무, 사회경제적 배경, 종교, 문화, 등에 관계없이 평등하게 대한다.

- 보육교사는 영유아의 요구와 질문을 잘 알아차리고 적절하게 반응한다. 영유아는 환경의 변화에 민감하고 개별적인 배려가 많이 필요하며, 호기심이 왕성하여 질문과 요구가 많다. 이러한 개별 요구와 질문에 대한 반응은 그들로 하여금 환경에 대한 통제력을 느끼게 하며, 더 넓은 세상을 탐색할 수 있는 능력의 기초를 이룰 수 있다. 그러므로 영유아가 자유롭게 자신의 요구를 표현하고 질문 할 수 있도록 허용하는 분위기를 만들어주고 반응해야 한다.
- 보육교사는 영유아의 행동지도에 긍정적인 방법을 사용한다. 영유아의 행동에 대해 긍정적인 방법을 사용하여 지도하는 것은 보육 교사와 영유아 간의 신뢰감을 높이고, 영유아의 자존감을 키우는데 필수적이며, 더 효과적으로 바람직한 행동을 습득하기 위한 효과적인 방법이다.
- 보육교사는 나누기, 협동하기, 도와주기, 사이좋게 지내기, 배려하기 등 또래 간 긍정적 상호작용을 자주 격려한다. 영유아가 또래끼리의 긍정적 상호작용을 통하여 친사회적 행동을 습득하는 것은 발달적으로 적합한 과제이다. 이를 위해 교사는 또래에게 관심 갖고 친구 관계를 맺을 수 있도록 도와주며, 긍정적 정서 표현하기를 격려해 주어야 한다.
  또래 간의 감정을 알 수 있도록 언어로 표현하는 기회를 자주 제공하고 이를 격려함으로써 또래간의 상호작용이 활발히 이루어지도록 한다.
- 보육교사는 영유아의 놀이 상대로 참여하고, 놀이를 활성화시킨다. 영유아의 자유놀이는 매우 영향력이 강한 학습과정으로 보아야 하기 때문에 보육교사는 이들이 자유놀이를 주의 깊게 관찰하고 적극적으로 참여한다. 교사는 영유아의 자유놀이가 단순히 반복되어 흥미를 잃게 되는 시점이나 다른 놀잇감이 필요할 때, 놀이 친구가 필요할 때, 놀이 아이디어와 놀잇감을 제안할 때 등 적절하게 개입할 수 있다.
- 영유아 간의 다툼이나 문제 발생 시, 보육교사는 영유아가 원인을 서로 이해하고 스스로 해결하도록 지도한다. 영유아끼리 다투거나 문제가 생길 때, 보육교사는 적절하게 개입하여 문제 해결을 도와주어야 한다. 이때 보육교사는 영유아 사이의 문제를 대신 해결해주기 보다는 영유아가 자율적으로 해결할 수 있도록 기회를

제공하여 이러한 상황을 학습의 기회로 삼아 사회적 기술을 익힐 수 있도록 도와주어야한다.

- 보육교사는 영유아의 사전 경험이나, 지식에 기초하여 새로운 활동과 경험이 의미있게 연결되도록 교수법을 효과적으로 사용한다. 영유아들의 발달과 흥미에 적합한 활동을 경험할 수 있도록 하기 위해서 보육 교사가 사용하는 교수법은 매우 중요하다. 교사가 교수법을 효과적으로 사용하기 위해서는 먼저 영유아의 발달과 관련된 지식이나, 보육현장에서 축적된 경험, 아동관, 보육 신념 등이 누적되어 있어야 한다.

  더불어 영유아의 현재 발달 수준, 흥미, 사전경험의 정도, 새로운 상황에 접근할 때의 반응 방식 등을 잘 알고 있어야 한다.

- 보육교사는 영유아가 활동이나 놀이에 자발적으로 참여하고, 호기심을 높이도록 자주 격려한다. 영유아가 자신이 진행하는 활동이나 놀이를 스스로 탐색하며, 자발적으로 탐구하고자 몰입하고 시도하는 과정은 영유아에게 학습과 놀이에 대한 즐거움과 효과를 증가시킬 수 있다.

  교사는 영유아가 활동이나 놀이에 지속적으로 참여하고 싶은 동기를 계속 유발하며 자발적인 참여에 대한 즐거움을 유지하도록 격려 한다.

5) 영유아 권리 사례

- 인사를 하지 않고 등원하는 유아가 있을 때

  "인사도 안하니?" → 교사가 먼저 인사하고 따뜻하게 맞이하며(충분한 스킨쉽) 인사의 중요성에 대해서 이야기를 나눈다.

- 유아가 새로운 색연필이나 색종이 등을 자랑하고 싶어 보여줄 때

  "어린이집에 있는데 왜 가져왔니?" → 유아의 마음을 이해해주며 새로운 것에 관심을 갖고 함께 이야기를 나누어 공감대를 형성해준다.

- 가방, 옷, 수첩 등 정리시간이 오래 걸리는 유아가 있을 때

  "다른 친구들 정리할 때 뭐했니?" → 정리를 하고 다른 활동을 할 것을 제안하고, 도움이 필요할 경우 도움을 준다.

- 유아가 도움을 요청할 때

  "형님인데.. 혼자 해야지." → 유아의 요구에 적극적으로 반응해주고 수용해준다.

- 다른 활동은 하지 않고 한 가지 활동만을 지속적으로 하는 유아가 있을 때
  "너만 그 놀이하면 다른 애는 어떡하니?" → 유아의 관심활동을 인정 해주고, 일상생활에서 자연스럽게 다른 영역의 활동에도 관심을 가질 수 있도록 한다.
- 활동을 수행하는 것을 어려워하는 유아가 있을 때
  "다른 친구들은 혼자서도 잘하는데, 넌 이것도 못해?" → "어떤 부분이 어렵고 잘 안되니? 먼저 해보고 안 되는 부분이 있으면 그 땐 선생님이 도와줄게" 하며 유아가 스스로 해볼 수 있도록 격려와 지지를 해주고 교사가 해주기보다는 하는 방법을 알려준다.
- 교실에서의 소모품을 함부로 쓰는 유아가 있을 때
  "너만 그렇게 많이 쓰면 다른 친구는 뭘 쓰니?" → 아껴 써야 하는 이유와 방법에 대해서 이야기 나누고, 필요한 만큼 쓸 수 있도록 도와준다.
- 활동 후 정리하지 않는 유아가 있을 때
  "정리하지 않는 것을 보니 정리하는 방법을 모르나 봐. 아가반에 가서 다시 배우고 와야겠구나." → 정리해야 하는 이유에 대해서 이야기를 해주고 친구들과 함께 정리할 수 있도록 하거나 정리방법을 모르는 유아의 경우 교사가 함께 도와주어 정리할 수 있도록 한다.
- 장난감을 정리하지 않고 친구들에게 던지고 정리를 방해하는 유아가 있을 때
  "OO아 블록을 던지면 어떡해! 다른 친구들은 정리하고 있잖아 너도 얼른 정리해!". "정리 안하면 다음활동 못한다. 장난감 정리 안하면 다른 반 줘 버릴 거야." → 친구에게 방해가 되고 위험이 되는 일은 제지하고 다시하면 교사와 함께 정리를 하도록 하고, 칭찬을 하여 정리를 할 수 있도록 격려해주어 스스로 친구들을 방해하지 않고 정리할 수 있도록 유도하여 준다.
- 유아가 질문했는데 대답을 해주지 못하는 상황일 때 다음과 같이 상호작용한다.
  → "OO아, 선생님이 지금 OO이의 이야기가 너무 궁금하고 들어주고 싶은데, 지금은 선생님이 다른 친구들도 맞이해야 하는데 조금 뒤에 들려줄 수 있겠니?" 하고 기다릴 수 있도록 한다. 하지만 되도록 유아들의 이야기를 관심 있게 듣고 수용하여 주고 상호작용해준다.
- 대집단활동시간에 우스꽝스러운 말을 하면서 장난을 치며 분위기를 흐려 놓는 유아가 있을 때

"너 때문에 방해되니까 쓸데없는 소리할 거면 밖에 나가, 수업 하지마", "야, 너 조용히 해, 떠들지 마세요.", "집중!, 합죽이가 됩시다. 합!"

→ "OO이는 OO가 재미있나보구나. 그런데 지금OO이가 이 이야기를 하니까 친구들에게 조금 방해가 되는 것 같아. 그 이야기는 조금 있다가 이야기해주면 어떨까?"하며 유아가 이야기기하는 것에 대해 적절히 반응해주며 상황에 대해 이해시켜 준다.

또한, "너, 야"라는 말을 사용하지 않고 유아의 인권을 존중하며 이름을 부른다. 유아들에게 지시적으로 이야기하지 않고, 유아들이 흥미를 갖고 참여할 수 있도록 흥미유발을 시켜준다.

- 이야기나누기 시간에 선생님 목소리 보다 크게 떠드는 유아가 있어 수업에 방해를 받을 때

  "친구들 방해하면 같이 놀 수 없어" → 유아들이 하고 싶은 이야기가 있는지 물어보고 수업을 진행한 후에 p이야기하는 시간을 갖자고 이야기한다.

- 점심이나 간식을 먹지 않고 떠들거나 장난만 치는 유아가 있을 때

  "넌 애기야? 법울 혼자 못 먹니?", "밥 입에 넣어, 얼른 삼켜", "밥 다 먹을 때까지 이야기 하지 마." → 유아가 편안하고 즐거운 분위기에서 먹을 수 있는 분위기를 조성해주고 친구들과 음식에 대해 간단한 대화를 나누며 음식을 스스로 먹어 볼 수 있도록 배려한다. 단, 음식물이 입 안에 남아있는 경우 음식물을 삼킨 후 이야기할 수 있도록 식사 시간의 예절에 대해서 함께 이야기를 나눈다.

- 식사 후 주변에 떨어진 음식물을 정리하여야 할 때

  "네가 먹었던 건데 네가 정리해야지" → 식사 후 정리해야 하는 이유에 대해서 이야기를 해주고 어려워하는 유아들에게는 교사가 시범을 보이며 함께 정리할 수 있도록 한다.

- 음식을 너무 늦게 먹는 유아가 있을 때

  "오늘도 또 제일 늦게 먹을 거니?" → 교사가 친구들과 속도를 맞추어 먹을 수 있도록 언어적 촉진을 하며 유도하여 준다.

- 볼 일을 보고 뒤처리를 잘하지 못하는 유아를 도와주어야 할 때

  "네가 알아서 해"라고 얘기하거나"아우 냄새, 왜 이렇게 화장실을 자주 가니." → 유아의 자유로운 배변을 인정하고 이해해주며 유아의 자존심이 상하지 않게 조심

스럽게 도움을 주어 유아가 스스로 뒤처리를 할 수 있도록 도와주며 방법을 알려준다.

- 화장실을 자주 가는 유아가 화장실에서 친구와 싸우고 있을 때
  "또, 가니? 아까 다녀오지 않았니?" → 유아의 배변시간을 체크해보고 편안하게 자유로이 다녀올 수 있도록 한다.
- 화장실에 간 유아가 화장실에서 친구와 싸우고 있을 때
  "화장실에서 친구랑 싸우고 있니?" → 교사가 번갈아 화장실을 이용할 수 있도록 지도하여 주며 화장실을 바르게 사용하는 방법을 함께 이야기하고 정하여 지킬 수 도 있도록 유도한다.
- 양변기 사용하는 친구 몰래 들여다보는 친구가 있을 때
  "OO는 왜 화장실을 몰래 보니? 왜 친구를 몰래 봐?" → 우리의 몸은 소중하고 엄마 아빠가 될 몸이라는 것을 반복하여 이야기하여주고 친구들이 부끄럽고 싫어할 수 있다는 것을 설명하여 준다. 또한 내가 그 친구라면 어떠한 기분일지 생각하며 이야기 나누도록 한다.
- 사진 찍을 때
  "웃어요. 여기 봐, 가만있어" → 자연스러운 모습을 찍도록 하며 "멋진 포즈, 웃는 얼굴" 등의 말로 유도하여 사진을 찍는다.
- 교사의 설명을 듣지 않고 다른 곳에 관심을 두는 유아가 있을 때
  "OO는 저기 무서운 아저씨와 함께 있어", "OO는 여기 있어, 우리 먼저 갈게" → 사람들이 많이 모인 곳에서는 규칙을 잘 지켜야 함을 이야기해주고 실내견학자에서의 약속을 정한 후 함께 이야기 나누기를 한 뒤 교사의 이야기에 집중할 수 있도록 긍정적인 상호작용을 이끌어 내어 이야기를 나눈다.

2. 학부모와의 상호작용

보육시설에서는 부모와 다양한 방법으로 적절하게 의사소통하는 것이 바람직하다.

보육시설에서 부모와 의사소통하는 다양한 방법으로는 알림장(일일보고서, 대화수첩), 가정통신문, 게시판, 전화, 전자 우편, 인터넷 홈페이지 등이 있다. 알림장(일일보고서, 대화수첩)을 포함하여 이중 세 가지 이상의 방법을 사용하는 것이 바람직하며 주기적으로

안내하는 내용에는 반드시 보육활동계획안과 급·간식 식단이 포함되어야 한다.

영아의 경우에는 수유, 이유, 배변, 수면 상황과 영아의 전반적 기분과 건강 상태에 대해 매일 의사소통 하여야 하며 유아의 경우에는 보육활동 시 유아의 개별적 반응이나, 문제행동, 이에 대한 교사의 지도방법, 또래와의 상호작용 등을 내용으로 하여 주기적으로 의사소통하는 것이 바람직하다.

보육시설에서는 연 2회 이상 일대일 부모상담, 전화상담 등의 방법을 이용하여 원아 부모와의 개별면담을 실시한다. 영아의 경우 발달적 변화가 빠르고, 개별적 배려가 더 많이 요구되므로 유아보다 자주 부모와 개별면담을 할 수 있으며 특별한 문제가 있는 영유아의 경우 다른 영유아보다 더 자주 부모와 개별면담을 할 수 있다. 개별면담을 할 때는 영유아에 대한 관찰결과를 토대로 영유아의 발달적 변화와 영유아를 위한 지도 방법을 중심으로 부모와 면담한다. 단, 개별면담의 방법 중 전화상담은 영유아발달 상황 및 지도방법의 내용을 포함 한 것에 한하며, 이는 부모가 어린이집을 직접 방문하기 어려운 경우의 대안으로 진행할 수 있다. 전화로 부모와의 일상적인 의사소통을 하는 것은 개별면담에 포함되지 않는다.

보육시설에서는 입소 영유아의 부모가 희망할 경우 자녀의 보육실을 참관할 수 있도록 구체적인 절차와 방법을 마련하여 사전에 부모에게 안내한다. 희망하는 부모는 시설장 및 보육교사와의 협의 하에 보육시간 중 언제라도 보육실 밖의 창문을 통하거나, 보육실의 일방경을 통해서, 혹은 다른 장소에 설치된 CCTV 모니터 등을 통해서 자녀의 보육활동을 참관 할 수 있도록 한다. 보육시설의 시설장이나 보육교사와의 협의 없이 부모가 무분별하게 보육 실을 방문하여 영유아의 활동을 현저히 방해하는 경우에는 시설에서 사전에 안내된 절차와 방법에 따라 추후 다시 방문할 수 있도록 안내하여야 한다. 또한 부모가 자녀의 보육실 관찰이 끝난 후에도 계속 시설장이나 교사와 이야기를 하려고 하는 경우에는 부모가 시간을 약속하고 다시 방문하도록 안내하여 정규 보육과정 운영에 지장이 없도록 해야 한다.

보육시설의 여러 가지 행사나 보육활동에 부모가 참여할 수 있는 구체적인 절차와 방법을 마련하여 사전에 부모에게 안내한다. 보육시설에서는 부모들이 올바른 부모역할을 배우고 관련정보를 구할 수 있도록 부모에게 부모교육을 실시하며 지역사회의 부모교육 프로그램이나 워크숍에 관한 정보(부모교육 프로그램의 내용, 개최일정, 비용 등)를 안내하여 희망하는 부모가 참여할 수 있도록 한다. 공개수업에 부모를 초청하거나, 부모가 자원봉사자, 보조교사, 주제 활동의 주교사 등 다양한 역할을 맡아 보육활동의 일부분을 함께 경험할 수 있다.

3. 교직원과의 상호작용

어린이집 내에서의 원활한 상호작용을 위해 원의 운영방침 및 문화를 잘 파악하고 이에 적합한 업무를 수행을 해야 한다. 어린이집의 경영 방향, 아동관 및 교육관, 프로그램의 유형과 전개방법, 학부모 상담 등을 통하여 자신의 생각과 동등한지 알아보며 업무의 효율성을 높일 수 있는 역할을 구성하도록 한다. 또한, 동료의 장점과 업무 수행 과정을 잘 관찰하여 유의해야 할 사항을 파악하도록 하며 자신이 담당한 업무를 소홀히 하게 되면 다른 동료에게 피해를 주게 되므로 각별히 유의해야 한다.

동료교사와는 일을 협조하는 관계이므로 감독하거나 경쟁하기 위한 적대적 감정을 가지기 보다는 회의를 통해 아이디어와 교수방법을 공유하고 계획을 세워 협의한다. 개별적인 면담시간을 통해 교사 자신의 가치관 및 개인적인 상황에 대한 정보를 공유할 수 있고, 문제 상황이나 업무상의 어려움 등에 대해 의견을 나누고 도움을 받을 수 있다. 동료교사들과 친밀감을 돈독히 하고 각자의 개성을 알기 위해 함께 즐거운 경험을 공유 하여 업무에 관한 문제해결을 위해 교사들 간의 협력을 증진 한다.

동료와 불편한 관계가 발생했다면, 다른 동료교사와 상의하기 전에 스스로 그 문제에 대한 자신의 생각을 정리해 보고 만약 이 과정에서 서로의 오해가 있었다면 사과하고, 오해가 생기지 않을 수 있는 방법에 대해서 의논하며 대화로 풀 수 있는 사소한 문제는 너무 오래 방치 하지 않는다. 교직원간에는 자신에게 도움이 되었던 방법이나 사례를 이야기 하며 정서적 지지자가 될 수 있도록 한다.

4. 어린이집 원장과의 상호작용

원의 전반적 사항을 미리 익히고 모르는 것에 대해 질문하고 준비를 하는 것이 좋으며 교직원 회의 시간에 자유롭게 의견을 이야기 하고 협의에 참여하는 것이 좋다. 또한, 칭찬과 인사로 서로 간에 감사한 마음을 전하고 어린이집을 운영하기 위한 철학과 신념을 이해한다.

제4장
보육과정 관리하기

1. 표준보육과정

1. 표준보육과정

표준보육과정의 교육목표는 어린이집 표준보육과정의 기초, 표준보육과정에서 추구하는 인간상과 목적, 표준보육과정의 구성, 표준보육과정의 편성과 운영이 있다.

표준보육과정의 기본전제로는 영유아에 대한 철학적, 학문적, 발달적 지식과 경험을 근거하여 선정하며, 0~5세 영유아에 대한 관점과 표준보육과정의 목표와 내용을 선정하고 이를 운영하는데 기초한다.

표준보육과정의 구성방향으로는 영유아의 발달 특성과 개인차를 고려하여 연령 및 수준별로 구성하고, 어린이집에서 편안하고 행복한 일상생활이 되도록 중점을 두어 구성한다. 질서, 배려, 협력 등 기본생활습관과 바른 인성을 기르는 데 중점을 두어 구성을 하며, 자율성과 창의성을 기르는데 중점을 두고, 전인발달을 이루도록 한다. 또한 사람과 자연을 존중하고, 우리 문화를 이해하는데 중점을 두어 구성하도록 한다.

표준보육과정에서 추구하는 인간상으로 심신이 건강하고 행복한 사람한 사람으로 신체는 물론 심리적이고 건강하고 행복감을 느끼는 사람, 자율적인 능력을 습득하고 자신의 독특한 생각과 탐색을 즐기는 사람으로 자율적이고 창의적인 사람, 자신을 존중하고 다른 사람의 생각과 느낌을 존중하며 배려하고 사랑하는 사람으로 자신과 타인을 존중하고 배려하는 사람이 있으며, 주변의 자연환경 및 자원을 아끼고 사랑하며 우리나라 문화에 대한 자긍심과 이해를 바탕으로 새로운 가치를 추구하는 자연과 우리문화를 사랑하는 사람이 있다. 또한 열린 사고를 바탕으로 타인과 집단에서 조화롭게 협력하며 긍정적으로 관계를 형성하여 민주적인 의사결정을 하는 다양성을 인정하는 민주적인 사람이 있다.

표준보육과정의 구성 체계는 〈표 4-1〉과 같다.

〈표 4-1〉 표준보육과정의 구성 체계

<table>
<tr><th colspan="4">구성 체계</th></tr>
<tr><td rowspan="2">보육과정의 구분</td><td colspan="3">총론</td></tr>
<tr><td colspan="3">• 표준보육과정의 기초 : 추구하는 인간상
: 표준보육과정안의 기본전제
: 구성 방향 및 체계
• 편성과 운영
• 목적과 목표</td></tr>
<tr><td rowspan="5">구성 체계</td><td>0~1세
보육과정</td><td>2세
보육과정</td><td>3~5세
보육과정</td></tr>
<tr><td colspan="2">기본생활, 신체운동, 의사소통
사회관계, 예술경험, 자연탐구</td><td>신체운동. 건강
의사소통, 사회관계
예술경험, 자연탐구</td></tr>
<tr><td colspan="3">내용범주</td></tr>
<tr><td colspan="3">내용</td></tr>
<tr><td colspan="2">수준별 세부내용</td><td>연령별 세부내용</td></tr>
</table>

영 유아의 심신의 건강과 전인적인 발달을 도와 행복을 도모하며 민주시민의 기초를 형성 하는 것을 표준보육과정의 목적으로 두며 표준보육과정의 연령별 목표는 〈표 4-2〉를 참조한다.

〈표 4-2〉 표준보육과정의 목표

관련 영역	0~1세 보육과정	2세 보육과정	3~5세 보육과정 (누리과정)	관련영역	비고
기본 생활 영역	건강하고 안전한 일상생활을 경험한다.	건강하고 안전한 생활습관의 기초를 마련한다.	기본 운동 능력과 건강하고 안전한 생활 습관을 기른다.	신체운동 · 건강영역	0~2세의 기본생활, 신체운동의 보육과정 목표와 관련
신체 운동 영역	감각 및 기본 신체운동능력을 기른다.	감각, 신체조절 및 기본운동능력을 기른다.			
의사 소통 영역	말소리를 구분하고 의사소통의 기초를 마련한다.	의사소통 능력의 기초를 기른다.	일상생활에 필요한 의사소통 능력과 바른 언어 사용 습관을 기른다.	의사소통 영역	
사회 관계 영역	친숙한 사람과 관계를 형성한다.	나를 인식하고 다른 사람과 더불어 생활하는 경험을 한다.	자신을 존중하고 다른 사람과 더불어 생활하는 능력과 태도를 기른다.	사회관계 영역	
예술 경험 영역	아름다운에 관심을 가진다.	아름다움에 관심을 가지고 예술경험을 즐긴다.	아름다움에 관심을 가지고 예술 경험을 즐기며, 창의적으로 표현하는 능력을 기른다.	예술경험 영역	
자연 탐구 영역	보고, 듣고, 만지면서 주변 환경에 관심을 가진다.	주변 환경에 호기심을 갖고 탐색하기를 즐긴다.	호기심을 가지고 주변세계를 탐구하며, 일상생활에서 수학적·과학적으로 생각하는 능력과 태도를 기른다.	자연탐구 영역	

1) 0~1세, 2세 보육과정

0~1세, 2세 보육과정은 자연탐구, 기본생활, 신체활동, 예술경험, 사회관계, 의사소통 모두 6개 영역으로 구성되어있다.

연령별 보육과정의 내용 범주로는 〈표 4-3〉을 참조한다.

〈표 4-3〉 0~1세, 2세 보육과정의 내용범주

	기본 생활	신체 운동	의사 소통	사회 관계	예술 경험	자연 탐구
0~1세, 2세 보육과정	건강하게 생활하기	감각과 신체인식하기	듣기	나를 알고 존중하기	아름다움 찾아보기	탐구하는 태도 기르기
	안전하게 생활하기	신체조절과 기본운동하기	말하기	나와 다른 사람의 감정 알기	예술적 표현하기	수학적 탐구하기
		신체활동에 참여하기	읽기	더불어 생활하기	예술 감상하기	과학적 탐구하기
			쓰기			

↓ ↓ ↓ ↓ ↓

	신체운동 · 건강	의사 소통	사회 관계	예술 경험	자연 탐구
3~5세 보육 과정 (누리 과정)	신체 인식하기	듣기	나를 알고 존중하기	아름다움 찾아보기	탐구하는 태도 기르기
	신체조절과 기본 운동하기	말하기	나와 다른 사람의 감정알고 조절하기	예술적 표현하기	수학적 탐구하기
	신체활동에 참여하기	읽기	가족을 소중히 여기기	예술 감상 하기	과학적 탐구하기
	건강하게 생활하기	쓰기	다른사람과 더불어 생활하기		
	안전하게 생활하기		사회에 관심 갖기		

표준보육과정 내용의 세부내용으로는 0~1세 보육과정은 1~4수준, 2세 보육과정은 1,2수준, 3~5세 보육과정 (누리과정)은 3~5세로 나누어져 있으며 표준보육과정의 수준별, 연령별 세부 내용은 〈표 4-4〉와 같다.

〈표 4-4〉 표준보육과정의 수준별, 연령별 세부 내용(단위: 시수)

<table>
<tr><th rowspan="2">영역</th><th>구분</th><th colspan="4">0~1세 보육과정</th><th colspan="2">2세 보육과정</th><th colspan="3">3~5세 보육과정 (누리과정)</th><th>구분</th><th rowspan="2">영역</th></tr>
<tr><th>세부 내용</th><th>1 수준</th><th>2 수준</th><th>3 수준</th><th>4 수준</th><th>1 수준</th><th>2 수준</th><th>만3세</th><th>만4세</th><th>만5세</th><th>세부 내용</th></tr>
<tr><td colspan="2">기본생활</td><td>10</td><td>12</td><td>14</td><td>14</td><td>15</td><td>15</td><td rowspan="2">31</td><td rowspan="2">32</td><td rowspan="2">33</td><td colspan="2" rowspan="2">신체운동·건강</td></tr>
<tr><td colspan="2">신체활동</td><td>11</td><td>12</td><td>12</td><td>12</td><td>12</td><td>12</td></tr>
<tr><td colspan="2">의사소통</td><td>11</td><td>13</td><td>16</td><td>16</td><td>17</td><td>17</td><td>17</td><td>25</td><td>25</td><td colspan="2">의사소통</td></tr>
<tr><td colspan="2">사회관계</td><td>9</td><td>9</td><td>11</td><td>11</td><td>13</td><td>13</td><td>20</td><td>28</td><td>29</td><td colspan="2">사회관계</td></tr>
<tr><td colspan="2">예술경험</td><td>8</td><td>8</td><td>10</td><td>10</td><td>12</td><td>12</td><td>17</td><td>20</td><td>20</td><td colspan="2">예술경험</td></tr>
<tr><td colspan="2">자연탐구</td><td>3</td><td>8</td><td>12</td><td>12</td><td>16</td><td>16</td><td>16</td><td>24</td><td>30</td><td colspan="2">자연탐구</td></tr>
<tr><td colspan="2">총계</td><td>52</td><td>62</td><td>75</td><td>75</td><td>85</td><td>85</td><td>103</td><td>129</td><td>137</td><td colspan="2">총계</td></tr>
</table>

표준보육과정은 어린이집의 운영시간에 맞추어 편성하고 표준보육과정에 제시된 각 영역의 내용을 균형 있게 통합적으로 편성하며, 영유아의 발달 특성 및 개인차, 경험을 고려하여 놀이를 중심으로 영유아의 일과 중 일상생활을 포함하고 어린이집과 보육실의 특성에 따라 융통성 있게 편성하면 된다. 또한 성별, 종교, 신체적 특성, 가족 및 민족 배경 등으로 인한 편견이 없도록 편성하여야 한다.

표준보육과정은 보육계획(연간, 월간, 주간, 일일 계획 등)에 의거하여 운영한다. 또한 실내외 환경을 다양한 흥미영역으로 구성하며 영유아의 능력과 장애정도에 따라 조정하여 운영을 하며 부모와 각 기관의 실정에 따라 부모교육을 실시하여 가정과 지역사회와의 협력과 참여에 기반 하여 운영한다. 교사 재교육을 통해 어린이집 표준보육과정 운영을 개선해 나간다.

표준보육과정은 주도적인 놀이를 중심으로 교수·학습활동이 이루어지도록 한다. 흥미를 중심으로 활동을 선택하고 지속할 수 있도록 하며 생활 속 경험을 소재로 하여, 지식, 기술, 바람직한 태도를 기르도록 한다. 또한 교사의 신뢰감을 형성하고 개별적인 활동이 이루어지도록 하며, 교사·환경, 또래와 능동적인 상호작용이 이루어지도록 지도를 한다.

주제를 중심으로 여러 활동이 통합적으로 이루어지도록 하며, 만 0~1세아, 만 2세 아는 일상생활 및 개별 활동, 휴식 등이 균형 있게 이루어지고, 만 3~5세 아는 실내·실외활동, 정적·동적활동, 대·소집단활동 및 개별 활동, 일상생활 및 휴식 등이 균형 있게 이루어지도록 한다.

표준보육과정의 운영평가로는 어린이집 표준보육과정의 목표와 내용에 근거하여 보육내용이 적절히 편성·운영되는지 평가한다. 또 어린이집 표준보육과정의 운영 내용 및 활동이 영유아의 발달 수준과 흥미, 요구에 적합한지 평가하며, 영·유아의 발달수준, 흥미, 요구에 적합한 경험 및 학습을 촉진할 수 있는 다양한 활동과 교수학습 방법이 계획되고 통합적으로 운영되는지 평가해야 한다. 일과 운영 및 보육활동 구성 시 놀이 활동과 일상생활 활동의 양과 내용이 영아 및 유아 각 연령의 발달에 적합하게 계획되고 운영되는지 평가한다. 만 0~1세아, 만 2세 아는 집단 활동보다 개별적인 상호작용과 교수법을 중심으로 상호작용이 진행되는지 어린이집 표준보육과정 운영 평가 결과를 수시로 반영하여 보육과정 운영 계획을 수정· 보완하거나 다음 연도의 계획 수립 및 운영에 반영하는지 평가한다.

표준보육과정의 영유아 평가는 어린이집 표준보육과정의 목표와 내용에 근거하여 영유아의 특성과 변화 정도를 평가한다. 그 밖에 지식, 기술, 태도 등을 평가하며 일상생활과 보육과정 활동 전반에 걸쳐 평가를 한다. 또한 관찰, 활동 결과물 분석, 부모면담 등 다양한 방법을 사용하여 종합적으로 평가하고, 그 결과를 기록하며 평가 결과는 영 ·유아에 대한 이해와 어린이집 표준보육과정운영 개선 및 부모 면담 자료로 활용한다.

2) 0~1세, 2세 보육과정의 영역 및 구체적 내용

기본생활 영역의 성격으로는 건강하게 생활하기 즉 건강·영양·위생적인 생활을 강조하며, 영아가 신체의 청결과 영양, 수면과 휴식, 건강한 일상생활을 위한 올바른 습관의 기초를 경험하도록 한다는 내용을 가지고 있으며, 안전한 생활을 강조하며, 영아가 안전하게 놀이하고 교통안전과 위험한 생활을 알고 반응하는 등 안전한 생활의 기초를 경험하도록 하는 안전하게 생활하기가 포함되어 있다.

0~1세 보육과정 기본생활 영역의 연령별 목표로는 건강하고 편안한 일상생활을 경험하고 안전한 생활을 경험한다. 2세 보육과정은 건강하고 안전한 생활습관의 기초를 마련한다를 목표로 삼고 있으며 기본생활 영역의 건강하게 생활하기 세부내용은 〈표 4-5〉, 안전하게 생활하기는 〈표 4-6〉과 같다.

〈표 4-5〉 기본생활 영역의 건강하게 생활하기 세부내용

<table>
<tr><th>내용범주</th><th colspan="5">0-1세 보육과정</th><th colspan="3">2세 보육과정</th></tr>
<tr><td rowspan="12">건강하게 생활하기</td><td>내용</td><td>1수준</td><td>2수준</td><td>3수준</td><td>4수준</td><td>내용</td><td>1수준</td><td>2수준</td></tr>
<tr><td rowspan="3">몸을 깨끗이 하기</td><td colspan="4">몸이 깨끗해졌을 때 기분이 좋음을 안다.</td><td rowspan="3">몸을 깨끗이 하기</td><td colspan="2">스스로 손과 몸 씻기를 시도한다.</td></tr>
<tr><td colspan="4">도움을 받아 손을 씻는다.</td><td colspan="2" rowspan="2">스스로 이 닦기를 시도한다.</td></tr>
<tr><td colspan="4">도움을 받아 이를 닦는다.</td></tr>
<tr><td rowspan="3">즐겁게 먹기</td><td>편안하게 안겨서 우유(모유)를 먹는다.</td><td>이유식에 적응한다.</td><td>고형식에 적응한다.</td><td>다양한 음식을 먹어본다.</td><td rowspan="3">바르게 먹기</td><td colspan="2">음식을 골고루 먹는다.</td></tr>
<tr><td></td><td colspan="3">도구로 음식을 먹어 본다.</td><td colspan="2">도구를 사용하여 스스로 먹는다.</td></tr>
<tr><td colspan="4">즐겁게 먹는다.</td><td colspan="2">정해진 자리에서 먹는다.</td></tr>
<tr><td rowspan="4">건강한 일상 생활 하기</td><td colspan="4">수면을 충분히 취한다.</td><td rowspan="4">건강한 일상생활하기</td><td colspan="2">일과에 따라 규칙적으로 잠을 잔다.</td></tr>
<tr><td colspan="4">편안하게 쉰다.</td><td colspan="2">정해진 시간에 알맞게 휴식한다.</td></tr>
<tr><td colspan="4">하루 일과에 편안하게 참여한다.</td><td colspan="2">하루 일과에 즐겁게 참여한다.</td></tr>
<tr><td></td><td colspan="3">배변 의사를 표현한다.</td><td>정해진 곳에서 배변한다.</td><td>화장실에서 배변한다.</td></tr>
<tr><td colspan="5"></td><td>질병에 대해 알기</td><td colspan="2">질병의 위험을 한다.</td></tr>
</table>

〈표 4-6〉 기본생활 영역의 안전하게 생활하기 세부내용

<table>
<tr><th>내용
범주</th><th colspan="5">0-1세 보육과정</th><th colspan="3">2세 보육과정</th></tr>
<tr><td rowspan="7">안전
하게
생활
하기</td><td>내용</td><td>1수준</td><td>2수준</td><td>3수준</td><td>4수준</td><td>내용</td><td>1수준</td><td>2수준</td></tr>
<tr><td rowspan="4">안전
하게
지내기</td><td colspan="3" rowspan="2">안전한 상황에서 놀이한다.</td><td rowspan="2">놀잇감을
안전하게
사용한다.</td><td rowspan="2">안전하게
놀이하기</td><td colspan="2">놀이기구나 놀잇감을
안전하게 사용한다,</td></tr>
<tr><td colspan="2">안전한 장소에서
놀이한다.</td></tr>
<tr><td colspan="4">안전한 장소에서 놀이한다,</td><td rowspan="2">교통안전
알기</td><td rowspan="2">교통
수단의
위험을
안다.</td><td rowspan="2">교통
수단의
위험을
알고
조심한다.</td></tr>
<tr><td colspan="4">차량 승하차 시 안전 장구를 착용한다.</td></tr>
<tr><td rowspan="2">위험한
상황에
반응
한기</td><td rowspan="2"></td><td rowspan="2">위험
하다는
말에
반응을
보인다.</td><td colspan="2" rowspan="2">위험하다고
알려주면 주의
한다.</td><td rowspan="2">위험한
상황
알기</td><td>위험한
상황과
위험한
것을
안다.</td><td>위험한
상황과
위험한
것을
알고
조심
한다.</td></tr>
<tr><td colspan="2">위험한 상황 시
어른의 지시에
따른다.</td></tr>
</table>

신체운동 영역은 영아가 감각능력을 기르고 감각기관을 활용하여 자신의 신체를 긍정적으로 인식하도록 하며 신체조절과 기본 운동하기와 신체활동에 참여하기로 나누어 볼 수 있다. 신체조절과 기본 운동하기는 영아기 협응력과 신체조절 능력을 기르고 신체균형감을 익히며 이동운동, 제자리 운동 등의 기본 운동 능력을 습득하여, 자신의 신체를 조절하고 활발하게 움직일 수 있도록 하며 신체활동에 참여하기는 영아가 신체활동에 자발적으로 참여하고 다양한 기구를 활용한 신체활동 경험을 통해 기초체력을 기르며 매일 규칙적으로 실외활동에 참여할 수 있도록 한다.

신체운동 영역의 0~1세 보육과정 목표는 감각 및 기본 신체운동 능력을 기르고 2세 보육과정 목표는 감각, 신체조절 및 기본운동 능력을 기른다. 신체운동 영역의 신체 조절과 기본 운동하기 세부 내용은 〈표 4-7〉을 신체 운동 참여하기의 세부 내용은 〈표 4-8〉을 참조한다.

〈표 4-7〉 신체운동 영역의 신체 조절과 기본 운동하기 세부 내용

<table>
<tr><th>내용범주</th><th colspan="5">0-1세 보육과정</th><th colspan="3">2세 보육과정</th></tr>
<tr><td rowspan="6">신체조절과 기본운동하기</td><td>내용</td><td>1수준</td><td>2수준</td><td>3수준</td><td>4수준</td><td>내용</td><td>1수준</td><td>2수준</td></tr>
<tr><td>신체 균형 잡기</td><td>몸의 균형을 잡기 위한 자세를 시도한다.</td><td>붙잡고 서있기 등의 자세를 취한다.</td><td colspan="2">안정되게 서 있기 등의 자세를 시도한다.</td><td>신체 균형 잡기</td><td colspan="2">안정된 자세를 취하려고 시도한다.</td></tr>
<tr><td>대근육 조절 하기</td><td>뒤집기 등 몸을 조절하며 위치를 바꾼다.</td><td colspan="3">누웠다 안기 등 몸의 움직임을 조절한다.</td><td>대근육 조절 하기</td><td colspan="2">팔 다리, 목 허리 등 움직임을 조절한다.</td></tr>
<tr><td>소근육조절 하기</td><td>보이는 물체에 손을 뻗는다</td><td colspan="3">눈과 손을 협응하여 소근 육을 활용해 본다.</td><td>소근육 조절 하기</td><td colspan="2">눈과 손을 협응하여 소근육을 조절해 본다.</td></tr>
<tr><td rowspan="2">기본 운동 하기</td><td>배밀이 등 이동운동을 시도한다.</td><td>기기 걷기 등 이동운동을 시도한다.</td><td colspan="2">걷기 등 이동운동을 시도한다.</td><td rowspan="2">기본 운동 하기</td><td colspan="2">걷기, 계단 오르기 등 이동운동을 한다.</td></tr>
<tr><td colspan="2">팔 다리 뻗기, 흔들기 등 제자리 운동을 시도한다.</td><td colspan="2">서 있기, 앉기 등 제자리 운동을 시도한다.</td><td colspan="2">제자리에서 몸을 움직여 본다.</td></tr>
</table>

〈표 4-8〉 신체운동 영역의 신체활동에 참여 하기 세부내용

<table>
<tr><th>내용범주</th><th colspan="5">0-1세 보육과정</th><th colspan="3">2세 보육과정</th></tr>
<tr><td rowspan="4">신체활동에참여하기</td><td>내용</td><td>1수준</td><td>2수준</td><td>3수준</td><td>4수준</td><td>내용</td><td>1수준</td><td>2수준</td></tr>
<tr><td>몸 움직임 즐기기</td><td colspan="2">몸을 활발히 움직인다.</td><td colspan="2">몸의 움직임을 다양하게 시도한다.</td><td>신체 활동에 참여 하기</td><td colspan="2">신체활동에 참여해본다.</td></tr>
<tr><td>바깥에서 신체 움직 이기</td><td colspan="2">규칙적으로 바깥환경을 경험한다.</td><td colspan="2">규칙적으로 바깥에서 신체활동을 한다.</td><td>바깥에서 신체 활동 하기</td><td colspan="2">규칙적으로 바깥에서 신체활동을 한다.</td></tr>
<tr><td>기구를 이용하여 신체활동 시도하기</td><td colspan="4">간단한 기구를 이용하여 신체활동 시도한다.</td><td>기구를 이용하여 신체활동 하기</td><td colspan="2">간단한 기구를 이용하여 신체활동을 한다.</td></tr>
</table>

의사소통 영역은 듣기, 말하기, 읽기, 쓰기로 나누어진다.

듣기는 영아가 주변의 말소리를 듣고 구분할 수 있고, 운율이 있는 이야기나 노랫말을 즐겁게 듣는 경험을 통해 영아가 말을 들을 때에는 말하는 사람에게 주의를 기울일 수 있으며, 자신이 들은 친숙한 짧은 문장을 이해할 수 있는 능력을 기를 수 있도록 한다.

말하기는 영아가 낱말과 간단한 문장을 말할 수 있으며 표정과 몸짓, 말소리로 자신의 의사를 적절하게 표현할 줄 알고 말을 할 때에는 자기가 말하는 순서에 상대를 바라보며 말하는 경험을 할 수 있도록 한다.

읽기는 영아에게 좋아하는 내용을 읽어줄 때 이를 즐기고, 영아 자신도 여러 가지 그림책과 친숙한 그림, 주변의 환경인쇄물 등에 관심을 가지고 읽는 흉내를 내보는 등 그림과 글자가 나타내는 의미가 있다는 것에 흥미를 느낄 수 있도록 한다.

쓰기는 영유아가 끼적이는 행위에 관심을 가지고 이를 해보면서 쓰기의 느낌을 경험하고, 의미를 나타내고자 의도적으로 끼적이기를 함으로써 쓰기 모방행동을 통해 자신의 의사를 표현하는 것에 흥미를 느낄 수 있도록 한다.

의사소통 영역의 0~1세 보육과정의 목표는 말소리를 구분하고 의사소통의 기초를 마련한다. 2세 보육과정은 의사소통 능력의 기초를 기른다.

의사소통 영역의 듣기 세부내용은 〈표 4-9〉를, 말하기의 세부내용은 〈표 4-10〉을 읽기의 세부내용은 〈표 4-11〉을 참조한다.

〈표 4-9〉 의사소통 영역의 듣기 세부내용

<table>
<tr><th>내용
범주</th><th colspan="5">0~1세 보육과정</th><th colspan="3">2세 보육과정</th></tr>
<tr><td rowspan="8">듣기</td><td>내용</td><td>1수준</td><td>2수준</td><td>3수준</td><td>4수준</td><td>내용</td><td>1수준</td><td>2수준</td></tr>
<tr><td rowspan="3">주변의 소리와 말소리 구분하여 듣기</td><td colspan="3">여러 가지 소리와 말소리 듣기에 흥미를 보인다.</td><td>친숙한 낱말의 발음에 흥미를 보인다.</td><td rowspan="3">말소리 구분하여 듣고 의미 알기</td><td rowspan="2">친숙한 낱말의 발음에 흥미를 보인다.</td><td rowspan="2">친숙한 낱말의 발음에 관심을 가지고 듣는다.</td></tr>
<tr><td colspan="4">익숙한 목소리를 듣고 그것에 반응한다.</td></tr>
<tr><td></td><td></td><td colspan="2">높낮이와 세기 등 말소리의 차이에 반응한다.</td><td colspan="2">다양한 말소리의 차이를 구분한다.</td></tr>
<tr><td rowspan="2">경험과 관련된 말 듣고 알기</td><td colspan="4">눈앞에 보이는 경험과 관련된 말에 반응한다.</td><td rowspan="2">짧은 문장 듣고 알기</td><td>낱말을 듣고 친숙한 사물과 사람을 찾아본다.</td><td>OO과 관련된 친숙한 낱말을 듣고 뜻을 이해한다.</td></tr>
<tr><td></td><td colspan="3">자신의 이름이 불리면 듣고 반응한다.</td><td colspan="2">친숙한 짧은 문장을 듣고 반응한다.</td></tr>
<tr><td>운율이 있는 말 듣기</td><td colspan="4">운율이 있는 짧은 말소리를 관심 있게 듣는다.</td><td>짧은 이야기 듣기</td><td colspan="2">짧은 이야기와 노랫말 등을 즐겁게 듣는다.</td></tr>
<tr><td>말하는 사람을 보기</td><td colspan="2">말하는 사람의 눈을 마주 바라본다.</td><td colspan="2">말하는 사람의 표정, 몸짓을 관심 있게 본다.</td><td>말하는 사람을 주의 깊게 보기</td><td colspan="2">말하는 사람의 표정, 몸짓, 억양 등을 주의 깊게 보고 듣는다.</td></tr>
</table>

〈표 6-10〉 의사소통 영역의 말하기 세부내용

<table>
<tr><th>내용
범주</th><th colspan="5">0~1세 보육과정</th><th colspan="3">2세 보육과정</th></tr>
<tr><td rowspan="7">말하기</td><td>내용</td><td>1수준</td><td>2수준</td><td>3수준</td><td>4수준</td><td>내용</td><td>1수준</td><td>2수준</td></tr>
<tr><td rowspan="3">발성과 발음으로 소리내기</td><td colspan="2" rowspan="2">여러 가지 소리를 내고, 옹알이를 한다.</td><td colspan="2">여러 말소리를 즐겁게 내 본다.</td><td rowspan="3">낱말과 간단한 문장으로 말하기</td><td>눈앞에 보이는 친숙한 사물의 이름을 발음해 본다.</td><td>친숙한 낱말을 발음해 본다.</td></tr>
<tr><td colspan="2">의미 있는 음절을 내 본다.</td><td colspan="2">일상생활에서 경험한 새로운 낱말에 관심을 가진다.</td></tr>
<tr><td colspan="2">옹알이와 말소리에 대해 말로 반응해 주면 모방하여 소리 낸다.</td><td colspan="2">교사의 말을 모방하여 발음한다.</td><td colspan="2">일상생활의 반복적인 일이나 친숙한 상황을 한 두 낱말이나 간단한 문장으로 말해본다.</td></tr>
<tr><td rowspan="2">표정, 몸짓, 말소리로 말하기</td><td rowspan="2">표정과 소리로 의사표현을 한다.</td><td rowspan="2">표정, 몸짓, 소리로 의사표현을 한다.</td><td colspan="2" rowspan="2">표정, 몸짓, 말소리로 의사표현을 한다.</td><td rowspan="2">자신의 원하는 것을 말하기</td><td colspan="2">표정, 몸짓, 말소리로 의사표현을 한다.</td></tr>
<tr><td>자신의 원하는 것을 한 두 낱말로 말해본다.</td><td>자신이 원하는 것을 낱말이나 짧은 문장으로 말해본다.</td></tr>
<tr><td></td><td>말할 순서 구별하기</td><td colspan="4">말할 순서에 따라 표정, 몸짓, 말소리로 반응한다.</td><td>상대방을 바라보며 말하기</td><td colspan="2">말할 순서에 상대방을 바라보며 말을 주고받는다.</td></tr>
</table>

〈표 4-11〉 의사소통 영역의 읽기 세부내용

<table>
<tr><th rowspan="2">내용 범주</th><th colspan="5">0-1세 보육과정</th><th colspan="3">2세 보육과정</th></tr>
<tr><th>내용</th><th>1수준</th><th>2수준</th><th>3수준</th><th>4수준</th><th>내용</th><th>1수준</th><th>2수준</th></tr>
<tr><td rowspan="3">읽기</td><td rowspan="3">그림책과 환경 인쇄물에 관심 가지기</td><td colspan="4">다양한 감각 책을 탐색해 본다.</td><td rowspan="3">그림책과 환경 인쇄물에 흥미 가지기</td><td colspan="2">그림책과 환경 인쇄물에 있는 그림과 내용에 관심을 가진다.</td></tr>
<tr><td colspan="2"></td><td colspan="2">사물과 주변의 친숙한 환경 인쇄물에 관심을 가진다.</td><td colspan="2">친숙한 그림과 환경 인쇄물을 보고 읽는 흉내를 낸다.</td></tr>
<tr><td colspan="4">읽어주는 짧은 그림책에 관심을 가진다.</td><td colspan="2">선호하는 그림들을 읽어주면 집중하여 듣는다.</td></tr>
<tr><td rowspan="2">쓰기</td><td rowspan="2">끼적이기</td><td rowspan="2"></td><td colspan="3" rowspan="2">끼적이기에 관심을 가진다.</td><td rowspan="2">끼적이며 즐기기</td><td colspan="2">의도적으로 끼적인다.</td></tr>
<tr><td colspan="2">자기 이름 끼적이기에 관심을 가진다.</td></tr>
</table>

사회관계 영역은 나를 알고 존중하기, 나와 다른 사람의 감정 알기, 더불어 생활하기로 나누어 볼 수 있다. 나를 알고 존중하기는 영아가 자신이 개별적인 존재임을 인시하고 자신의 선호를 알며 자기 자신에 대해 존중감을 가질 수 있도록 한다. 나와 다른 사람의 감정 알기는 영유아가 자신의 감정을 말과 행동으로 표현하고 다른 사람의 감정표현에 주의를 기울여 이에 반응을 보일 수 있도록 한다. 더불어 생활하기는 영유아가 주 양육자, 가족, 또래 등 주변 사람들과의 관계를 이해하고, 기본적인 사회적 가치를 경험해 볼 수 있도록 한다.

사회관계 영역의 0~1세 보육과정 목표는 친숙한 사람과 관계를 형성한다. 2세 보육과정은 나를 인식하고 다른 사람과 더불어 생활하는 경험을 안다.

사회관계 영역의 나를 알고 존중하기 세부 내용은 〈표 4-12〉를 나와 다른 사람의 감정 알기 세부내용은 〈표 4-13〉을 더불어 생활하기의 세부내용은 〈표 4-14〉를 참조한다.

〈표 4-12〉 사회관계 영역의 나를 알고 존중하기 세부 내용

<table>
<tr><th>내용
범주</th><th colspan="5">0-1세 보육과정</th><th colspan="3">2세 보육과정</th></tr>
<tr><td rowspan="4">나를
알고
존중
하기</td><td>내용</td><td>1수준</td><td>2수준</td><td>3수준</td><td>4수준</td><td>내용</td><td>1수준</td><td>2수준</td></tr>
<tr><td>나를
구별
하기</td><td colspan="2">거울 속의 나에게
관심을 가진다.</td><td colspan="2">거울 속의 나를
알아본다.</td><td>나를 알고
구별하기</td><td colspan="2">나와 다른 사람의 모습을
구별한다.</td></tr>
<tr><td rowspan="2">나의 것
인식
하기</td><td colspan="4">자기 이름을 부르는 소리에 반응한다.</td><td rowspan="2">좋아하는
것 해보기</td><td colspan="2">내가 좋아하는 것을
찾아본다.</td></tr>
<tr><td colspan="2"></td><td colspan="2">친숙한 자기 물건을
안다.</td><td>좋아하는
놀이나
놀잇감을
선택해 본다.</td><td>스스로
선택한
놀이나
놀잇감을
즐긴다.</td></tr>
</table>

〈표 4-13〉 사회관계 영역의 나와 다른 사람의 감정알기 세부 내용

<table>
<tr><th>내용
범주</th><th colspan="3">0-1세 보육과정</th><th colspan="2">2세 보육과정</th></tr>
<tr><td rowspan="2">나와
다른
사람
의
감정
알기</td><td>나의
감정을
나타
내기</td><td colspan="2">나의 욕구와 감정을 나타낸다.</td><td>나의
감정을
나타
내기</td><td>여러 가지 감정을 말과
행동으로 나타낸다.</td></tr>
<tr><td>다른
사람
에게 주의
기울
이기</td><td>다른 사람의 말과
표정, 몸짓에
주의를 기울인다.</td><td>다른 사람이
나타내는 여러 가지
감정에 주의를
기울인다.</td><td>다른
사람의
가정에
반응하기</td><td>다른 사람이 나타내는 여러
가지 감정에 반응을 보인다.</td></tr>
</table>

〈표 4-14〉 사회관계 영역의 더불어 생활하기 세부 내용

<table>
<tr><th rowspan="2">내용
범주</th><th colspan="5">0-1세 보육과정</th><th colspan="3">2세 보육과정</th></tr>
<tr><th>내용</th><th>1수준</th><th>2수준</th><th>3수준</th><th>4수준</th><th>내용</th><th>1수준</th><th>2수준</th></tr>
<tr><td rowspan="5">더불어
생활
하기</td><td>안정
적인 애착
형성
하기</td><td>양육자와
시선을
맞춘다.</td><td colspan="3">양육자에게 적극적으로 관심과
욕구를 표현한다.</td><td>내 가족
알기</td><td>내가족
에게 애정을
표현한다.</td><td>내가족
에게 다른
사람과는
구별된 특별한
감정을 갖는다.</td></tr>
<tr><td>또래에
관심
갖기</td><td colspan="4">다른 영아와 함께 지내는 것을 경험한다.</td><td>또래와
관계하기</td><td>또래에게
관심을
보인다.
또래의
이름을 안다.</td><td>또래의 모습과
행동을
모방한다.
또래가 있는
곳에서 놀이를
한다.</td></tr>
<tr><td>자신이
속한 집단
알기</td><td colspan="2">담임교사를
구별한다.</td><td colspan="2">자기 반에서 지내며
안정감을 갖는다.</td><td>자신이
속한 집단
알기</td><td>자신이 속한
반과 교사를
안다.</td><td>자신이 속한
반의 활동에
즐겁게
참여한다.</td></tr>
<tr><td rowspan="2">사회적
가치를
알기</td><td colspan="2"></td><td colspan="2">친숙한 물건의
자리를 안다.</td><td rowspan="2">사회적
가치를
알기</td><td>도움 받아
물건을
정리한다.
자기순서를
안다.</td><td>스스로 물건을
정리한다.
순서를
기다린다.</td></tr>
<tr><td colspan="4">만나고 헤어지는 인사를 해본다.</td><td colspan="2">바른 태도로 인사한다.
간단한 약속을 지킨다.</td></tr>
</table>

예술경험 영역은 아름다움 찾아보기, 예술적 표현하기, 예술 감상하기로 나뉘어져 있다. 아름다움 찾아보기는 영아가 주변의 친근한 자연이나 생활환경에서 음악, 움직임, 미술요소와 모방적 행동에 관련된 현상이나 사물을 흥미롭게 보며 집중하여 탐색하도록 한다.

예술적 표현하기는 영아가 음악·움직임·미술·모방경험을 마음껏 시도하고 표현하며 자유롭게 즐기도록 한다.

예술 감상하기는 친근한 소리나 노래, 아름다운 사물이나 환경, 움직임·미술작품·상상놀이를 즐기며 생활에서 예술에 대해 지속적으로 흥미를 가지도록 한다.

예술경험 영역의 0~1세 보육과정 목표는 아름다움에 관심을 가진다. 2세 보육과정은 아름다움에 관심을 가지고 예술경험을 즐긴다.

예술경험 영역의 아름다움 찾아보기 세부 내용은 〈표 4-15〉를 예술적 표현하기 세부 내용은 〈표 4-16〉을 예술 감상하기 세부내용은 〈표 4-17〉을 참조한다.

〈표 4-15〉 예술경험 영역의 아름다움 찾아보기 세부 내용

내용범주	0~1 세 보육과정					2세 보육과정		
	내용	1수준	2수준	3수준	4수준	내용	1수준	2수준
아름다움 찾아보기	예술적 요소에 호기심 가지기	주변의 소리와 움직임에 호기심을 가진다.				예술적 요소 탐색하기	주변 환경에서 나는 다양한 소리와 움직임을 탐색한다.	
		주변 환경에서 색, 모양에 호기심을 가진다.					주변 환경에서 색, 모양을 탐색한다.	

〈표 4-16〉 예술경험 영역의 예술적 표현하기 세부 내용

내용범주	0~1세 보육과정					2세 보육과정		
	내용	1수준	2수준	3수준	4수준	내용	1수준	2수준
예술적 표현하기	리듬있는 소리로 반응하기	리듬 있는 소리에 관심을 가진다.		노래를 부분적으로 따라 부른다.		리듬있는 소리와 노래로 표현하기	친근한 노래를 따라 부른다.	
		리듬과 노래에 소리로 반응한다.		리듬과 음높이에 맞추어 소리를 낸다.			신체, 사물, 리듬악기 등을 이용하여 간단한 리듬과 소리를 만든다.	
	움직임으로 반응하기	손발 흔들기와 몸 움직임으로 반응한다.				움직임으로 표현하기	노래나 리듬에 맞춰 몸으로 표현한다.	
				간단한 도구를 활용하여 움직인다.			간단한 도구를 활용하여 몸으로 표현한다.	
	단순한			감각적으로 단순한		자발적으로	자발적으로 그리기,	

<table>
<tr><td rowspan="2"></td><td rowspan="2">미술 경험하기</td><td rowspan="2"></td><td rowspan="2">미술경험을 한다.</td><td rowspan="2">미술활동 하기</td><td colspan="2">만들기를 한다.</td></tr>
<tr><td colspan="2">간단한 도구와 미술 재료를 다룬다.</td></tr>
<tr><td></td><td>모방행동 즐기기</td><td>소리나 얼굴 표정, 몸 움직임 등을 모방한다.</td><td>단순한 모방행동을 놀이처럼 즐긴다.</td><td>모방과 상상놀이 하기</td><td>모방행동을 놀이처럼 즐긴다.</td><td>일상생활 경험을 상상놀이를 즐긴다.</td></tr>
</table>

〈표 4-17〉 예술경험 영역의 예술 감상하기 세부 내용

<table>
<tr><th rowspan="2">내용 범주</th><th colspan="5">0~1세 보육과정</th><th colspan="3">2세 보육과정</th></tr>
<tr><th>내용</th><th>1수준</th><th>2수준</th><th>3수준</th><th>4수준</th><th>내용</th><th>1수준</th><th>2수준</th></tr>
<tr><td rowspan="3">예술 감상 하기</td><td rowspan="3">아름다움 경험하기</td><td colspan="2" rowspan="2">일상생활에서 반복되는 소리와 노래에 관심을 가진다.</td><td colspan="2" rowspan="2">일상생활에서 리듬 있는 소리와 노래를 즐겨 듣는다.</td><td rowspan="3">아름다움 즐기기</td><td colspan="2">자연이나 생활의 소리나, 움직임, 친근한 음악과 춤을 관심 있게 듣거나 본다.</td></tr>
<tr><td colspan="2">일상생활에서 자연과 사물의 아름다움에 관심을 가지고 즐긴다.</td></tr>
<tr><td colspan="4">일상생활에서 자연이나 사물의 아름다움을 경험한다.</td><td colspan="2">자신과 또래가 표현한 노래, 춤, 미술품 등에 관심을 가지고 즐긴다.</td></tr>
</table>

자연탐구 영역은 탐구하는 태도 기르기, 수학적 탐구하기, 과학적 탐구하기로 나누어진다.

탐구하는 태도 기르기는 영아가 주변의 사물과 자연현상에 대하여 관심을 가지고 보고, 듣고, 느끼고, 궁금해 하며, 탐색을 시도하는 경험을 하도록 한다.

수학적 탐구하기는 영아가 일상생활에서 감각을 통해 수량과 공간에 관심을 가지고 인식하며 사물의 차이에 관심을 가지고 구분하는 등 수학적 기초를 탐색하도록 한다.

과학적 탐구하기는 영아가 주변의 사물, 생명체, 자연현상에 대하여 관심을 가지고 탐색하는 과정에서 과학적 기초를 경험하도록 한다.

자연탐구 영역의 0~세 보육과정 목표는 보고, 듣고, 만지면서 주변 환경에 관심을 가진다. 2세 보육과정은 주변 환경에 호기심을 탐색하기를 즐긴다.

자연탐구 영역의 탐구하기 태도 기르기는 〈표 4-18〉을 수학적 참구하기는 〈표 4-19〉를 과학적 탐구하기는 〈표 4-20〉을 참조한다.

〈표 4-18〉 자연탐구 영역의 탐구하는 태도 기르기 세부내용

<table>
<tr><th>내용 범주</th><th colspan="5">0-1세 보육과정</th><th colspan="3">2세 보육과정</th></tr>
<tr><td rowspan="3">탐구하는 태도 기르기</td><td>내용</td><td>1수준</td><td>2수준</td><td>3수준</td><td>4수준</td><td>내용</td><td>1수준</td><td>2수준</td></tr>
<tr><td>사물에 관심 가지기</td><td></td><td colspan="3">주변사물에 관심을 가진다.</td><td>호기심가 지기</td><td colspan="2">주변 사물과 자연 세계에 호기심을 가진다.</td></tr>
<tr><td>탐색 시도하기</td><td>나와 주변 사물을 감각으로 탐색한다.</td><td colspan="3">주변의 사물에 대해 의도적인 탐색을 시도한다.</td><td>반복적 탐색 즐기기</td><td colspan="2">관심 있는 사물을 반복하여 주도적으로 탐색하기를 즐긴다.</td></tr>
</table>

〈표 4-19〉 자연탐구 영역의 수학적 탐구하기 세부내용

<table>
<tr><th>내용 범주</th><th colspan="5">0-1세 보육과정</th><th colspan="3">2세 보육과정</th></tr>
<tr><td rowspan="6">수학적 탐구하기</td><td rowspan="3">수량 지각하기</td><td rowspan="3"></td><td rowspan="3">있고 없는 상황을 지각한다.</td><td rowspan="3">'있다'와'없다'를 구별한다.</td><td rowspan="3">'한개'와'여러 개'를 구별한다.</td><td rowspan="3">수량 인식하기</td><td colspan="2">많고 적음을 구별한다.</td></tr>
<tr><td>두 개 가량의 수 이름을 말해본다.</td><td>세 개 가량의 구체물을 말하며 세어본다.</td></tr>
<tr><td colspan="2">구체물을 일대일로 대응해본다.</td></tr>
<tr><td rowspan="2">주변공간 탐색하기</td><td></td><td colspan="3">주변 사물의 차이를 지각한다.</td><td rowspan="2">공간과 도형에 관심 가지기</td><td colspan="2">나를 중심으로 익숙한 위치, 장소를 인식한다.</td></tr>
<tr><td colspan="4">주변 사물의 모양을 지각한다.</td><td colspan="2">주변 사물의 모양에 관심을 가진다.</td></tr>
<tr><td>차이를 지각하기</td><td colspan="2"></td><td colspan="2">주변사물의 차이를 지각한다.</td><td>차이에 관심 가지기</td><td colspan="2">주변사물의 크기(속성의 차이)에 관심을 가진다.</td></tr>
</table>

	간단한 규칙성 지각하기		일상과 놀이에서 간단한 규칙상을 경험한다.	단순한 규칙성에 관심 가지기	주변에서 단순하게 반복되는 규칙성에 관심을 가진다.
				구분하기	주변사물의 같고 다름에 따라 구분한다.

〈표 4-20〉 자연탐구 영역의 과학적 탐구하기 세부내용

내용범주	0-1세 보육과정					2세 보육과정		
	내용	1수준	2수준	3수준	4수준	내용	1수준	2수준
과학적탐구하기	물체와 물질탐색하기	일상생활 주변의 몇 가지 친숙한 것들을 양육자와 함께 탐색한다.				물체와 물질 탐색하기	친숙한 물체와 물질을 능동적으로 탐색한다.	
	주변 동식물에 관심 가지기			주변 동식물의 모양, 소리, 움직임에 관심을 가진다.		주변 동식물에 관심 가지기	주변 동식물의 모양, 소리, 움직임에 관심을 가진다.	
	주변 자연에 관심 가지기		생활주변의 자연물을 감각으로 느껴본다.			자연을 탐색하기	돌, 물, 모래 등의 자연물을 탐색한다.	
			바람, 햇빛, 비 등을 감각으로 느낀다.				날씨를 감각으로 느낀다.	
	생활도구 탐색하기			도움을 받아 생활도구를 탐색한다.		생활도구 사용하기	생활 구속에서 간단한 도에 관심을 가진다.	
							간단한 도구를 사용한다.	

3) 0~2세 영아보육프로그램의 교사의 역할

0~2세 보육프로그램의 특징은 0~1세 보육과정, 2세 보육과정의 수준별 내용을 균형 있게 경험할 활동 개발, 영아의 요구와 흥미에 맞추어 교사와의 민감한 상호작용을 강조한 개별화된 활동 개발에 있다.

신체발달관련 교사의 역할을 살펴보면 다음과 같다.

- 교사는 여러 가지 위치에서 영아를 서거나 앉게 한다. 서는 법을 배우면 책상 위에 놀잇감을 놓아주고 서서 가지고 놀 수 있게 한다.
- 이동성과 탐색활동이 보다 확장되는 시기이므로 운율적인 흥얼거림에 맞추어 신체적인 활동을 하거나 탁자 아래 통과하기 들 활발하게 움직일 기회를 준다.
- 엄지와 검지를 이용하여 집기, 뚜껑 맞추어 보기, 두드려 보기 등 주변의 용품 등을 이용하여 다양한 소근육 활동을 한다.
- 영아는 여러 가지 새로운 기술을 매우 빨리 배우자만 연습하여 익숙해지는 데는 시간이 필요하다. 영아의 여러 가지 도전적 시도에 대한 움직임을 주의 깊게 관찰해야 한다.
- 손뼉을 치거나 양손에 물건을 잡고 두드리기, 구멍 안으로 집어넣기 등 소근육 활동을 많이 하게 되는데, 충분히 반복할 수 있도록 자료와 환경을 마련해준다.
- 어떤 영아는 아주 잘 기지만 다른 영아는 걷기도 하는 등 개인차가 크게 나타나는 시기이다. 하지만 걷기 전에 기는 행동이 꼭 필수적이지 않으므로 교사는 영아의 특정한 기질을 이해하여 적합한 활동을 시도해 본다.
- 의도적으로 용기 안에 물건을 떨어뜨리는 놀이에 흥미를 보인다. 때론 식탁의자에 앉아서도 음식이나 놀잇감을 떨어뜨릴 때가 있으므로 이런 행동을 보일 때는 놀이로 전환하여 적절한 자료와 환경을 제공한다.
- 영아가 스스로 걷기 시작하면서 걷는 것에 열중하게 된다. 그러나 아직 몸의 조절이 잘 되지 않아 넘어지거나 다치기도 하고 앞에 장애물을 잘 넘지 못하므로 교사는 주의해서 살펴보아야 한다.

인지발달관련 교사의 역할은 다음과 같다.

- 숨겨진 사물에 대한 영아의 이해는 까궁 놀이와 같은 게임에서도 분명히 나타난다. 까꿍 놀이는 7~8개월 영아가 가장 재미있어 하는 놀이이다. 이 놀이는 영아가 눈앞에서 사라진 사물이 아주 가버린 것이 아니라는 것을 배우도록 하므로 교사가 함께 놀아 주도록 한다.
- 교사는 영아와 사물을 사용하여 앞이나 뒤로 전달하면서 노는 사회적 게임들을 할 수 있다.
- 영아는 친숙하지 않은 얼굴을 인식하는 능력이 증가함에 따라 얼굴표정이나 목소리

의 톤에서 변화를 알게 된다. 이 시기에 '안된다'고 단호하게 말하면 영아는 적어도 잠시 하던 일을 멈추게 된다. 교사는 영아의 위험한 행동에 대해서 말이나 표정으로 통제하려는 시도를 해볼 수 있다.

- 관심이 있는 것에 보다 지속적으로 몰두하나, 똑같은 자극의 반복에는 실증을 내게 되므로 다양한 놀잇감을 제공할 필요가 있다.
- 영아는 어떤 행동에 대한 칭찬이나 보상을 기대하므로 적절하게 반응해 준다.
- 바깥에 자주 데리고 나가 사물을 경험하게 해준다.
- 가족 모두의 이름을 알고 이름을 부르면 쳐다본다. 사진을 보고 가족을 지적하기도 하므로 어린이집에 가족사진을 이용한 활동을 많이 하도록 한다.

언어발달관련 교사의 역할은 다음과 같다.

- 한 가지 특정한 옹알이를 발견하면 그것을 며칠 지속하다 또다시 새로운 것을 발음하게 되는데 교사는 영아의 변화에 민감하게 관찰하여 반응해준다.
- 교사가 말해주는 것을 좋아하므로 언어적 상호작용을 많이 해준다. 가끔씩 옆에서 말해주기만 해도 1시간이나 그 이상도 혼자 노는데 만족하게 된다.
- 영아가 자기 이름을 인식하는 능력을 갖는 때이다. 말할 때나 노래를 부를 때 영아의 이름을 많이 넣어주도록 한다.
- 이름을 쉽게 부를 수 있는 놀잇감을 선택하고 가능하면 영아에게 놀잇감의 이름을 말로 해주는 것이 좋다.
- 영아가 좋아하는 책이 생긴다. 영아가 여러 종류의 책을 접할 수 있게 한다. 한쪽에 한 가지 그림이 있는 것이 새로운 단어를 익히는데 좋으며 그림과 같이 짧은 운율이 있는 것도 좋다.
- 영아의 표현적 어휘가 생기는 시기이다. 영아가 배우는 첫 단어는 주로 영아에게 친숙한 사람이나 동물의 이름이거나 친숙한 행동과 관련된 단어이다. 영아가 주변 사물에 대한 어휘를 발달시켜 가도록 교사는 분명하게 언어적 표현을 해 주도록 한다.
- 이 시기에 영아는 아주 특수한 메시지로 의사소통 할 수 있다. 그러나 늘 같이 있는 부모나 교사가 이러한 변화를 눈치 채지 못하는 경우가 많으므로 영아가 보내는 몸짓이나 표정의 싸인에 민감해야 한다.

사회·정서발달관련 교사의 역할은 다음과 같다.

- 영아는 다른 어른들이 노는 모습을 보는 것을 즐거워한다. 영아가 비슷한 연령의 영아는 물론 다른 나이의 아동과도 놀 수 있는 기회를 주도록 한다.
- 주 양육자에게 강한 애착을 보이며 낯선 사람에 대한 공포심을 나타내므로 긴밀한 일대일 상호작용을 통하여 안정감을 준다.
- 다른 영아에 대하여 매우 반응적이고 놀이 활동에 적극적이므로, 다양한 놀잇감을 제공하고 또래들이 놀이를 함께 볼 수 있도록 한다.
- 사회적 승인이나 비난에 민감하며 자아존중감이 발달하기 시작하는 시기이므로 긍정적인 피드백을 자주 주도록 한다.
- 교사가 옆에 있는 것만이 아니라 적극적으로 함께 놀아주기를 요구한다. 영아가 재미있어 하는 놀이를 개별적으로 시간을 갖고 자주 해주도록 한다.

4) 0~2세 영아보육프로그램의 운영

영아반의 하루일과 운영은 0세는 수유 및 이유, 기저귀갈이, 낮잠 등 생리적 욕구를 고려하고 1세는 일상적인 양육활동과 함께 점차 놀이 활동 시간이 늘어나도록 계획하며 2세는 일상적인 양육활동에 비해 놀이 활동의 비중이 점점 커지도록 하루 일과를 계획하고 일상적인 양육활동 이외에도 실내자유놀이 및 실외놀이를 충분하게 계획 하여 진행한다. 일과 운영 시간은 어린이집의 특성과 상황, 계절 등에 따라 조정한다.

영아를 위한 보육환경의 구성은 일상생활 영역과 놀이영역을 함께 구성하고 놀이특성을 반영하여 탐색과 놀이 활동이 충분히 이루어지도록 다양한 놀이영역을 구성한다. 또한, 가정어린이집은 각 연령별 영역을 기준으로 하되, 면적이 협소할 경우 어린이집 내에 나누어 배치 가능하고 0세는 영역을 구분 짓기보다는 영역에 해당되는 놀잇감을 충분히 배치하여야 한다. 보육실을 포함한 실내외 시설. 설비는 영아의 크기에 적절하고 안전하도록 구성하여 영아들이 안락하고 편안하게 쉴 수 있는 휴식공간을 제공한다.

영아를 위한 일상생활 운영은 손 씻기, 이 닦기, 목욕하기, 낮잠, 기저귀 갈기, 배변훈련, 옷 입기 등의 일상생활 지도와 모유수유, 조제유 수유, 이유식, 급식 및 간식, 급식위생, 식생활 습관지도 등의 영양관리, 건강검진, 예방접종, 전염병 예방, 식중독 예방,

아픈 영아 보호, 정신건강 등의 건강관리와 안전한 환경 구성, 발달특성에 따른 사고와 예방, 안전생활지도등의 안전관리가 포함된다.

영아의 가정 및 지역사회와의 연계는 영아의 가정, 어린이집, 지역사회는 서로 연계되어 영아의 삶에 영향을 줄 수 있도록 하고 가정과의 연계에는 영아의 어린이집 적응을 돕고, 보육의 효과가 극대화되기 위해 필수적이다. 지역사회의 특성과 요구, 지지 및 지원에 따라 운영 전반에 영향을 받으며 어린이집 역시 지역사회에 영향을 미치기 때문에 지역사회와도 서로 돕고 협력적인 관계를 구축한다.

영아의 적응을 돕는 교사의 역할 및 상호작용은 다음과 같다.

0세아의 적응을 위하여 교사와의 활동, 교사와 마주보기, 교사의 얼굴탐색, 선생님의 따뜻한 손길을 느낄 수 있는 활동, 선생님과 함께 하는 감각놀이, 보육실 환경 탐색, 또래 인식을 할 수 있도록 한다.

1세아의 적응을 위하여 교사와의 활동, 어린이집 환경 이해하기, 감각적인 활동, 선생님과 관계형성, 신체놀이 등을 할 수 있도록 한다.

2세아의 적응을 위하여 교사와의 활동, 각 영역 소개하기, 선생님 알기, 또래알기, 신체놀이를 통한 긴장해소를 할 수 있도록 한다.

0세 보육계획 내용과 교사의 역할은 〈표 4-21〉을 참조하여 살펴본다.

〈표 4-21〉 0세 보육계획 내용과 교사의 역할

활동 구분	활동 내용	교사의 주요 역할 및 활동 내용
교사의 준비 및 보육실 점검	안전 및 청결	-보육실 환기하기 -위생용품 준비하기 -보육용품이나 비품의 모서리 보호대 점검하기 -보육실 청결 및 세팅하기 -영아의 개별소지품 확인하기 -수유용중 및 물 준비하기 -일일보고서 작성 준비하기
맞이하기와 귀가하기 및 가정과의 연계	맞이하기	-집에서의 영아의 상태나 특이사항에 대해 이야기 나누기 -영아의 컨디션 시진하기 -체온 재기 -투약의뢰 살피기
	귀가하기	-수유 및 이유 상황 전달하기

		-영아의 개별용품 점검 후 요청하기 -영아의 건강 및 안전의 특이 사항 전달하기 -어린이집에서 영아의 활동 간략히 전달하기
일상생활	수유 및 이유	-교사의 손 씻기 -이유 테이블 닦기 -우유나 이유식 준비하기 -수건, 휴지 등 위생용품 준비하기
	낮잠 및 휴식	-보육실 환기하기 -커튼치거나 조도 낮추기 -자는 영아 수시로 살펴보기 -잠자리 매트 깔기 -기저귀 확인하기
	기저귀 갈이	-물휴지, 소독액 등 위생용품 준비하기 -기저귀걸이 매트 소독하기 -기저귀걸이 전 교사의 손 씻기 -기저귀걸이 후 교사의 손 씻기
놀이활동	신체	-발달에 적합한 놀이준비 -안전한 놀이 환경 구성 -발달과 주제에 적합한 놀잇감 제공 -영아의 요구에 민감하게 반응
	언어	
	감각·탐색	

영아반 활동계획안에는 활동 성격상 좀 더 다양한 목표 제시가 가능하지만 중점 목표 위주로 서술되었음을 이해하도록 하고 0세 교사는 언어적 상호작용 뿐 아니라 비언어적 상호작용이 매우 중요하므로 기술한 내용을 활용하도록 강조한다.

각 활동별 교사의 역할을 알아본다.

① **맞이하기**

- 보육실 환기하기
- 보육실 청결 및 세팅하기
- 수유용품 및 물 준비하기
- 위생용품 준비하기
- 영아의 개별소지품 확인하기
- 일일보고서 작성 준비하기
- 보육용품이나 비품의 모서리 보호대 점검하기

② 가정과 연계하기

- 집에서의 영아의 상태나 특이사항에 대해 이야기 나누기
- 체온 재기
- 영아의 컨디션 살피기
- 투약의뢰 살피기

③ 수유 및 이유

- 교사의 손 씻기
- 우유나 이유식 준비하기
- 이유 테이블 닦기
- 수건, 휴지 등 위생용품 준비하기

④ 낮잠

- 보육실 환기하기
- 잠자리 매트 깔기
- 커튼치거나 조도 낮추기
- 기저귀 확인하기
- 자는 영아 수시로 살펴보기

⑤ 기저귀갈이

- 물휴지, 소독액 등의 위생용품 준비하기
- 기저귀갈이 매트 소독하기
- 기저귀갈이 전 교사의 손 씻기
- 기저귀갈이 후 교사의 손 씻기
- 영아의 요구에 따라 즉각적인 반응으로 해결해 주어야 할 뿐만 아니라 개별적인 상호작용으로 정서적 애착을 형성하는 시간이 되어야 한다.

⑥ 귀가 및 가정과의 연계

- 수유 및 이유 상황 전달하기
- 영아의 건강 및 안전의 특이 사항 전달하기
- 영아의 개별용품 점검 후 요청하기

- 어린이집에서 영아의 활동 간략히 전달하기

0세반 활동예시는 〈표 4-22〉를 연간보육계획 주제 및 소주제는 〈표 4-23〉을 참조한다.

〈표 4-22〉 0세반 활동예시

일상생활	주제	교사의 준비 및 보육실 점검	수유 및 이유	낮잠	기저귀 갈이
활동예시	낯설어요	-보육실 환기하기 -보육실 청결 및 세팅하기 -수유용품 및 물 준비하기 -위생용품 준비하기 -영아의 개별소지품 확인하기 -일일보고서 작성 준비하기 -보육용품이나 비품의 모서리 보호대 점검하기	선생님께 안겨서 우유를 먹어요.	OO야, 매트에 누워보자	선생님 품에 안겨 기저귀 가는 곳으로 가 보아요.
			이유식을 시작해요	선생님의 토닥임을 느껴 보아요.	기저귀 가는 곳으로 기어가 보아요.
강조점		교사의 준비가 강조됨	- 월령 별 아이콘으로 표시 - 개별적으로 활동 계획하여야 함		

〈표 4-23〉 연간보육계획 주제 및 소주제

주제	낯설어요.	느껴 보아요.	움직여요	놀이는 재미있어요.1	놀이는 재미있어요.2	좋아 해요
소주제	엄마와 함께해요	씻으며 느껴요	누워서 움직여요	움직이는 놀잇감	통·상자놀이	마주 봐요
	선생님을 만나요	입으며 느껴요	앉아서 움직여요	구멍이 있는 놀잇감	헝겊·천놀이	안아 줘요
	선생님을 만져봐요.	먹으며 느껴요	기어요.	굴러가는 놀잇감	공 놀이	같이 해봐요
	선생님과 놀아요.	놀며 느껴요	서고 걸어요.	까꿍 놀잇감	악기 놀이	함께 웃어요
	익숙해 졌어요. 적응 기관은 언제든지 순서대로 전개	자연을 느껴요	잡아 보아요. 월령과 발달 수준에 따라 소주제 순서대로 전개	소리가 나는 놀잇감	그릇 놀이	사랑 해요 교사와의 애착을 위해 일상을 통해 전개

주제별 보육계획 수립의 일반적 이해는

- 0세아를 위한 연간보육계획에서 제시한 주제는 월별로 수립하지 않으므로 '주제별 보육계획' 이라는 용어를 사용한다.
- 영아의 월령, 반 구성, 흥미 지속 정도, 개별 수준을 고려하여 가감한다.
- 0세아의 경우 1개의 소주제를 2~3주 지속할 수 있다.
- 0세 영아의 개별적 발달 특성과 흥미를 고려하여 소주제를 구성한다.
- 0세 영아 대상의 주제별 보육계획안은 연간 보육 주제를 소주제로 나누어 각 영아의 발달과 흥미에 따라 소주제별로 편성한다.

■ 영아반 주제 : 낯설어요.

발달의 이론적 근거 등을 기술

- 0세 영아가 어린이집에 처음 오게 되면 낯선 공간에서 많은 사람들을 대하며 이전에 경험하지 못한 많은 자극을 접하게 된다.
- 영아는 보호자와 함께 있다 하더라도 어린이집에서의 낯선 경험으로 긴장하고 피로하다. 그러므로 영아는 자연스럽게 교사와의 애착을 형성하고 어린이집 환경에 적응을 위한 활동과 상호작용이 필요하다.
- 발달적으로 살펴보면, 3~4개월 영아가 낯선 사람들 만나면 긴장감을 가지고 응시한다. 6개월을 전후하여 영아는 돌보아주는 사람에게 애착을 형성하여 낯선 사람의 접근을 알아차리고 오랜 시간 마주하거나 안겨 있을 때 불편해한다.
- 8개월경의 영아는 낯선 사람에 대해 확실한 불안감을 나타내며 보호자가 자기 주변에 없다는 것을 알게 되면 울면서 자신에게 집중하여 상호작용하여 주기를 원한다.
- 12개월 전후가 되면 주 양육자 외에 다른 사람과 애착이 가능하므로 교사는 민감하고 반응적인 상호작용으로 영아가 안정적인 애착을 형성하고 분리불안을 해소할 수 있도록 도와야 한다.

주제에 달성하고자하는 목표를 기술

- '낯설어요.' 는 가정에서의 돌봄을 받다가 처음으로 어린이집이라는 공간에서 적응하면서 교사와의 애착형성을 돕기 위한 주제로 구성되었다.
- 소주제 '엄마와 함께해요', '선생님을 만나요', '선생님을 만져봐요.', '선생님과 놀

아요.', '익숙해졌어요.' 로 이루어졌으며, 어린이집에 보호자와의 놀이와 활동들로 시작하여 보호자와 교사와 함께 놀이할 수 있는 활동, 교사와 영아의 애착 증진을 위한 다양한 활동으로 구성하였다.

- 따라서 '엄마와 함께해요', '선생님을 만나요', '선생님을 만져봐요.', '선생님과 놀아요.', '익숙해졌어요.' 의 순서대로 전개하는 것이 바람직하다.

구체적인 환경구성과 교사의 상호작용의 중요한 내용기술

- 어린이집에서 적응을 하게 되는 시기의 환경구성은 보호자와 함께 지내며 영아에게 익숙한 놀잇감으로 간단하게 즐길 수 있도록 한다.
- 영아의 서랍장과 같은 개인공간의 이용, 기저귀갈이 영역과 낮잠 자는 공간, 놀이 영역 등을 보호자와 함께 사용하며 어린이집 보육실의 물리적 공간에 적응하도록 한다. 다소 규칙적인 어린이집의 일과에 보호자와 함께 적응하도록 돕되, 영아의 졸림, 배고픔 등의 욕구에 더 우선순위를 두도록 한다.
- 대부분의 영아들은 양육자와 헤어질 때 격렬한 울음과 몸짓 등 어려움을 겪게 되지만, 간혹 울지 않는다 해서 적응을 시작한 것으로 여기고 관심을 덜 기울이는 것은 바람직하지 않으므로 주의한다.

주제의 강조점

- 엄마와 함께 해요 : 양육자와 함께 하는 놀이와 활동으로 짧은 일과를 지내며 어린이집 보육실에 친숙해 진다.
- 선생님을 만나요 : 교사도 양육자와 영아의 놀이에 참여하면서 영아가 자연스럽게 교사의 낯을 익힌다.
- 선생님을 만져 봐요. : 교사의 돌봄과 놀이를 통해 어린이집의 하루 일과를 경험하며 점진적으로 애착을 형성하도록 한다.
- 선생님과 놀아요. : 보호자 없이 어린이집에서 지내며 교사와의 보다 활발한 상호작용을 통해 안정적으로 적응하도록 맞춘다.
- 익숙해졌어요. : 어린이집의 공간과 보육교사 및 하루일과에 적응 하고 익숙해져서 즐겁게 지낸다.

주제별 보육계획은 〈표 4-24〉를 참조한다.

소주제별 보육계획 수립의 일반적 이해는 다음과 같다.

- 놀이 활동과 일상양육 활동의 내용을 파악할 수 있어야 한다.
- 1주 또는 2주 동안의 일상생활 활동과 놀이 활동, 교사의 준비 사항을 제시하여 조직한다.
- 등원 및 맞이하기, 교사의 준비(안전과 청결), 일상생활, 놀이 활동, 귀가 및 가정과의 연계로 구성한다.
- 보육활동 전에 보육실의 안전과 청결 내용을 구체화 한 체크리스트를 가지고 점검하여 보육내용을 질 높게 실행할 수 있는 보육 환경을 준비하는 것이 중요하다.
- 일상생활 활동은 수유 및 이유 기저귀갈이, 낮잠 및 휴식으로 구분한다.

〈표 4-24〉 주제별 보육계획 예시

주제.1	낯설어요.	추정기간	3월1주 ~ 4월5주 (8주)

소주제		엄마와 함께 해요	선생님을 만나요	선생님을 만져봐요.	선생님과 놀아요.	익숙해 졌어요.
실내자유놀이	신체	영차, 영차, 엄마에게로 엄마와 함께 모빌을 만져봐요.	엄마와 같이 선생님과 놀아요. 손가락 인형잡기	아이 간지러워 선생님은 흔들의자	와르르 무너졌다	선생님이 밀어주는 자동차를 타요
	언어	누구 목소리일까? 내 이름은?	누구일까요? 엄마랑, 선생님이랑 책을 보아요.	돼지 코 놀이	선생님에게 옹알이해요 딩동 누구세요?	똑똑똑 손 흔들어 안녕!
	감각·탐색	까꿍 ! 우리 가족들	선생님, 우리 선생님여기!	선생님, '안녕' 노래 우리 선생님 옷은요	선생님 노래 소리가 좋아요 없어졌다! 나타났다!	여기가 우리 반 이에요
	기저귀갈이	• 기저귀갈이 전 손 씻기 • 물휴지, 소독액 등의 위생용품준비하기 • 기저귀갈이 매트 소독하기 • 기저귀갈이 후 교사의 손 씻기 -선생님 품에 안겨 기저귀 가는 곳으로 가 보아요. -기저귀 가는 곳으로 기어가 보아요.				

〈표 4-25〉 소주제별 보육계획 예시 1

-영차, 영차, 엄마에게로
-내 이름은?
-엄마와 함께 모빌을 만져봐요.
-누구 목소리일까?
-까꿍! 우리 가족들
-엄마와 어린이집 오는 길 둘러보기
-선생님의 토닥임을 느껴보아요
-이유식을 시작해요
-OO야, 매트에 누워보자
-기저귀 가는 곳으로 기어가보아요

〈표 4-26〉 소주제별 보육계획 예시 2

<table>
<tr><td colspan="2">소주제1</td><td>엄마와
함께 해요</td><td>추정기간</td><td>3월 1주 ~ 3월2주(2주)</td></tr>
<tr><td colspan="2">교사의 준비 및 보육실 점검</td><td colspan="3">-보육실 환기하기
-수유용품 및 물 준비하기
-영아의 개별소지품 확인하기
-보육용품이나 비품의 모서리 보호대 점검하기
-보육실 청결 및 세팅하기
-위생용품 준비하기
-일일보고서 작성 준비하기</td></tr>
<tr><td colspan="2">맞이하기 및 가정과의 연계</td><td colspan="3">-집에서의 영아의 상태나 특이사항에 대해 이야기 나누기
-영아의 컨디션 시진하기
-체온재기
-투약의뢰 살피기</td></tr>
<tr><td rowspan="4">일상생활</td><td rowspan="2">수유 및 이유</td><td colspan="3">-교사의 손 씻기
-이유 테이블 닦기
-우유나 이유식 준비하기
-수건, 휴지 등 위생용품 준비하기</td></tr>
<tr><td colspan="3">-선생님께 안겨서 먹어요
-이유식을 시작해요</td></tr>
<tr><td rowspan="2">낮잠</td><td colspan="3">-보육실 환기하기
-커튼치거나 조도 낮추기
-자는 영아 수시로 살펴보기
-잠자리 매트 깔기
-기저귀 확인하기</td></tr>
<tr><td colspan="3">-OO야, 매트에 누워보자</td></tr>
</table>

		-선생님의 토닥임을 느껴보아요
	기저귀 갈이	-교사의 손 씻기 -기저귀걸이 패트 소독하기 -기저귀 갈이 전 교사의 손 씻기 -기저귀 갈이 후 교사의 손 씻기
		- 선생님 품에 안겨 기저귀 가는 곳으로 가 보아요 -기저귀 가는 곳으로 기어가 보아요.

〈표 4-27〉 소주제별 보육계획 예시 3

-영차, 영차, 엄마에게로
-내 이름은?
-엄마와 함께 모빌을 만져봐요.
-누구 목소리일까?
-까꿍! 우리 가족들
-엄마와 어린이집 오는 길 둘러보기
-선생님의 토닥임을 느껴보아요
-이유식을 시작해요
-OO야, 매트에 누워보자
-기저귀 가는 곳으로 기어가보아요

〈표 4-28〉 소주제별 보육계획 예시 4

소주제1		엄마와 함께해요	추정기간	3월1주~3월2주 (2주)
실내 자유 놀이	신체	-영차, 영차, 엄마에게로 -엄마와 함께 모빌을 만져봐요.		
	언어	-누구 목소리일까? -내 이름은?		
	감각· 탐색	-까꿍! 우리 가족들		
실외놀이		-엄마와 어린이집 오는 길 둘러보기		
귀가 및 가정과의 연계		-수유 및 이유 상황 전달하기 -영아의 건강 및 안전의 특이 사항 전달하기 -영아의 개별용품 점검 후 요청하기 -어린이집에서 영아의 활동 간략히 전달하기		
		-엄마를 반갑게 만나요 -엄마의 손을 잡고 집에 가요		

일일보육계획안이란?

하루 일과 전에 미리 수립하여 계획한 것으로 이것을 참조하여 하루 일과를 실행하며 기록하는 것으로 일일보육계획을 바탕으로 하루 일과를 실행하게 되며 영아들이 보인 반응과 수행정도를 객관적으로 기록하는 것이 반드시 이루어져야 한다. 영아의 반응과 평가가 반영되어야만 활동의 수준과 영아의 개별 수준에 맞는 활동이 적용될 수 있기 때문이다.

일일보육계획 수립의 일반적 이해는 다음과 같다.

- 표준보육과정과 일반적인 영아 발달특성에서 기대되는 발달과업에 기초하여 일과 계획의 큰 틀을 구성하고, 개별 영아의 월령이나 특성을 최대한 반영한다.
- 영아의 전인적 성장과 발달을 도모하는 내용을 균형 있게 계획하되 대, 소근육을 활용한 신체활동과 다양한 언어, 감각·탐색활동이 매일의 일과계획 및 운영에 포함한다.
- 정적인 활동과 동적인 활동, 실내 놀이와 실외놀이, 사람과 자연 및 사물과 상호작용 놀이 등 균형을 이루도록 계획하고 실행한다.
- 일상양육을 위한 시간을 충분히 계획하고 개별적으로 운영한다.
- 생리적인 요구를 충족시킬 수 있는 시간과 공간이 제공된다.

〈표 4-29〉 0세반 보육일지 예시 1 (1,2수준용)

<table>
<tr><td>날짜</td><td colspan="2">5월 23일
수요일 날씨 맑음</td><td colspan="2">작성자</td><td colspan="2"></td><td rowspan="2">결
재</td><td>담임</td><td>원장</td></tr>
<tr><td>주제</td><td colspan="2">기어요./
선생님을 만져 보아요.</td><td>정원</td><td></td><td>결석</td><td></td><td></td><td></td></tr>
<tr><td rowspan="4">교사의
준비 및
환경점검</td><td>보육실 환기하기</td><td>□</td><td colspan="4">보육실 청결 및 세팅하기</td><td>□</td><td colspan="2">개선사항</td></tr>
<tr><td>수유용품 및 물
준비하기</td><td>□</td><td colspan="4">영아의 개별소지품 확인하기</td><td>□</td><td colspan="2" rowspan="3"></td></tr>
<tr><td>보육용품이나 비품의모서리
보호대 점검하기</td><td>□</td><td colspan="4">위생용품 준비하기</td><td>□</td></tr>
<tr><td>전기콘센트,
플러그 정비하기</td><td>□</td><td colspan="4">일일보고서 작성 준비하기</td><td>□</td></tr>
</table>

〈표 4-30〉 0세반 보육일지 예시 2 (1,2수준용)

구분	활동내용		실행기록
	0~6개월(전기)	7~12개월(후기)	
7:30~9:00 등원 및 맞이하기	-교사 및 친구들과 반갑게 인사하기 -영아의 기분과 건강상태를 살피기		
9:00~9:30 수유, 이유하기 및 기저귀 갈기/씻기	-손 닦고 턱받이하고 교사의 도움을 받아 수유하기 -음식에 관심을 갖고 즐겁게 이유식 먹어보기 -세면과 입 닦기, 기저귀 살피기 간식메뉴 : 개별 수유 및 이유식 (브로컬리 죽)		
…	…		

〈표 4-31〉 0세반 보육일지 예시 1 (개별 기록형)

날짜	5월 23일 수요일 날씨 맑음		작성자		결재	담임	원장
주제	기어요/ 선생님을 만져 보아요		정원	3 결석			
교사의 준비 및 환경점검	보육실 환기하기	□	보육실 청결 및 세팅하기		□	개선사항	
	수유용품 및 물 준비하기	□	영아의 개별 소지품 확인하기		□		
	보육용품이나 비품의 모서리 보호대 점검하기	□	위생용품 준비하기		□		
	전기콘센트, 플러그 정비하기	□	일일보고서 작성 준비하기		□		

〈표 4-32〉 0세반 보육일지 예시 2 (개별 기록형)

일과활동				
활동계획		실행기록		
시간 주요일과	활동내용	영아A	영아B	영아C (신입)
7:30~8:00 등원 및 맞이하기	-영아, 부모님과 인사나누기 -부모님께 영아의 전날 상태에 대해 듣기 또는 일지 선생님께 확인 -건강 정서 확인			
9:00~9:30 오전수유 및 기저귀 갈기/씻기	-손 닦고 턱받이 하기 -기분 좋게 우유 마시기 -세면과 이 닦기 -기저귀 갈기			
…	…			

〈표 4-33〉 일일보육계획 실행 및 평가 예시

<table>
<tr><td>날짜</td><td colspan="2">5월 23일
수요일 날씨 맑음</td><td>작성자</td><td>000</td><td rowspan="2">결재</td><td>담임</td><td>원장</td></tr>
<tr><td>주제</td><td colspan="2">기어요. /
선생님을 만져 보아요.</td><td>정원 3</td><td>결석 0</td><td></td><td></td></tr>
<tr><td rowspan="4">교사의 준비 및 환경점검</td><td>보육실 환기</td><td>○</td><td colspan="2">교실과 놀잇감의 청결</td><td>○</td><td colspan="2">개선사항</td></tr>
<tr><td>보육용품이나 비품의 모서리 보호대 점검하기</td><td>○</td><td colspan="2">기저귀 개인용품 준비</td><td>△</td><td colspan="2" rowspan="3">홍**: 기저귀와 여벌옷 준비 부탁함</td></tr>
<tr><td>비품 모서리 안전장치</td><td>○</td><td colspan="2">수건, 휴지 등 위생용품</td><td>○</td></tr>
<tr><td>전기콘센트, 플러그 정비</td><td>○</td><td colspan="2">수유 준비</td><td>○</td></tr>
<tr><td>구분</td><td colspan="5">활동 내용</td><td colspan="2">실행기록 및 평가</td></tr>
<tr><td></td><td colspan="2">0~6개월(전기)</td><td colspan="3">7~12개월(후기)</td><td colspan="2"></td></tr>
<tr><td>7:30~
8:00
등원 및 맞이하기</td><td colspan="5">-교사 및 친구들과 반갑게 인사한다.
-영아의 기분과 건강상태를 살핀다.</td><td colspan="2">통합 보육실 문 앞에서 부모님과 손 흔들며 인사해 보았다. 컨디션이 좋은 000(영아)는 손을 흔들거나 고개를 까딱 움직이며 인사했지만 그렇지 않은 영아들은 울음을 터뜨려 교사의 품에서 진정한 후 놀이하였다.</td></tr>
<tr><td>9:00~
9:30
오전수유 및 기저귀 갈기/씻기</td><td colspan="5">- 손 닦고 턱받이하고 교사의 도움을 받아 간식 먹기
- 음식에 관심을 갖고 즐겁게 이유식 먹어보기
- 세면과 입 닦기, 기저귀 살피기
* 간식메뉴 : 개별 수유 및 이유식
(브로콜리 죽)</td><td colspan="2">기저귀를 갈 때 영아들이 몸을 비틀고 다른 곳을 보려고 해 놀잇감 등을 준비해 영아기 몸을 돌리지 않고 기저귀 갈기에 즐겁게 참여하도록 하였다.</td></tr>
<tr><td colspan="8">〈생략〉</td></tr>
<tr><td colspan="8">일과 평가</td></tr>
<tr><td colspan="8">-금요일이라 그런지 영아들이 피곤해 하는 모습을 보였다. 새로 등원을 시작한 지 2주일이 채 되지 않아서 적응기간인 영아도 있고 환절기라 몸이 좋지 않은 영아도 있었다. 000에 대한 지속적인 관찰과 세심한 접근이 필요하다.

-영아들에게 처음 제시한 "보들보들 촉감 길" 활동에 흥미를 갖고 지속적으로 놀이하는 모습을 볼 수 있었다.

놀이가 익숙해지면 다양한 재질의 촉감판을 조금 더 길게 확장해 주어야겠다. 놀이 중간 중간 교사가 노래 부르며 신체 움직임을 보여주었더니 평소보다 더 반응을 많이 보이고 신체활동을 활발히 하였다.</td></tr>
</table>

0세아를 위한 활동계획안의 활동방법은 상호작용의 수준을 차별화하여 기술하고 낮은 수준과 높은 수준의 상호작용은 색을 구분하여 제시하며 위의 월령표시와 연관하여 상호작용의 수준을 고려할 수 있도록 기술한다. 참고사항으로는 교사가 활동 전개 시 유의할 사항과 확장 및 참고사항을 기술한다.

월령별 발달 특성 및 놀잇감은 아래 〈표 4-34〉, 〈표 4-35〉, 〈표 4-36〉을 참조한다.

〈표 4-34〉 월령별 발달 특성 및 놀잇감 1

월령별 발달 이정표 및 놀잇감			
	익숙한 기술 (대부분영아들이 할 수 있음)	새로 익히는 기술 (절반 정도 영아들이 할 수 있음)	어려운 기술 (소수의 영아들이 할 수 있음)
1개월	• 잠깐 머리 들기 • 사람 목소리에 반응하기 • 흑백을 바라보기 • 울음으로 도와 달라고 하기 • 배냇미소	• 사물 따라 시선 움직이기 • 흑백을 바라보기 • 우, 아 소리 내기 • 기분 좋을 때 소리를 냄 • 사람 얼굴 보는 것을 좋아함	• 미소 짓기 • 머리 45도 각도로 들어올리기 • 목소리를 구분 함 • 놀잇감이 손에 닿으면 꽉 잡음
2개월	• 목소리 듣고 • 고개 돌리기 • 모음 소리내기 • 짧게 머리 들기 • 엄마 얼굴 보기를 좋아함 • 의도적으로 엄지 손가락 빨기	• 사회적 미소 • 쿠잉(구구) • 소리 내기 • 머리 45도 각도로 들어올리기 • 달려 잇는 물건을 향해 팔 휘젓기 • 상대방 얼굴 윤곽선 보기	• 머리 계속 들고 있기 • 다리 들기 • 머리와 어깨들기 • 30cm 거리 응시 • 쿠잉(목젖 구르는 소리를 냄)
3개월	• 사회적 미소 • 앞에서 뒤로 뒤집기 • 양육자 얼굴 • 윤곽선 보기 • 양육자냄새인식 • 옹알이시작하기 • 엎드려 머리들기	• 양육자 목소리 인식하기 • 움직이는 사물에 시선 따라가기 • 머리와 어깨들기 • 웃음소리 내기 • 안았을 때 목 가누기	• 소리 나는 쪽 보기 • 장난감 부딪혀 소리내기 • 뒤에서 앞으로 뒤집기 • 말 걸어주는 사람에게 미소짓기 • 까꿍 놀이하기

〈표 4-35〉 월령별 발달 특성 및 놀잇감 2

		신체				언어				탐색			
		3	6	9	12	3	6	9	12	3	6	9	12
		영차, 영차 엄마에게로				내 이름은?				까꿍! 우리 가족들			
낯설어요		엄마와 함께 모빌을 만져봐요.				누구 목소리일까?							
	선생님을 만나요	엄마와 같이 선생님과 놀아요.				누구일까요?				선생님, 우리 선생님 여기!			
		손가락 인형 잡기				엄마랑, 선생님이랑 책을보아요.							
	선생님을 만져봐요	아이 간지러워				돼지 코 놀이				‘선생님 안녕’노래			
		선생님은 흔들의자								우리 선생님 웃은요			
	선생님과 놀아요	와르르 무너졌다				선생님과 옹알이해요				없어졌다! 나타났다!			
						딩동! 누구세요?				선생님 노랫소리가 좋아요			
	익숙해졌어요	선생님이 밀어주는 자동차를 타요				똑똑똑~				여기가 우리반이에요.			
						손 흔들어 안녕!							

〈표 4-36〉 월령별 발달 특성 및 놀잇감 3

놀잇감
모빌, 모빌달린 아기침대, 매달려있는 놀잇감, 딸랑이, 젖병, 손목방울, CD카셋트

1세 보육 프로그램의 운영은 1세 보육프로그램은 2세 보육프로그램이 ‘반’을 중심으로 제시한 것과 달리 13~24개월 영아를 대상으로 구성하고 어린이집별 다양한 특성을 반영하되 1세아(13개월~24개월)의 발달적 특성과 발달과업을 우선하여 계획하고 실행한다.

연간 보육 계획시 유의사항은 1세반을 위한 연간보육계획이 아니라 1세아를 위한 보육계획이므로 현장의 1세반에 소속되어 있는 24개월 이상의 영아에 대한 보육계획은 2세반을 위한 보육계획을 참고하여 1세아의 발달 특성을 고려하면 또래들과 어울려 놀이하는 것을 강조하기 위하여 ‘친구가 있어요’ 라는 주제를 별도로 선정하기보다 놀이나 활동을 통해 또래와 익숙해질 수 있는 경험을 제공하도록 계획한다. 또한, 계절과 관련된 주제를 선정하여 계절의 특성을 알도록 하는 것이 1세아들에게 어려울 수 있기 때문에 계절에 따른 자연의 변화를 자연들과 실외에서 연중 경험하고 탐색하는 놀이와 활동을 실시할 수 있도록 활동계획안으로 제시한다.

주제별 보육계획 시에는 1세 아의 놀이나 활동에 대한 관심이 반복되고 지속되는 점을 고려하여 하나의 주제는 4주 이상, 경우에 따라서는 10주까지도 지속되기 때문에 월별이 아닌 주제별 보육계획이라는 용어를 사용하고 주제에서 제시한 진행기간을 반드시 동일하게 진행하지 않고 어린이집의 개별적 상황을 반영하여 진행할 수 있다. 이는 어린이집별 다양한 특성(당양한 일과 시간, 어린이집이 위치한 지역적 특성 등)을 반영하기 위해서이다.

일일 보육 계획 시에는 어린이집의 운영시간과 특성에 따라 수립되는 일과가 다르므로 이를 반영하나 일과별 기본적인 시간의 보장(자유놀이 활동시간, 실외놀이 시간 등)은 이루어지도록 한다. 일반적으로 일일보육계획안은 하루 일과 전에 미리 수립하여 계획한 것으로 이것을 참조하여 하루 일과를 실행하여 기록하는 것을 보육일지라고 통용되므로 계획과 실행을 한 번에 할 수 있는 것을 제시한다. 교사들이 기록에 필요하며 협의한 경우, 어린이집의 다양한 특성, 교사의 경력 등에 따라 일일보육계획과 실행을 기록하는 양식은 달라질 수 있고 당일의 날씨, 어린이집의 행사나 여건에 따라 보육활동의 시간, 장소에 대한 계획과 실행이 달라졌다면 이에 대한 내용을 기록할 것을 예시와 함께 설명한다. 목, 금요일의 일일보육계획에 따른 실행이 그 다음 월요일의 일일보육계획에 반영되는지, 일일보육계획 후 실행이 되지 못한 경우에도 이에 대한 기록을 작성하는지 등에 대한 구체적인 예시를 통해 일일보육계획과 실행에 대한 기록을 점검한다.

활동계획안 작성 시에는 활동 성격상 좀 더 다양한 목표제시가 가능하지만 중점 목표 위주로 서술하고 하반기 주제를 상반기에 선택하여도 활동계획안은 13개월~24개월의 수준에 맞게 사용할 수 있다. 1세아들과 상호작용 할 때 발달의 수준이 다소 높은 것을 관찰할 경우에는 '한 걸음 더'라고 표시된 내용을 참고하여 활동 방법 또는 상호작용의 수준을 더 높여서 실행하고 '움직이는 것이 재미 있어요' 주제에서 '종이상자 기차 타요'라는 탈 것과 관련된 활동을 하고 '좋아하는 놀이가 있어요' 주제에서 '모형운전대로 놀이해요' 활동을 계획하는 것은 영아의 관심을 지속적으로 반영하는 것을 의미한다.

1세 일상생활활동 운영은 등원 및 맞이하기, 기본생활 및 안전, 점심 및 간식, 낮잠, 기저귀갈이/배변활동, 귀가 및 가정과의 연계를 통해 운영하는 것으로 구성하고 해당 주제와 관련된 일상생활 활동을 참고하거나 주제와 상관없이 반복되어 계획하고 실행할 수 있도록 하며 일상생활활동은 반복되고 일과에서 가장 큰 비중을 차지하는 시간이기 때문에 1세아를 위한 일상생활활동은 교사와 친밀감을 높일 수 있으면서 어린이집 일과에 편안하게 익숙해지도록 하는 것을 강조한다.

〈표 4-37〉 연간보육계획 주제 및 소주제

<table>
<tr><th>주제</th><th>새로운 것이 낯설어요</th><th>느낄 수 있어요</th><th>놀이할 수 있어요</th><th>나는 할 수 있어요</th><th>움직이는 것이 재미있어요</th><th>좋아하는 놀이가 있어요</th><th>새로운 것도 좋아요</th></tr>
<tr><td rowspan="6">소주제</td><td>어린이집에 왔어요</td><td>만져 보아요</td><td>놀잇감은 재미 있어요1</td><td>즐겁게 할 수 있어요</td><td>바깥놀이는 재미있어요</td><td>그림책으로 놀아요</td><td>함께 놀아요</td></tr>
<tr><td>만나고 친해져요</td><td>살펴보아요</td><td>놀잇감은 재미있어요 2</td><td>말할 수 있어요</td><td>몸을 움직여요</td><td>춤추고 놀이해요</td><td>선생님이 좋아요</td></tr>
<tr><td rowspan="2">우리반에 무엇이 있을까요?</td><td>들어보아요</td><td rowspan="2">물놀이는 재미있어요</td><td rowspan="4">찾을 수 있어요</td><td rowspan="4">움직이게 할 수 있어요</td><td>흉내 내요</td><td rowspan="4"></td></tr>
<tr><td>맡아보아요</td><td rowspan="3">응가, 쉬 놀이가 좋아요</td></tr>
<tr><td rowspan="2">밖으로 나가 보아요</td><td>맛보아요</td><td rowspan="2">까꿍놀이는 재미있어요</td></tr>
<tr><td>온몸으로 느껴보아요</td></tr>
</table>

주제별 보육계획 수립 일반적 이해는

- 주제 선정과 관련된 1세아의 발달특성, 이 주제를 선정한 이유나 배경, 이론적 근거를 제시한다.
- 주제에서 달성하고자 하는 목표를 기술한다.
- 구체적으로 다루고자 하는 진행방법을 기술한다.
- 본 주제를 진행할 때 교사는 영아와 언어 외에 신체로 반응하기, 표정으로 반응하기 등의 비언어적 상호작용을 하는 것이 중요하다.
- 영아의 행동과 반응에 대해 오감과 관련된 다양한 어휘로 묘사하는 것은 영아가 풍부한 어휘를 경험하도록 돕는다.
- 교사의 미소, 웃음, 친밀한 접촉 등의 긍정적인 비언어적 상호작용은 영아가 감각적 탐색행동을 활발히 하도록 지지하는 것이다.
- 주간보육계획과 소주제별 보육계획이란 주간보육계획을 소주제별로 구성하여 1

주~3주까지 실시기간에 따라 놀이와 활동이 반복되도록 구성하였기 때문에 1주 단위의 주간이라는 용어와는 차별화되었다.

〈표 4-38〉 주제별 보육계획 예시

주제		느낄 수 있어요									
주		1주	2주	3주	4주	5주	6주	7주	8주	9주	10주
소주제		만져보아요		살펴보아요		들어보아요		맡아보아요		맛 보아요	온몸으로 느껴 보아요
등원 및 맞이하기		부모와 교사가 반갑게 인사하기				영아의 옷차림과 건강에 대해 이야기하기					
일상생활	기본생활 및 안전	혼자서 양말을 벗어요				양말을 서랍에 넣어요				내 물건을 찾아요	
	식사 및 간식	즐겁게 먹어요				숟가락, 포크를 사용해요				꼭꼭 씹어 먹어요	
	낮잠	내 이불, 내 베게를 찾아요				편안한 옷 입고 잠을 자요				이불덮고 잠을 자요	
	기저귀 갈이/배변활동	친구들도 기저귀가 있어요				기저귀를 휴지통에 버려요				쉬, 응가라고 표현해요	
실내 자유 놀이	신체	둥근 고리끼우기 놀이해요	촉감신발 신고 걸어요	굴러가는 공을 따라가요	데굴데굴 색깔 물병	소리나는 구슬밭을 지나가요	부엌물건으로 '쿵짝 쿵짝'	향기 주머니 나무	코를 킁킁!!	조물조물 바나나 만들어요	감감터널을 지나가요
	언어	내이름을 부르면 대답해요	울퉁불퉁종이에 끼적여요	이게 뭐야?	물러 끼적인 그림을 보아요	속닥속닥 작은 소리	토닥토닥 바라헤기 놀이	코코코	음식 관련 그림책을 보아요	과일 이름을 말해요	몸을 부딪쳐서 소리내요
	감각·탐색	선생님과 로션을 발라요	누구의 기저귀일까요?	색안경을 써요	신문지로 놀아요	종이가 쿵쿵	놀잇감으로 소리내요	간식 냄새를 맡아요	음식 봉지 2조각 퍼즐	과일을 맛보아요	손발로 물도장을 찍어요

역할, 쌓기	소꿉그릇에 밀가루 반죽을 담아요	촉감블록으로 놀이해요	원통블록으로 놀이해요	가방을 메고 다녀요	소리 나는 블록 쌓아요	동물소리 듣고 흉내내요	우유팩을 쌓아요	주스 따르는 흉내내요	모형 음식을 식판에 담아요	하얀블록에 끼적여요
실외놀이	모래로 놀아요		색깔판으로 공원을 보아요		소리 나는 신발을 신고 걸어요		향기 나는 꽃과 풀을 찾아요		그 늘이 시원 해요	바람이 불어요
귀가 및 가정과의 연계	놀이 사진을 함께 보아요				'누가 왔을까?' 목소리를 들어요				만났을 때 꼭 안아요	
비고	이 주제는 1년 중 어느 시기라도 할 수 있도록 융통적으로 조정할 수 있으나 각 소주제가 적어도 2주 동안 충분히 이루어지도록 계획한다.									

2세반 보육프로그램 운영은 2세반 보육프로그램은 0세와 1세가 '0세아 프로그램', '1세아 프로그램' 으로 '0세아', '1세아' 라고 제시한 것과 달리 2세반이라고 명명하고 있다. 2세반은 3세반과의 연계성을 고려할 때 누리과정의 통합적 적용에 비추어 좀 더 구체적으로 접근할 필요가 있기 때문이며 2세반은 본 프로그램에서 제시한 계획을 참조하여 해당 반의 통합적 실행을 진행하도록 한다.

2세반 보육프로그램 연간 보육계획은 영아 등원상황을 고려하여 반복 진행함으로써 대다수 영아가 관련 활동이 친숙하게 느껴지도록 진행하고 확장되는 또래 관계망을 영아에게 안정적으로 지원하기 위해 관련 활동이 즐겁고 친숙하게 느껴지도록 진행한다.

2세반 보육프로그램 주제별 보육계획은 주제별 보육계획에서 제시된 지역사회 연계활동은 어린이집 상황에 맞추어 적합한 주간에 계획하여 진행하도록 하고 주제별 보육계획에서 실외활동은 주당 2개씩 계획한다. 단, 매 주마다 새로운 활동을 2개씩 수립한 것이 아니라 지난주에 실시한 활동을 다음 주 초에 반복하여 제시함으로써 지난주 활동을 자연스럽게 회상할 수 있도록 제시한다. 특히 다른 주제로 넘어가는 경우 이전 주제에서 진행한 활동을 수립하였음을 명심하고 현재 진행되는 주제와 통합적 진행이 아닌 점을 이해하도록 한다.

2세반 보육프로그램 소주별(주간) 보육계획은 '등원 및 맞이하기' 와 '일상생활' 에 제시된 활동은 교사가 영아의 개별적 상황에 맞추어 그 주간 동안 하루 일과에서 자연스럽게 진행하도록 한다. '실내 자유놀이 활동' 과 '실외놀이 활동' 은 제시된 요일에 맞추어 교사가 새로운 활동을 영아의 개별적 상황에 맞추어 소개하며 진행하도록 한다. 단, 예시이므로 교사가 해당 반 영아의 상황을 반영하여 배치를 달리 제시할 수 있음을 이해하도록 한다.

2세반 보육프로그램 일일보육계획은 일상적 양육활동과 놀이 활동을 해당반영아의 특성과 상황을 고려하여 수립하도록 하며 일상적 양육활동과 놀이 활동이 다양하고 구체적으로 기술되도록 한다. 매일 모든 일과의 실행이 기술되어야 하는 것이 아니라 구체적이고 다양한 기술이라는 점을 이해하도록 한다.

2세반 보육프로그램 활동계획안은 활동계획안에서 제시한 활동목표는 표준보육과정의 통합적 적용에서 관련 활동에서 우선적으로 적용될 수 있는 대표적 목표를 2가지 제시하고 있음을 이해하도록 한다. 활동계획안에서 제시된 아이콘(··)의 의미를 이해하여 교사가 활동을 진행할 때 월령이 높은 영아에게 좀 더 상위 수준의 발문이나 진행방법의 적용을 조절하여 진행하도록 한다.

2세반 보육프로그램 일상생활활동은 2세의 발달특성을 반영하여 연간보육계획의 주제를 월별이 아니라 9개로 선정하여 영아가 해당 주제를 진행할 때 통합적인 활동이 자연스럽게 반복, 심화, 확장되도록 융통성을 고려하고 2세가 보편적으로 관심이 있는 주제를 선정하여 표준보육과정의 전영역이 고루 반영될 수 있도록 한다. 어린이집이나 지역사회의 특성을 반영하여 관심 있는 주제를 선정할 수 있도록 주제 선정을 월로 제한하지 않는다.

2세 연간보육계획은 연령, 흥미, 발달에 맞는 어린이집이 좋아요, 나는요, 나는 가족이 있어요. 나는 친구가 있어요. 동물놀이해요 등 5개의 주제명과 계절에 맞는 봄나들이 가요, 재미있는 여름이에요, 알록달록 가을이에요, 겨울과 모양을 즐겨요 등 4개의 주제명이 있다.

연간보육계획 동물놀이 해요. 주제선정의 근거는 다음과 같다.

2세는 주변의 친근한 사물에 대한 호기심이 증가하는 시기이다. 이 시기의 영아는 주변사물의 특성에 대해 주의를 기울여 탐색함으로써 주변에 대한 관심을 자연스럽게 확장시킨다. 주변의 친근한 동물을 즐겁게 인식할 수 있는 기회를 충분히 제공함으로써 다양한 생명체에 대한 인식과 외적 특성에 대해 관심을 가질 수 있다. 또한 동물에 대한 관심과 호기심 확장이 통합적으로 지원될 때, 영아의 능동적인 탐색으로 이어져 자연스럽게 사고발달을 지원하는데 의의가 있다.

연간보육계획 나는요. 주제선정의 근거는 다음과 같다.

2세는 '나' 라는 존재에 대한 인식을 시작하면서, 자신의 신체에 대해 관심을 가지게 되고 오감을 이용한 감각적 습득을 활발하게 경험하는 시기이다. 또한 '나'를 중심으로, 자신과 관계된 대상과의 상호작용을 활발히 하여 주변에 대한 적극적인 탐색이 시작되고, 독립에 대한 욕구가 커짐으로써 스스로 할 수 있는 것들에 대한 시도를 반복하며 자신감을 형성하게 된다. 이러한 이시기 영아의 노력은 자신의 신체적인 특성과 유능성을 탐색하여 이후 긍정적인 자아개념의 기초가 된다.

연간보육계획 어린이집이 좋아요. 주제선정의 근거는 다음과 같다.

2세 전반기는 새로운 환경과 낯선 이에게 여전히 불안함을 느끼는 시기이기 때문에, 2세에게 있어서 어린이집은 이전의 생활과 다른 새로운 환경에 대해 적응을 해야 하는 공간이다. 이 시기 영아는 이동능력을 갖추며, 언어적인 상호작용이 가능하게 되므로, 어린이집과 반에 대한 탐색을 적극적으로 할 수 있다.

연간보육계획 봄나들이 가요. 주제선정의 근거는 다음과 같다.

2세는 주변 환경의 탐색을 위한 감각 · 운동능력과 인지능력이 향상된 상태로 초보적인 수준의 자율적인 활동 참여가 가능하다. 그러나 주의집중 시간이 짧고, 구체적인 사물을 가지고 미시적인 수준에서 경험하는 것이 의미 있는 시기이므로, 봄에 대한 내용을 지식적으로 접근하기보다는 꽃, 벌레 등에 대한 감각적인 경험을 통해 계절의 변화를 느낄 수 있다.

연간보육계획 겨울과 모양을 즐겨요. 주제선정의 근거는 다음과 같다.

2세반의 후반기는 주변 사물의 특성을 모양에 따라 인식하며 여러 가지 속성을 탐색하고, 크기와 길이의 비교, 단순한 순서와 반복되는 규칙성을 인식하는 수학적 탐구 활동이 활발하게 이루어지는 시기이다. 이에 겨울이 되면서 변화되는 기후와 주변의 환경에 대해 호기심을 갖고 능동적으로 탐색이 가능해진다. 또한 주변의 사물에 대한 다양한 감각능력을 통해 다양한 모양에 대해 흥미를 가지고 적극적으로 탐색할 수 있다.

〈표 4-39〉 연간보육계획 주제 및 소주제

순서	주제	주	소주제
1	어린이집 좋아요 (7주)	1	나는 OO반이에요
		2	엄마, 아빠와 헤어질 수 있어요
		3	우리 반 선생님과 친구들이에요
		4	재미있는 놀잇감이 있어요
		5	내가 좋아하는 놀잇감이에요
		6	편안하게 지내요
		7	안전하게 놀아요
2	봄나들이 가요 (5주)	1	바깥놀이가 재미있어요
		2	안전하게 바깥놀이해요
		3	꽃구경은 즐거워요
		4	벌레가 꿈틀꿈틀해요
		5	봄나들이 갈까요
3	나는요 (5주)	1	나는 OOO 이에요
		2	내 몸을 살펴보아요
		3	나는 느껴요
		4	내가 좋아하는 것이 있어요
		5	혼자서도 잘해요
4	재미있는 여름이에요 (7주)	1	날씨가 더워졌어요
		2	비가 많이 와요
		3	깨끗하게 씻어요
		4	물놀이가 재미있어요1
		5	물놀이가 재미있어요2
		6	여행을가요
		7	
5	나는 가족이 있어요 (5주)	1	엄마 아빠가 좋아요
		2	우리가족을 흉내내요1
		3	우리가족을 흉내내요2
		4	우리가족을 소개해요1
		5	우리가족을 소개해요2
6	동물놀이 해요 (6주)	1	여러 가지 동물이 있어요
		2	엄마동물 아기동물
		3	동물처럼 소리를 내어보아요
		4	동물처럼 움직여보아요
		5	OO반이 좋아하는 동물
		6	동물을 사랑해요

7	알록달록 가을이에요 (6주)	1	가을이에요
		2	가을나들이
		3	단풍이 물들어요
		4	자연물로 놀이해요
		5	알록달록 색깔나라
		6	재미있는 그리기 나라
8	겨울과 모양을 즐겨요 (5주)	1	여러 가지 모양이 있어요
		2	모양놀이해요
		3	즐거운 성탄이에요
		4	추워요
		5	따뜻하게 지내요
9	나는 친구가 있어요 (6주)	1	내 친구가 좋아요
		2	친구와 함께하는 놀이가 있어요
		3	우리는 OO살 (설날)
		4	형·언니가 되었어요
		5	즐거웠던 우리반이에요
		6	

연간보육계획 수립 시 기존 연간보육계획안처럼 원별로 진행하지 않고 주제와 진행기간 주차로 제시하고 있으나 계절 특성과 영아 초기적응 등을 고려할 때 위에서 제시한 순서로 진행하거나 어린이집 상황에 맞춰 변경 진행하거나 주차 조절하여 진행한다. 또한, 기존 연간보육계획안처럼 월별로 제시하지는 않지만 3월이 2세아 발달특성상 하반기보다는 이해 및 활동 진행과정에 차이가 있다고 보고 점차 활동계획이나 통합적 진행방향을 좀 더 수준을 달리하여 수립한다. 어린이집에서 연간보육계획 수립할 때 위 사항 참조하여 수립하고 흥미 있는 주제 추가로 선정하여 융통성 있게 계획한다.

주제별 보육계획 수립의 일반적 이해는

월간보육계획은 연간보육계획의 목표를 달성하기 위한 구체적인 내용을 계획하는 것으로서 매월 주제와 소주제에 대한 내용이 활동별로 수립되어 있다. 주제선정의 이유를 주제를 선정한 이유나 배경 및 이론적 근거, 이 주제에서 달성하고 하는 목표, 구체적으로 다루고자 하는 진행방법을 기술하고 아울러 주제의 강조점도 제시한다.

〈표 4-40〉 주제별 보육계획 예시

<table>
<tr><td colspan="2">주제명</td><td colspan="6">알록달록 가을이에요(6주)</td></tr>
<tr><td colspan="2" rowspan="2">주
소주제
구분</td><td>1주</td><td>2주</td><td>3주</td><td>4주</td><td>5주</td><td>6주</td></tr>
<tr><td>가을이에요</td><td>가을나들이</td><td>나뭇잎이
물들어요</td><td>자연물로
놀이해요</td><td>알록달록
색깔나라</td><td>재미있는
그리기나라</td></tr>
<tr><td rowspan="2">귀가 및 연계</td><td>귀가</td><td colspan="6">가을 날씨 이야기 하며 귀가 나뭇잎의 변화 살펴보며 귀가하기</td></tr>
<tr><td>가정 및 지역 사회연계</td><td colspan="6">가정과의 연계 : 가족과 함께 공원 나들이 해 보기
지역사회와의 연계 : 공원으로 산책가기
(어린이집에서 가까운 근린공원으로 산책가기)</td></tr>
<tr><td colspan="2" rowspan="2">비고</td><td>• 잘자요 달님
• 숲속에
• 날마다 자라요</td><td>• 풀밭에
• 나무에
• 복숭이 하나 둘 셋</td><td>• 나무
• 사과야 빨리 익어라
• 행복한 껴안기</td><td>• 재미난 그림책
• 무엇을 만들까?
• 사과를 자르면</td><td>• 깜짝 깜짝 색깔들
• 맛있는 그림책
• 사과가 쿵</td><td>• 엉뚱한 그림책
• 크고 작고
• 무엇을 만들까?</td></tr>
<tr><td colspan="6">이 주제는 10월 중순~11월에 실시해 보도록 하는 것이 바람직하다. 가을의 날씨를 고려하여 진행시기를 정하고 색깔 주제와 연계하여 6주 동안 계획하되, 교사가 융통성있게 운영할 수 있다.</td></tr>
<tr><td colspan="2"></td><td></td><td></td><td></td><td></td><td></td><td></td></tr>
</table>

소주제별(주간) 보육계획 수립의 일반적 이해

- 일반적으로 주간보육계획은 주제별 보육계획을 토대로 1주 동안 이루어지는 모든 활동을 한눈에 파악할 수 있는 세부적인 보육계획이다.
- 주간보육계획을 통해 주제별 보육계획의 소주제에서 제시한 여러 가지 관련 활동을 요일별로 배치하여 구체적으로 수립한다.
- 주간보육계획에서 관련 활동을 요일에 배치하는 경우 제시한 예시를 참조하여 해당 반 영아의 개별적 상황을 반영하여 수립한다.
- 2세반 보육프로그램에서는 영역활동을 1개씩 소개하고 실외활동은 1~2개의 활동을 소개하고 있지만 해당반 영아의 흥미도와 개별적 특성을 반영하여 활동을 추가하여 실행 가능하다.
- 주간보육계획은 영아의 하루일과가 놀이 활동과 일상적 양육활동으로 진행되므로 이들 간의 균형적 실행도 고려한다.

- 자유놀이활동은 월요일에 관련 활동을 모두 실행하기보다 해당반 영아의 흥미도에 맞추어 활동을 조절하여 소개하도록 한다.
- 새로운 활동을 소개할 때는 모여서 진행하기보다 개별적으로 소개하여 2세아의 개별적 흥미에 대한 지원이 이루어지도록 한다.
- 새로운 활동은 해당반 영아들이 대부분 있는 오전 자유놀이활동에서 소개하고 오후 자유놀이활동에서는 관련활동이 반복적으로 탐색되어 친숙해지도록 한다.

〈표 4-41〉 소주제별(주간) 보육계획 예시 이해

주제	알록달록 가을이에요	1주	가을이에요

- 여러 가지 색, 모양의 나뭇잎이 있어요
- 스스로 겉옷을 벗어 보기
- 낙엽을 청소해요
- 알록달록 가을나무 꾸미기
- 낙엽비가 내려요
- 가정과의 연계-부모님과 함께 공원 산책하기
- 배변 후 선생님의 도움 받아(스스로)옷을 올려 보기-지퍼, 단추 잠궈 보기
- 새로운 음식 먹어 보기
- 내짝을 찾아주세요(과일반쪽찾기)
- 길을 잃었을 때는 제자리에서 기다리기
- 큰 나무 작은 나무 쌓아 보기
- 바르게 앉아서 먹기
- 동물인형 목욕시키기
- 아침에 먹고 온 음식을 이야기해 보기
- 귀가 - 오늘 한 재미있는 활동 부모님께 이야 기 해 보기
- 자고 나서 내 베개를 정리해 보기
- 과일열매 까꿍카드
- 열매 마라카스 흔들기

구문		월	화	수	목	금	토
등원 및 맞이하기		아침에 먹고 온 음식을 이야기해 보기					
일상생활	기본생활 및 안전	스스로 겉옷을 벗어 보기 길을 잃었을 때는 제자리에서 기다리기					
	점심 및 간식	바르게 앉아서 먹기 새로운 음식 먹어 보기					
	낮잠	자고 나서 내 베개를 정리해 보기					
	배변활동	배변 후 선생님의 도움 받아(스스로)옷을 올려보기 -지퍼, 단추 잠궈 보기					
실내자유놀이영역	신체	낙엽비가 내려요					
	언어	과일 열매 까꿍 카드					
	감각탐색		내 짝을 찾아 주세요(과일반쪽 찾기)				
	역할쌓기	낙엽을 청소해요			큰 나무 작은 나무 쌓아보기		
	미술		알록달록 가을나무 꾸미기				
	음률			열매 마라카스를 흔들기			
실외놀이		동물인형 목욕시키기			여러 가지 색, 모양의 나뭇잎이 있어요		
귀가 및 가정과의 연계	귀가	귀가-오늘 한 재미있는 활동 부모님께 이야기 해 보기					
	가정과의 연계	가정과의 연계-부모님과 함께 공원 산책하기					

일일보육계획 수립의 일반적 이해

- 일일보육계획은 등원에서 귀가까지 종일 보육일과를 수립한다.
- 2세아의 일상적 양육활동 계획(간식, 배변, 점심, 청결, 낮잠 등)을 수립한다.
- 자유놀이활동 계획을 오전과 오후 골고루 2시간 30분 이상 수립한다.
- 실외활동 계획을 영아는 최소 30분 이상 수립한다.
- 실내와 실외, 정적과 동적, 개별 활동과 휴식 등의 활동 균형을 고려하여 수립한다.
- 융통성 있는 일과 운영이 가능하도록 수립한다.
- 일관성 있는 일과운영 계획을 수립한다.
- 다양한 상호작용이 포함되도록 수립한다.
- 일과 중 실외활동은 반드시 포함되어 계획하고, 주제와 관련된 다양한 활동 및 자유놀이가 진행되도록 한다.
- 일일보육계획 시 간식, 배변, 휴식 등 영아의 신체적 욕구를 고려하여 일상양육에 대한 계획이 포함되도록 한다.
- 2세반의 어린이집 상황, 당일의 날씨나 유아의 흥미, 상태, 어린이집과 지역사회의 특성을 고려하여 융통적으로 운영할 수 있다.

〈표 4-42〉 일일보육계획 융통성 수립 예시

시간	일과 내용
7:30~9:00	등원 및 통합보육
9:00~9:30	화장실 가기 및 오전 간식
9:30~10:50	오전 실내 자유놀이
10:50~11:10	정리정돈 및 화장실 다녀오기
11:10~11:50	실외놀이 및 손 씻기
11:50~13:20	점심식사 및 이 닦기
13:20~15:00	낮잠
15:00~15:30	화장실 가기 및 오후 간식
15:30~16:50	오후 실내 자유놀이
16:50~17:30	실외놀이 및 손 씻기
17:30~19:30	귀가 및 통합보육

〈표 4-43〉 일일보육계획 실행 및 평가 예시

2세일일 보육계획및실행	2012년 10월 29일 월요일 날씨 : 맑음	담임	원장
주제	알록달록 가을이에요		
소주제	가을이에요		
시간 및 활동명	활동 계획 및 방법	준비물 및 유의점	실행
7:30~9:00 등원 및 통합보육	• 등원하는 영아 반갑게 맞이하기 • 영아의 기분과 건강상태 확인하기 • 스스로 소지품 정리할 수 있도록 도와주기 • 투약 의뢰서 유무 확인하기 • 통합 보육실에서 자유놀이하기	출석카드 투약의뢰서 일일연락장 영역별 놀잇감	부모님과 등원하는 영아에게 아침에 무엇을 먹었는지 물어보거나 함께 이야기를 나누었다. 자신이 무엇을 먹었는지를 생각하는 모습이 참 귀여웠다.
9:00~9:30 화장실 가기 및 오전간식	• 화장실 다녀오기 및 손 씻기 • 준비된 간식 가지고 자리에 앉기 • 간식 먹은 후 함께 자리 정리하기	씨리얼 우유	
9:30~10:50 오전 실내 자유놀이	• 새로운 영역활동 개별적으로 소개하기 • 관심 있는 영역에서 자유롭게 활동하도록 돕고, 긍정적 상호작용 나누기 • 교사의 도움이 필요한 놀이에 적절히 참여하기 [신체] 낙엽비가 내려요 -이전에 산책활동 통해 낙엽을 뿌리며 관찰한 경험 회상하기 -환경 인쇄물로 만든 낙엽을 위로 던지며 움직임 관찰하기 [언어] 과일·열매 사진을 보고 함께 탐색하기 -까꿍판에 같은 사진 넣어 함께 열어보고 탐색하기 -벽에 붙인 사진과 까꿍판 같은 사진 고르기 [감각.탐색] [역할.쌓기] 낙엽을 청소해요 -종이 낙엽이 떨어진 바닥을 함	과일열매사진, 까꿍판, 환경 인쇄물 종이낙엽, 영아용 빗자루와 쓰레받기, 영역별 기본 놀잇감	[언어] 벽에 붙은 과일 사진을 보고 '사과'라고 말하기도 하고 까꿍판을 열고 '사과'가 나오자 벽을 바라보며 사진을 찾는 모습을 보았다. 벽에 있는 사진과 까꿍판 사진이 같은 사진이라고 생각하는 아이들이 대부분이었다. [역할] 종이 낙엽을 빗자루로 쓸어서 쓰레받기로 담다가 몇 개가 담기 힘들자 손으로 집어 쓰레받기에 담기도 했다. 그리고 또 쏟아서 쓸고 담는 놀이를 반복했다. 어떤 친구는 쓰레받기에 낙엽을 담아서 휴지통에 넣으려고 하였다. '청소하자'라는 말에 대한 친구들의 반응이 전보다 빨라졌다.

	께 빗자루로 쓸고 쓰레받기에 담아보기 [미술] [음률]		
10:50~11:10 정리정돈 및 화장실 가기	• 놀잇감 바르게 사용하도록 안내하고 함께 정리하기 • 화장실 다녀오기		
11:10~ 11:50 실외놀이 및 손씻기	[실외활동] 동물인형 목욕시키기 -전 주에 했던 활동 회상 질문하기 -좋아하는 동물인형을 스스로 선택하여 함께 목욕놀이하기 (대체활동) 실내에서 동물인형 목욕시키기 • 화장실 다녀오기 및 손 씻기	동물인형, 수조, 목욕의자, 스펀지, 비누, 수건	여러 가지 동물인형 바구니를 함께 들고 나갔다. 비누칠을 해주면서 '세수해' 라고 말하기도 하고 수건에 동물인형을 눕혀서 '시원해' 라고 말하기도 했다.
11:50~ 13:20 점심식사 및 이닦기	• 골고루 음식 먹고 함께 정리하도록 안내하기 • 이 닦기 • 먼저 먹은 친구는 자유롭게 놀이하기	현미밥, 맑은 콩나물국 채소치즈계란말 이, 연근조림 배추김치	밥을 먹다가 숟가락을 떨어뜨리자 한 친구가 자기 숟가락을 들고 '줄까?' 라고 했다. 다른 수저로 교체해 주니까 '좋아?'라고 친구에게 말을 했다.
13:20~ 15:00 낮잠	• 편안한 분위기 느끼도록 낮잠준비 • 편하게 낮잠 자기 • 개인이불 함께 정리하기		
15:00~ 15:30 화장실가기 및 오후간식	• 화장실 다녀오기 및 손 씻기 • 준비된 간식가지고 자리에 앉기 • 간식 먹은 후 함께 자리 정리하기	간장비빔 쌀국수 사과	
15:30~ 16:50 오후 실내 자유놀이	• 원하는 영역에서 자유롭게 놀기 • 놀잇감 바르게 사용하도록 안내하고 함께 정리하기		[신체] 낙엽을 보여주며 "우리 공원에서 보았지요?"라고 말하니까 어떤 친구는 고개를 끄덕이기도 했다. 미리 만든 종이낙엽을 손으로 집어 서로에게 뿌려주었는데 매우 즐거워했다. '또' 라고 말하며 손을 잡아끌기도 했다. 손으로 잡아 뿌리는 활동에 매우 흥미를 보였다.

16:50~ 17:30 실외놀이 및 손씻기	[실외활동] 실외 놀이터에서 자유놀이 (대체활동) 실내 유희실에서 자유놀이 • 화장실 다녀오기 및 손 씻기		
17:30~ 19:30 귀가 및 통합보육	• 통합보육 하면서 개별적으로 귀가하기 • 자신의 소지품 함께 정리해보기 • 선생님과 친구에게 '안녕' 인사하기		귀가하는 친구에게 "오늘 뭐했는지 엄마께 말해보자."라고 했더니 손을 위로 올리면서 웃었다. 궁금해 하는 어머니께 낙엽을 뿌리는 활동을 흉내 내는 것 같다고 말씀드렸다.
일일평가	산책을 하면서 낙엽을 줍고 손으로 뿌리기도 한 경험이 영아들에게 인상 깊었던 것 같다. 낙엽 비 활동을 할 때 이전 경험이 자연스럽게 회상되어 매우 즐거워하였는데 좀 더 활발한 활동 지원을 위해 내일은 좀 더 넓은 공간에서 활동을 해보아야겠다.		
비고	개별 침구 요청: 민수어머님께 귀가시간에 금요일에 보내드린 개별 침구를 보내주지 않아 여별침구로 낮잠지도를 했다고 말씀드리고 내일 침구를 보내달라고 말씀드림		

일일보육계획 실행 및 평가

- 일일보육계획의 구체적인 실행은 보육교사가 주간보육계획에서 수립된 관련활동을 통합적으로 진행하는데 매우 필요한 과정이다.
- 현장학습이나 지역사회 연계활동, 일상생활 관련활동 등의 내용을 진행하거나 계절에 따른 기온 및 일조량 등을 고려하여 일과를 조절하는 등의 상황 이외에는 비교적 일관되게 수립한다.
- 실행은 모든 일과에 대한 실행기록을 지속적으로 기록하여 차후 계획에 반영함으로써 보다 질적이고 안정적인 보육활동이 이루어지는 것에 목적이 있다.
- 평가에서 교사는 놀이 활동에서 이루어지는 놀잇감 탐색, 관심, 또래 관계, 여러 가지 유형의 상호작용 등에 유의하여 활동과정을 참여한 후 구체적으로 기록한다.
- 평가에서 교사는 일과 중 지원되는 일상적 양육활동에 대한 교사의 지원, 영아의 활동 특성, 변화, 여러 유형의 상호작용 등에 유의하여 일과를 진행한 후 구체적으로 기록한다.
- 일일평가에는 그 날 활동 중 교사의 느낀 점이나 차후 고려사항에 대해 기록한다.

- 비고란에는 하루 일과와 같이 지속적으로 일어나는 내용이 아니라 당일 발생한 특별한 사항을 기록한다.

활동계획안은 표준보육과정의 영역〉내용범주〉내용〉수준별 내용으로 제시하고 가장 주된 표준보육과정의 영역을 2개로 한정하여 제시한다. 활동자료는 활동에 필요한 자료를 가능한 사진 자료와 함께 제시하며 교구제작이 필요한 경우 제작방법도 함께 제시한다.

활동방법은 활동의 진행방법을 차례로 해당하는 교사의 상호작용과 함께 제시하며 '한걸음 더' 라는 아이콘은 2세반의 상황을 고려할 때 좀 더 높은 월령이 있는 경우 좀 더 높은 수준의 상호작용이나 활동 방법 제시를 의미한다. 활동 안에 따라 동일한 활동 진행에서 좀 더 상위 수준의 상호작용을 제안하거나 좀 더 심화된 활동방법을 진행하여 제시하며 영아들의 활동모습을 가능한 한 사진자료로 제시한다.

교사가 이 활동을 진행할 때 참고하면 좋은 사항을 활동 내용에 따라 첨부하여 제시하고 교사가 이 활동을 진행할 때 참고하면 좋은 확장활동을 활동 내용에 따라 첨부하여 제시한다.

5) 누리과정의 기초 3-5세

누리과정의 구성체계는 3-5세는 신체운동·건강, 의사소통, 사회관계, 예술경험, 자연탐구의 5개 영역을 중심으로 구성하며 초등학교 교육과정과의 연계성을 고려하여 구성한다.

누리과정의 목표는 기본 운동 능력과 건강하고 안전한 생활 습관을 기르며 일상생활에 필요한 의사소통 능력과 바른 언어 사용 습관을 기른다. 자신을 존중하고 다른 사람과 더불어 생활하는 능력과 태도를 기르며 아름다움에 관심을 가지고 예술 경험을 즐기며, 창의적으로 표현하는 능력을 기른다. 호기심을 가지고 주변세계를 탐구하며, 일상생활에서 수학적·과학적으로 생각하는 능력과 태도를 기른다.

누리과정의 교수, 학습방법을 살펴보면 만 3-5세아는 실내·실외활동, 정적·동적활동, 대·소집단활동 및 개별 활동, 일상생활 및 휴식 등이 균형 있게 이루어지도록 한다.

각 영역별 목표를 살펴보면 다음과 같다.

① **신체운동·건강영역**

- 기본 운동 능력과 건강하고 안전한 생활 습관을 기른다.
  • 감각 능력을 기르고, 자신의 신체를 긍정적으로 인식한다.
  • 신체를 조절하고 기본 운동 능력을 기른다.
  • 신체 활동에 즐겁게 참여한다.
  • 건강한 생활 습관을 기른다.
  • 안전한 생활 습관을 기른다.

② **의사소통 영역**

- 일상생활에 필요한 의사소통 능력과 바른 언어 사용 습관을 기른다.
  • 다른 사람의 말을 주의 깊게 듣는 태도와 이해하는 능력을 기른다.
  • 자신의 생각과 느낌을 말하는 능력을 기른다.
  • 글자와 책에 친숙해지는 경험을 통하여 글자 모양을 인식하고 읽기에 흥미를 가진다.
  • 말과 글의 관계를 알고 자신의 생각, 느낌, 경험을 글로 표현하는 데 관심을 가진다.

③ **사회관계 영역**

- 자신을 존중하고 다른 사람과 더불어 생활하는 능력과 태도를 기른다.
  • 자신을 소중히 여기며 자율성을 기른다.
  • 자신과 타인의 감정을 알고, 자신의 감정을 적절하게 표현하고 조절한다.
  • 가족과 화목하게 지내며 서로 협력한다.
  • 친구, 공동체 구성원들과 서로 돕고, 예의·규칙 등 사회적 가치를 알고 지킨다.
  • 우리 동네, 우리나라, 다른 나라에 관심을 가진다.

④ **예술경험 영역**

- 아름다움에 관심을 가지고 예술 경험을 즐기며, 창의적으로 표현하는 능력을 기른다.
  • 자연과 주변 환경에서 발견한 아름다움과 예술적 요소에 관심을 갖고 탐색한다.
  • 자신의 생각과 느낌을 음악, 움직임과 춤, 미술, 극 놀이를 통해 창의적으로 표현하는 것을 즐긴다.
  • 자연과 다양한 예술 작품을 감상하며, 풍부한 감성과 심미적 태도를 기른다.

⑤ **자연탐구 영역**

- 호기심을 가지고 주변세계를 탐구하며, 일상생활에서 수학적·과학적으로 생각하는 능력과 태도를 기른다.
  - 주변의 사물과 자연 세계에 대해 알고자 하는 호기심을 가지고 탐구하는 태도를 기른다.
  - 생활 속의 여러 상황과 문제를 논리·수학적으로 이해하고 해결하기 위한 기초 능력을 기른다.
  - 주변의 관심 있는 사물과 생명체 및 자연현상을 탐구하기 위한 기초능력을 기른다.

3-5세 누리과정의 영역별 내용을 살펴보면 다음과 같다. 먼저 만 3세부터 세부내용까지 알아본다.

〈표 4-44〉 만 3세 신체운동·건강영역 내용체계 및 세부내용

내용범주	내용	세부내용
신체 인식하기	감각능력 기르고 활용하기	감각적 차이를 경험한다.
		감각기관을 인식하고, 활용해 본다.
	신체를 인식하고 움직이기	신체 각 부분의 명칭을 알고, 움직임에 관심을 갖는다.
		자신의 신체를 긍정적으로 인식하고 움직인다.
신체 조절과 기본 운동하기	신체 조절하기	신체균형을 유지해본다.
		공간, 힘, 시간 등의 움직임 요소를 경험한다.
		신체 각 부분의 움직임을 조절해 본다.
		눈과 손을 협응하여 소근육을 조절해 본다.
	기본 운동하기	걷기, 달리기 등 이동운동을 한다.
		제자리에서 몸을 움직여 본다.
신체 활동에 참여하기	자발적으로 신체 활동에 참여하기	신체 활동에 자발적으로 참여한다.
		다른 사람과 함께 하는 신체 활동에 참여한다.
	바깥에서 신체 활동하기	규칙적으로 바깥에서 신체 활동을 한다.
	기구를 이용하여 신체 활동하기	여러 가지 기구를 이용하여 신체 활동을 한다.

건강하게 생활하기	몸과 주변을 깨끗이 하기	손과 이를 깨끗이 하는 방법을 알고 실천한다.
		주변을 깨끗이 한다.
	바른 식생활하기	음식을 골고루 먹는다.
		몸에 좋은 음식에 관심을 갖는다.
		바른 태도로 식사한다.
	건강한 일상생활하기	규칙적으로 잠을 자고, 적당한 휴식을 취한다.
		하루 일과에 즐겁게 참여한다.
		스스로 화장실에서 배변한다.
	질병 예방하기	질병의 위험을 알고 주의한다.
		날씨에 맞게 옷을 입는다.
안전하게 생활하기	안전하게 놀이하기	놀이기구나 놀잇감, 도구를 안전하게 사용한다.
		안전한 놀이장소를 안다.
		TV, 인터넷, 통신기기 등을 바르게 사용한다.
	교통안전 규칙 지키기	교통안전 규칙을 안다.
		교통수단을 안전하게 이용한다.
	비상 시 적절히 대처하기	학대, 성폭력, 실종, 유괴상황을 알고 도움을 요청한다.
		재난 및 사고 등 비상시 적절하게 대처 방법을 안다.

〈표 4-45〉 만 3세 의사소통 영역 내용체계 및 세부내용

내용범주	내용	세부내용
듣기	낱말과 문장 듣고 이해하기	낱말의 발음에 관심을 가지고 듣는다.
		일상생활과 관련된 낱말과 문장을 듣고 뜻을 이해한다.
	이야기 듣고 이해하기	다른 사람의 이야기를 관심 있게 듣는다.
	동요, 동시, 동화 듣고 이해하기	동요, 동시, 동화를 다양한 방법으로 듣고 즐긴다.
	바른 태도로 듣기	말하는 사람을 바라보며 듣는다.
말하기	낱말과 문장으로 말하기	친숙한 낱말을 발음해 본다.
		새로운 낱말에 관심을 가진다.
		일상생활에서 일어나는 일들을 간단한 문장으로 말한다.
	느낌, 생각, 경험 말하기	자신의 느낌, 생각, 경험을 말해본다.
	상황에 맞게 바른 태도로 말하기	상대방을 바라보며 말한다.
		바르고 고운 말을 사용한다.
읽기	읽기에 흥미 가지기	주변에서 친숙한 글자를 찾아본다.
		읽어 주는 글의 내용에 관심을 가진다.
	책 읽기에 관심 가지기	책에 흥미를 가진다.
		책의 그림을 단서로 내용을 추측해 본다.
쓰기	쓰기에 관심 가지기	말을 글로 나타내는 것에 관심을 보인다.
		자기 이름의 글자에 관심을 가진다.

〈표 4-46〉 만 3세 사회관계 영역의 내용체계 및 세부내용

내용 범주	내용	세부내용
나를 알고 존중하기	나를 알고, 소중히 여기기	나에 대해 관심을 갖는다.
		나와 다른 사람의 차이에 관심을 갖는다.
		나를 소중하게 여긴다.
	나의 일 스스로 하기	내가 할 수 있는 일을 알아본다.
		내가 하고 싶은 일을 선택해 본다.
나와 다른 사람의 감정 알고 조절하기	나와 다른 사람의 감정 알고표현하기	자신에게 여러 가지 감정이 있음을 안다.
		다른 사람의 감정에 관심을 갖는다.
	나의 감정 조절하기	자신의 감정을 조절해 본다.
가족을 소중히 여기기	가족과 화목하게 지내기	가족의 소중함을 안다.
	가족과 협력하기	가족 구성원을 알아본다.
		가족을 위하여 내가 할 수 있는 일을 알아본다.
다른 사람과 더불어 생활하기	친구와 사이좋게 지내기	친구와 함께 놀이한다.
		나와 친구의 의견에 차이가 있음을 안다.
	공동체에서 화목하게 지내기	교사 및 주변 사람과 화목하게 지낸다.
	사회적 가치를 알고 지키기	다른 사람의 소유물을 존중한다.
		약속과 규칙을 지켜야 함을 안다.
사회에 관심 갖기	지역사회에 관심 갖고 이해하기	우리 동네의 이름을 안다.
		우리 동네 사람들에 관심을 갖는다.
	우리나라에 관심 갖고 이해하기	우리나라를 상징하는 것에 관심을 가진다.
		우리나라의 전통놀이와 풍습에 관심을 갖는다.

〈표 4-47〉 만 3세 예술경험 영역 내용체계 및 세부내용

내용범주	내용	세부내용
아름다움 찾아보기	음악적 요소 탐색하기	다양한 소리, 음악의 셈여림, 빠르기, 리듬 등에 관심을 갖는다.
	움직임과 춤 요소탐색하기	움직임과 춤의 모양, 힘, 빠르기 등에 관심을 갖는다.
	미술적 요소 탐색하기	자연과 사물의 색, 모양, 질감 등에 관심을 갖는다.
예술적 표현하기	음악으로 표현하기	간단한 노래를 듣고 따라 부른다.
		전래동요를 즐겨 부른다.
		리듬악기로 간단한 리듬을 표현해 본다.
		간단한 리듬과 노래를 즉흥적으로 만들어 본다.
	움직임과 춤으로 표현하기	신체를 이용하여 주변의 움직임을 자유롭게 표현한다.
		움직임과 춤으로 자신의 생각과 느낌을 표현한다.
		도구를 활용하여 다양한 움직임으로 표현한다.
	미술 활동으로 표현하기	다양한 미술활동을 경험해 본다.
		활동에 필요한 재료, 도구에 관심을 갖고 사용한다.
	극 놀이로 표현하기	일상생활의 경험을 극 놀이로 표현한다.
	통합적으로 표현하기	예술 활동에 참여하여 표현과정을 즐긴다.
예술 감상하기	다양한 예술 감상하기	다양한 음악, 춤, 미술작품, 극 놀이 등을 듣거나 본다.
		나와 다른 사람의 예술 표현을 소중히 여긴다.
	전통예술 감상하기	우리나라의 전통예술에 관심을 갖는다.

〈표 4-48〉 만 3세 자연탐구 영역 내용체계 및 세부내용

내용범주	내용	세부내용
탐구하는 태도 기르기	호기심을 유지하고 확장하기	주변 사물과 자연세계에 대해 호기심을 갖는다.
	탐구과정 즐기기	궁금한 점을 알아보는 과정에 흥미를 갖는다.
수학적 탐구하기	수와 연산의 기초개념 알아보기	생활 속에서 수에 관심을 갖는다.
		구체물 수량의 많고 적음을 비교한다.
		다섯 개 가량의 구체물을 세어보고 수량에 관심을 갖는다.
	공간과 도형의 기초개념 알아보기	나를 중심으로 앞, 뒤, 옆, 위, 아래를 알아본다.
		물체의 모양에 관심을 갖는다.
	기초적인 측정하기	두 물체의 길이, 크기를 비교해 본다.
	규칙성이해하기	생활주변에서 반복되는 규칙성에 관심을 갖는다.
	기초적인 자료 수집과 결과 나타내기	같은 것 끼리 짝을 짓는다.
과학적 탐구하기	물체와 물질 알아보기	친숙한 물체와 물질의 특성에 관심을 갖는다.
	생명체와 자연환경 알아보기	나의 출생과 성장에 대해 관심을 갖는다.
		주변의 동식물에 관심을 가진다.
		생명체를 소중히 여기는 마음을 갖는다.
	자연현상 알아보기	돌, 물, 흙 등 자연물에 관심을 갖는다.
		날씨에 관심을 갖는다.
	간단한 도구와 기계 활용하기	생활 속에서 간단한 도구와 기계에 관심을 갖는다.
		도구와 기계의 편리함에 관심을 갖는다.

만 4세 보육과정(누리과정)을 살펴보면 다음과 같다.

〈표 4-49〉 만 4세 신체운동·건강 영역 내용체계 및 세부내용

내용범주	내용	세부내용
신체 인식하기	감각능력 기르고 활용하기	감각적 차이를 구분한다.
		여러 감각기관을 협응하여 활용한다.
	신체를 인식하고 움직이기	신체 각 부분의 특성을 이해하고 활용하여 움직인다.
		자신의 신체를 긍정적으로 인식하고 움직인다.
신체 조절과 기본 운동하기	신체 조절하기	다양한 자세와 움직임에서 신체균형을 유지한다.
		공간, 힘, 시간 등의 움직임 요소를 활용하여 움직인다.
		신체 각 부분을 협응하여 움직임을 조절한다.
		눈과 손을 협응하여 소근육을 조절해 본다.
	기본 운동하기	걷기, 달리기, 뛰기 등 다양한 이동운동을 한다.
		제자리에서 몸을 다양하게 움직인다.
신체 활동에 참여하기	자발적으로 신체 활동에 참여하기	신체 활동에 자발적이고 지속적으로 참여한다.
		다른 사람과 함께 하는 신체 활동에 참여한다.
		자신과 다른 사람의 운동능력의 차이에 관심을 갖는다.
	바깥에서 신체 활동하기	규칙적으로 바깥에서 신체 활동을 한다.
	기구를 이용하여 신체 활동하기	여러 가지 기구를 이용하여 신체 활동을 한다.
건강하게 생활하기	몸과 주변을 깨끗이 하기	손과 이를 깨끗이 하는 방법을 알고 실천한다.
		주변을 깨끗이 하는 습관을 기른다.
	바른	음식을 골고루 먹는다.

	식생활하기	몸에 좋은 음식을 알아본다.
		음식을 소중히 여기고 식사예절을 지킨다.
	건강한 일상생활하기	규칙적으로 잠을 자고, 적당한 휴식을 취한다.
		하루 일과에 즐겁게 참여한다.
		바른 배변습관을 가진다.
	질병 예방하기	질병을 예방하는 방법을 알고 실천한다.
		날씨와 상황에 알맞게 옷을 입는다.
안전하게 생활하기	안전하게 놀이하기	놀이기구나 놀잇감, 도구를 안전하게 사용한다.
		안전한 장소를 알고 안전하게 놀이한다.
		TV, 인터넷, 통신기기 등의 위해성을 알고, 바르게 사용한다.
	교통안전 규칙 지키기	교통안전 규칙을 알고 지킨다.
		교통수단을 안전하게 이용한다.
	비상 시 적절히 대처하기	학대, 성폭력, 실종, 유괴상황 시 도움을 요청하는 방법을 알고 행동한다.
		재난 및 사고 등 비상 시 적절하게 대처하는 방법을 알고 행동한다.

〈표 4-50〉 만 4세 의사소통 내용체계 및 세부내용

내용범주	내용	세부내용
듣기	낱말과 문장 듣고 이해하기	낱말의 발음에 관심을 가지고 듣는다.
		일상생활과 관련된 낱말과 문장을 듣고 뜻을 이해한다.
	이야기 듣고 이해하기	다른 사람의 이야기를 듣고 이해한다.
		이야기를 듣고 궁금한 것에 대해 질문한다.
	동요, 동시, 동화 듣고 이해하기	동요, 동시, 동화를 다양한 방법으로 듣고 즐긴다.
		전래 동요, 동시, 동화를 듣고 우리말의 재미를 느낀다.
	바른태도로 듣기	다른 사람의 이야기를 주의 깊게 듣는다.
말하기	낱말과 문장으로 말하기	친숙한 낱말을 정확하게 발음해 본다.
		다양한 낱말을 사용하여 말한다.
		일상생활에서 일어나는 일들을 간단한 문장으로 말한다.
	느낌, 생각, 경험 말하기	자신의 느낌, 생각, 경험을 말한다.
		주제를 정하여 함께 이야기를 나눈다.
		이야기를 지어 말 한다.
	상황에 맞게 바른 태도로 말하기	듣는 사람의 생각과 느낌을 고려하여 말한다.
		차례를 지켜 말한다.
		바르고 고운 말을 사용한다.
읽기	읽기에 흥미 가지기	주변에서 친숙한 글자를 찾아본다.
		읽어 주는 글의 내용에 관심을 가진다.
	책 읽기에 관심 가지기	책 보는 것을 즐기고 소중하게 다룬다.
		책의 그림을 단서로 내용을 이해한다.
		궁금한 것을 책에서 찾아본다.
쓰기	쓰기에 관심 가지기	말이나 생각을 글로 나타낼 수 있음을 안다.
		자기 이름을 써 본다.
		자신의 느낌, 생각, 경험을 글자와 비슷한 형태로 표현한다.
	쓰기도구사용	쓰기 도구에 관심을 가지고 사용해 본다.

〈표 4-51〉 만 4세 사회관계 내용체계 및 세부내용

내용범주	내용	세부내용
나를 알고 존중하기	나를 알고, 소중히 여기기	나에 대해 알아본다.
		나와 다른 사람의 차이점을 알아본다.
		나에 대해 긍정적으로 생각하고 나를 소중하게 여긴다.
	나의 일 스스로 하기	내가 할 수 있는 일을 해 본다.
		하고 싶은 일을 계획하고 해 본다.
나와 다른 사람의 감정 알고 조절하기	나와 다른 사람의 감정알고 표현하기	자신의 감정을 알고 표현한다.
		다른 사람의 감정을 안다.
	나의 감정 조절하기	자신의 감정을 조절해 본다.
가족을 소중히 여기기	가족과 화목하게 지내기	가족의 소중함을 안다.
	가족과 협력하기	가족 구성원의 역할에 대해 알아본다.
		가족을 위하여 내가할 수 있는 일을 알아보고 실천한다.
다른 사람과 더불어 생활하기	친구와 사이좋게 지내기	친구와 협동하며 놀이한다.
		친구와의 갈등을 긍정적인 방법으로 해결한다.
	공동체에서 화목하게지내기	도움이 필요할 때 다른 사람과 도움을 주고받는다.
		교사 및 주변 사람과 화목하게 지낸다.
	사회적 가치를 알고 지키기	정직하게 말하고 행동한다.
		다른 사람의 생각, 행동을 존중한다.
		친구와 어른에게 예의 바르게 행동한다.
		다른 사람과 한 약속이나 공공규칙을 지킨다.
		자연과 자원을 아끼는 습관을 기른다.
사회에 관심 갖기	지역사회에 관심 갖고 이해하기	우리 동네에 대해 알아본다.
		우리 동네 사람들이 하는 일에 관심을 갖는다.
		물건을 살 때 돈이 필요함을 안다.
	우리나라에 관심 갖고 이해하기	우리나라를 상징하는 것을 안다.
		우리나라의 전통놀이와 풍습에 관심을 갖는다.
		우리나라에 대해 자부심을 갖는다.
	세계와 여러 문화에 관심갖기	세계 여러 나라에 대해 관심을 갖는다.
		다양한 인종과 문화에 관심을 갖는다.

〈표 4-52〉 만 4세 예술경험 영역 내용체계 및 세부내용

내용범주	내용	세부내용
아름다움 찾아보기	음악적 요소 탐색하기	다양한 소리, 음악의 셈여림, 빠르기, 리듬 등에 관심을 갖는다.
	움직임과 춤 요소탐색하기	움직임과 춤의 모양, 힘, 빠르기 등에 관심을 갖는다.
	미술적 요소 탐색하기	자연과 사물의 색, 모양, 질감 등에 관심을 갖는다.
예술적 표현하기	음악으로 표현하기	노래로 자신의 생각과 느낌을 표현한다.
		전래동요를 즐겨 부른다.
		리듬악기를 연주해 본다.
		간단한 리듬과 노래를 즉흥적으로 만들어 본다.
	움직임과 춤으로 표현하기	신체를 이용하여 주변의 움직임을 자유롭게 표현한다.
		움직임과 춤으로 자신의 생각과 느낌을 표현한다.
		도구를 활용하여 다양한 움직임으로 표현한다.
	미술 활동으로 표현하기	다양한 미술활동으로 자신의 생각과 느낌을 표현한다.
		협동적인 미술활동에 참여한다.
		미술활동에 필요한 재료와 도구를 다양하게 사용한다.
	극 놀이로 표현하기	일상생활의 경험이나 간단한 이야기를 극 놀이로 표현한다.
		소품, 배경, 의상 등을 사용하여 협동적으로 극 놀이를 한다.
	통합적으로 표현하기	음악, 움직임과 춤, 미술, 극 놀이 등을 통합하여 표현한다.
		예술 활동에 참여하여 표현과정을 즐긴다.
예술 감상하기	다양한 예술 감상하기	다양한 음악, 춤, 미술작품, 극 놀이 등을 듣거나 보고 즐긴다.
		나와 다른 사람의 예술 표현을 소중히 여긴다.
	전통예술 감상하기	우리나라의 전통예술에 관심을 갖는다.

〈표 4-53〉 만 4세 자연탐구 영역 내용체계 및 세부내용

내용범주	내용	세부내용
탐구하는 태도 기르기	호기심을 유지하고 확장하기	주변 사물과 자연세계에 대해 지속적으로 호기심을 갖는다.
	탐구과정 즐기기	궁금한 점을 알아보는 탐구과정에 관심을 가지고 참여한다.
	탐구기술 활용하기	일상생활의 문제를 해결하는 과정에서 탐색, 관찰 등의 방법을 활용해 본다.
수학적 탐구하기	수와 연산의 기초개념 알아보기	생활 속에서 사용되는 수의 여러 가지 의미를 안다.
		구체물 수량에서 '같다', '더 많다', '더 적다'의 관계를 안다.
		열 개 가량의 구체물을 세어보고 수량을 알아본다.
	공간과 도형의 기초개념 알아보기	위치와 방향을 여러 가지 방법으로 나타내 본다.
		기본 도형의 특성을 인식한다.
		기본 도형을 사용하여 여러 가지 모양을 구성해 본다.
	기초적인 측정하기	일상생활에서 길이, 크기, 무게 등을 비교해 본다.
	규칙성 이해하기	생활주변에서 반복되는 규칙성을 알아본다.
		반복되는 규칙성을 인식하고 모방한다.
	기초적인 자료 수집과 결과 나타내기	필요한 정보나 자료를 수집한다.
		한 가지 기준으로 자료를 분류해 본다.
과학적 탐구하기	물체와 물질 알아보기	친숙한 물체와 물질의 특성을 알아본다.
		물체와 물질을 여러 가지 방법으로 변화시켜 본다.
	생명체와 자연환경 알아보기	나의 출생과 성장에 대해 관심을 갖는다.
		관심 있는 동식물의 특성을 알아본다.
		생명체를 소중히 여기는 마음을 갖는다.
		생명체가 살기 좋은 환경에 대해 관심을 갖는다.
	자연현상 알아보기	돌, 물, 흙 등 자연물의 특성과 변화를 알아본다.
		날씨와 기후변화에 관심을 갖는다.
	간단한도구와 기계활용하기	생활 속에서 간단한 도구와 기계를 활용한다.
		도구와 기계의 편리함에 관심을 갖는다.

만 5세 누리과정 각 영역별 내용체계 및 세부내용은 다음과 같다.

〈표 4-54〉 만 5세 신체 운동·건강 영역 내용체계 및 세부내용

내용 범주	내용	세부 내용
신체 인식하기	감각능력 기르고 활용하기	감각으로 대상이나 사물의 특성과 차이를 구분한다.
		여러 감각기관을 협응하여 활용한다.
	신체를 인식하고 움직이기	신체 각 부분의 특성을 이해하고 활용하여 움직인다.
		자신의 신체를 긍정적으로 인식하고 움직인다.
신체 조절과 기본 운동하기	신체 조절하기	다양한 자세와 움직임에서 신체균형을 유지한다.
		공간, 힘, 시간 등의 움직임 요소를 활용하여 움직인다.
		신체 각 부분을 협응하여 움직임을 조절한다.
		눈과 손을 협응하여 소근육을 조절해 본다.
		도구를 활용하여 여러 가지 조작운동을 한다.
	기본 운동하기	걷기, 달리기, 뛰기 등 다양한 이동운동을 한다.
		제자리에서 몸을 다양하게 움직인다.
신체 활동에 참여하기	자발적으로 신체 활동에 참여하기	신체 활동에 자발적이고 지속적으로 참여한다.
		다른 사람과 함께 하는 신체 활동에 참여한다.
		자신과 다른 사람의 운동능력의 차이를 이해한다.
	바깥에서 신체 활동하기	규칙적으로 바깥에서 신체 활동을 한다.
	기구를 이용하여 신체 활동하기	여러 가지 기구를 이용하여 신체 활동을 한다.
건강하게 생활하기	몸과 주변을 깨끗이 하기	스스로 몸을 깨끗이 하는 습관을 기른다.
		주변을 깨끗이 하는 습관을 기른다.
	바른 식생활하기	적당량의 음식을 골고루 먹는다.
		몸에 좋은 음식을 선택할 수 있다.

		음식을 소중히 여기고 식사예절을 지킨다.
	건강한 일상생활하기	규칙적으로 잠을 자고, 적당한 휴식을 취한다.
		하루 일과에 즐겁게 참여한다.
		규칙적인 배변습관을 가진다.
	질병 예방하기	질병을 예방하는 방법을 알고 실천한다.
		날씨와 상황에 알맞게 옷을 입는다.
안전하게 생활하기	안전하게 놀이하기	놀이기구나 놀잇감, 도구의 바른 사용법을 알고 안전하게 사용한다.
		안전한 장소를 알고 안전하게 놀이한다.
		TV, 인터넷, 통신기기 등의 위해성을 알고, 바르게 사용한다.
	교통안전 규칙 지키기	교통안전 규칙을 알고 지킨다.
		교통수단을 안전하게 이용한다.
	비상 시 적절히 대처하기	학대, 성폭력, 실종, 유괴상황 시 도움을 요청하는 방법을 알고 행동한다.
		재난 및 사고 등 비상 시 적절하게 대처하는 방법을 알고 행동한다.

〈표 4-55〉 만 5세 의사소통 영역 내용체계 및 세부내용

내용범주	내용	세부내용
듣기	낱말과 문장 듣고 이해하기	낱말의 발음에 관심을 가지고 비슷한 발음을 듣고 구별한다.
		다양한 낱말과 문장을 듣고 뜻을 이해한다.
	이야기 듣고 이해하기	다른 사람의 이야기를 듣고 이해한다.
		이야기를 듣고 궁금한 것에 대해 질문한다.
	동요, 동시, 동화 듣고 이해하기	동요, 동시, 동화를 다양한 방법으로 듣고 이해한다.
		전래 동요, 동시, 동화를 듣고 우리말의 재미를 느낀다.
	바른 태도 듣기	다른 사람의 이야기를 끝까지 주의 깊게 듣는다.
말하기	낱말과 문장으로 말하기	정확한 발음으로 말한다.
		다양한 낱말을 사용하여 상황에 맞게 말한다.
		일상생활에서 일어나는 일들을 다양한 문장으로 말한다.
	느낌, 생각, 경험 말하기	자신의 느낌, 생각, 경험을 적절한 낱말과 문장으로 말한다.
		주제를 정하여 함께 이야기를 나눈다.
		이야기 지어 말하기를 즐긴다.
	상황에 맞게 바른 태도로 말하기	듣는 사람의 생각과 느낌을 고려하여 말한다.
		때와 장소, 대상에 알맞게 말한다.
		바르고 고운 말을 사용한다.
읽기	읽기에 흥미 가지기	주변에서 친숙한 글자를 찾아 읽어 본다.
		읽어 주는 글의 내용에 관심을 가지고 읽어 본다.
	책 읽기에 관심 가지기	책 보는 것을 즐기고 소중하게 다룬다.
		책의 그림을 단서로 내용을 이해한다.
		궁금한 것을 책에서 찾아본다.
쓰기	쓰기에 관심 가지기	말이나 생각을 글로 나타낼 수 있음을 안다.
		자신의 이름과 주변의 친숙한 글자를 써 본다.
		자신의 느낌, 생각, 경험을 글자와 비슷한 형태나 글자로 표현한다.
	쓰기도구사용	쓰기 도구의 바른 사용법을 알고 사용한다.

〈표 4-56〉 만 5세 사회관계 영역 내용체계 및 세부내용

내용범주	내용	세부내용
나를 알고 존중하기	나를 알고 소중히 여기기	나에 대해 알아본다.
		나와 다른 사람의 신체적, 사회적, 문화적 차이를 존중한다.
		나에 대해 긍정적으로 생각하고 나를 소중하게 여긴다.
	나의 일 스스로 하기	내가 할 수 있는 일을 스스로 한다.
		하고 싶은 일을 계획하고 해 본다.
나와 다른 사람의 감정알고 조절하기	나와 다른 사람의 감정 알고 표현하기	자신의 감정을 알고 표현한다.
		다른 사람의 감정을 알고 공감한다.
	나의감정 조절하기	자신의 감정을 상황에 맞게 조절한다.
가족을 소중히 여기기	가족과 화목하게 지내기	가족의 의미와 소중함을 안다.
		가족과 화목하게 지낸다.
	가족과 협력하기	다양한 가족구조에 대해 알아본다.
		가족은 서로 도와야 함을 알고 실천한다.
다른 사람과 더불어 생활하기	친구와 사이좋게 지내기	친구와 협동하며 놀이한다.
		친구와의 갈등을 긍정적인 방법으로 해결한다.
	공동체에서 화목하게 지내기	다른 사람과 도움을 주고받고, 서로 협력한다.
		교사 및 주변 사람과 화목하게 지낸다.
	사회적 가치를 알고 지키기	정직하게 말하고 행동한다.
		다른 사람을 배려하여 행동한다.
		친구와 어른께 예의 바르게 행동한다.
		다른 사람과 한 약속이나 공공규칙을 지킨다.
		자연과 자원을 아끼는 습관을 기른다.
사회에 관심 갖기	지역사회에 관심 갖고 이해하기	우리 동네에 대해 알아본다.
		다양한 직업에 관심을 갖는다.
		일상생활에서 돈의 쓰임에 대해 안다.
	우리나라에 관심 갖고 이해하기	우리나라를 상징하는 것을 알고 예절을 지킨다.
		우리나라의 전통, 역사, 문화에 관심을 갖는다.
		우리나라에 대해 자부심을 갖는다.
	세계와 여러 문화에 관심 가지기	세계 여러 나라에 대해 관심을 갖고, 서로 협력해야함을 안다
		다양한 인종과 문화를 알아보고 존중한다.

〈표 4-57〉 만 5세 예술경험 영역 내용체계 및 세부내용

내용범주	내용	세부내용
아름다움 찾아보기	음악적 요소 탐색하기	다양한 소리, 악기 등으로 음악의 셈여림, 빠르기, 리듬 등을 탐색한다.
	움직임과 춤 요소 탐색하기	움직임과 춤의 모양, 힘, 빠르기, 흐름 등을 탐색한다.
	미술적 요소 탐색하기	자연과 사물에서 색, 모양, 질감, 공간 등을 탐색한다.
예술적 표현하기	음악으로 표현하기	노래로 자신의 생각과 느낌을 표현한다.
		전래동요를 즐겨 부른다.
		리듬악기를 연주해 본다.
		리듬과 노래 등을 즉흥적으로 만들어 본다.
	움직임과 춤으로 표현하기	신체를 이용하여 주변의 움직임을 다양하게 표현하며 즐긴다.
		움직임과 춤으로 자신의 생각과 느낌을 표현한다.
		다양한 도구를 활용하여 창의적으로 움직인다.
	미술 활동으로 표현하기	다양한 미술활동으로 자신의 생각과 느낌을 표현한다.
		협동적인 미술활동에 참여하여 즐긴다.
		미술활동에 필요한 재료와 도구를 다양하게 사용한다.
	극 놀이로 표현하기	경험이나 이야기를 극 놀이로 표현한다.
		소품, 배경, 의상 등을 사용하여 협동적으로 극 놀이를 한다.
	통합적으로 표현하기	음악, 움직임과 춤, 미술, 극 놀이 등을 통합하여 표현한다.
		예술 활동에 참여하여 창의적으로 표현하는 과정을 즐긴다.
예술 감상하기	다양한 예술 감상하기	다양한 음악, 춤, 미술작품, 극 놀이 등을 듣거나 보고 즐긴다.
		나와 다른 사람의 예술 표현을 소중히 여긴다.
	전통예술 감상하기	우리나라의 전통예술에 관심을 갖고 친숙해진다.

제5장
안전하게 생활하기

1. 놀이안전 관리
2. 위생안전 관리
3. 교통안전 관리
4. 현장학습 안전 관리
5. 안전사고 실태
6. 안전사고 대처법
7. 안전사고 예방을 위한 교육활동
8. 영유아 안전교육 활동의 예

1. 놀이안전 관리

영유아가 길이나 도로에 나가는 일을 방지하기 위해서 울타리를 설치하며 위험시설로부터 50미터 이상 떨어진 곳에 위치하고 영아용과 유아용 놀이터를 따로 구분하여 적합한 크기의 구조물을 설치하여 다치는 일이 없도록 해야 한다. 입에 넣을 만한 것이나 손이 베일만한 위험한 물건이 없는지 확인하고 모래놀이터는 무게감 있는 덮개로 덮어 놓으며, 주기적으로 살균 소독하고 실외놀이 도중 일사 광선을 피해 잠시 쉴 수 있는 그늘을 확보한다.

그네, 미끄럼틀, 정글짐 등 놀이기구의 바닥에는 잔디나 충격 흡수관 설치를 하여 충격을 최소한으로 하고 그네의 전·후방으로는 영유아들이 접근하지 못하도록 안전 바를 설치하며 내릴 때와 탈 때는 기구가 완전히 멈추어 선 상태에서 타고 내리도록 지도한다.

옥상에 놀이터가 있을 경우 충분한 벽의 높이를 확보하고, 그늘을 만들어 쉴 수 있도록 하며 출입구에 손이 끼이지 않도록 안전장치를 하고 베란다가 있을 경우 문 잠금 장치를 위쪽에 설치한다.

2. 위생안전 관리

보육교사는 다수의 영유아와 함께하므로 항상 청결함을 유지해야 한다.

특히, 음식을 다루거나 먹고 마실 때, 영유아에게 음식을 먹일 때, 투약(특히 안약)을 할 때, 변기사용이나 기저귀 갈아준 후, 유아의 변기 사용을 도와준 후, 피, 토사물, 코 흘린 것 등 신체 분비물을 만진 후, 쓰레기통 사용 후, 실외활동 후, 애완동물을 만진 후, 익히지 않은 육류와 가금류를 만진 후, 손에 낀 일회용 장갑이나 고무장갑을 벗은 후, 손이 더러워 보이는 경우, 반드시 손을 씻어야 한다.

영유아는 어린이집에서 또래와 어울려 활동하는 시간에 위생에 해가 되지 않도록 개인적인 위생습관을 형성할 수 있도록 지도 한다. 음식을 먹기 전, 대소변 이후, 실외활동 후, 애완동물을 만진 후, 손이 더러워 보이는 경우, 피, 토사물, 코 흘린 것 등 신체 분비물을 만진 후 반드시 손을 깨끗이 씻어야 한다.

3. 교통안전 관리

승하차시 에는 영유아 몸무게에 적합하고 안전 테스트에 합격한 안전의자를 장착하고 성인이 함께 탑승하고, 차에 태우고 내리는 방법을 숙지하여 지도한다. 차량 입구를 건물 출입구에 붙여 정차하여 영유아가 즉시 승차하도록 하며 창밖으로 손이나 머리를 내밀지 않도록 하고 차에 앉은 후 내릴 때까지 일어나지 않고, 차가 완전히 멈춘 후 안전띠를 풀고 내릴 준비하기와 눈비가 올 경우 바닥이 미끄러우므로 승하차시 더욱 주의할 수 있도록 지도한다.

안전 보행을 위하여 차가 지나갈 때는 비켜서서 기다리고 횡단보도에서는 절대 뛰지 않으며, 차의 움직임을 주시하며 건너가기와 눈비가 올 경우 우산은 투명한 것으로 선택하여 차량의 움직임을 확인하도록 한다,

4. 현장학습 안전 관리

학습장소에서 잘 모르는 식물이나 이물질을 만지거나 입에 넣지 않도록 하고 동물은 허락된 곳에서 전문가의 감독 하에 지정된 부위만 만져볼 수 있도록 하며 영유아가 동식물 알레르기가 있는지 미리 확인한다. 돌이나 모래를 함부로 던지거나 뿌리지 않고 사람이 너무 많은 곳은 피하며 장비나 작품에 함부로 손을 대지 않고 혼자 다른 곳으로 가지 않도록 한다.

엘리베이터/ 에스컬레이터에서는 반드시 성인과 함께 탑승하고 내부에서 뛰지 않고, 버튼을 여러 번 누르지 않으며 손잡이를 잡고 탑승하며 탑승 시 앞사람과의 사이에 한 칸의 간격을 두고 최소한의 공간을 확보하도록 지도 한다.

미아 방지를 위해 건물에 들어가기 이전, 중간, 이후 영유아 인원수를 확인하고 차량 승차 이전, 중간, 이후에 수시로 인원수 확인하며 외부 현장에서는 교실에서와는 다르게 교사 대 영유아 수를 더 적게 배정한다.

5. 안전사고 실태

영유아 보육법상에 명시되어 있는 보육의 기본목표 중 가장 우선시되고 있는 부분은 안전문제이다. 영유아의 안전을 위협하는 위험요인을 미리 점검하고 제거하기 위해서는 영유아의 연령 및 성별에 따른 안전사고의 특징을 이해하는 것이 필요하다. 안전사고에 대처하기 위해서는 영유아의 피부가 찢긴 경우, 이물질이 들어간 경우, 탈구 및 골절 사고가 난 경우, 중독사고가 난 경우, 그리고 화재가 발생한 경우 등 각각의 경우에 따른 대처법을 자세하게 숙지하여야 한다.

1) 영유아의 안전사고는 발달특성 및 연령과 관련이 있다.

영유아의 안전을 위협하는 위험요인을 미리 점검하고 제거하기 위해 영유아의 발달특성을 이해해야 한다.

만0~1세 영아의 발달특성과 안전사고를 살펴보면 머리가 다른 신체부위보다 먼저 발달하며 팔과 다리에 비해 몸체가 먼저 발달 하므로 균형을 잡기 어렵고 자주 넘어지며 추락 사고에 노출될 위험이 높아진다. 또한, 무엇이든 입으로 가져가 탐색하므로, 작은 물체를 삼키거나 입에 넣는 경우가 빈번히 발생한다.

만2~3세 영유아 발달특성과 안전사고는 모방과 탐색하고자 하는 의욕이 어느 시기보다 왕성하여 끊임없이 움직이므로 칼, 가위 등 위험한 도구에 상하는 경우가 자주 발생한다. 그 외 화상, 교통사고, 추락, 충돌사고 등 놀이에 의한 안전사고가 가장 많이 발생하며 이 시기의 사고는 전체 영유아 사고의 약 45%를 차지한다.

만4~6세 유아 발달특성과 안전사고는 대근육의 발달과 함께 신체의 움직임이 활발해지면서 충돌 사고, 스포츠 사고(자전거 등 바퀴달린 놀이기구 이용 시) 및 교통사고 등이 증가한다. 이 시기는 자기중심적인 사고로 자신의 관점에서 상황을 파악하며, 성인과 같은 논리적인 사고가 부족하므로 위험을 정확히 인지하는 것이 쉽지 않다. 유아(57.9%)의 사고가 영아(32.2%)보다 발생률이 높다.

2) 영유아의 안전사고는 성별과 관련이 있다.

남아의 사고가 전체의 63.2%로 여아보다 2배 정도 발생비율이 높게 나타났다.

3) 영유아의 안전사고는 장소와 관련이 있다.

어린이집에서의 안전사고는 실내 79.4%, 실외 20.6%로 실내에서의 사고발생이 실외에서 보다 4배가량 많으며 활동별로는 실내자유선택활동(38.9%) 시간에 가장 많이 발생한다.

4) 사고유형별 빈도 및 상해부위를 검증함으로써 유아의 안전사고를 예방할 수 있다.

어린이집에서 발생한 사고 유형은 '부딪힘(37.6%)'과 '넘어짐(35.2%)'이 가장 많았으며 '끼임'이나 '추락' 등의 사고도 빈번하게 나타난다. 가장 많이 다치는 부위는 머리(46.8%) 부위로 나타난다.

6. 안전사고 대처법

피부가 찢긴 경우는 상처가 작으면 물로 깨끗이 씻어내고 출혈이 멈출 때까지 깨끗한 천으로 싸고 눌러준다. 상처가 깊거나 넓고 벌어진 경우는 꿰매야 하므로 병원에서는 치료받아야 하며, 이 때 미리 가루약이나 항생제를 바르지 않는다. 출혈이 많은 경우 119나 1339에 도움을 청하고 구급대원이 올 때까지 깨끗한 천으로 감싼 후 압박한다.

이물질이 들어간 경우 코는 반대편 콧구멍을 막고 세차게 코를 풀도록 하거나 면봉으로 제거하려고 시도하면 더 깊게 들어가거나 코피가 날 수 있으므로 병원에 가서 제거한다.

눈의 표면에 먼지가 붙어 있을 경우 눈꺼풀을 벌려 눈의 안쪽에서 바깥쪽으로 물을 흘려 씻어 내도록 한다. 안약은 함부로 사용하지 않으며 영유아가 눈을 비비지 않게 하고 눈을 감게 하고 깨끗한 손수건 등으로 띠를 만든 후 눈을 가려 눈을 많이 움직이지 못하게 하여 병원으로 이송한다.

탈구/ 골절 사고의 경우는 골절이나 삔 경우와 구별되지 않을 수도 있으므로 상처부위를 움직이지 않도록 부목을 대고 찬찜질을 해주며 병원으로 이송한다.

중독사고가 난 경우 중독원인에 따라 치료의 방법이 다르므로 중독을 일으킨 원인 파악이 중요하다. 중독에 따른 일시적 마비나 호흡곤란 등에 의해 뇌에 산소공급이 부족하여 2차 피해가 발생하는 경우가 있으므로 기도 확보가 중요하다.

화재가 발생한 경우 화상 부위의 옷과 반지 및 팔찌 등을 제거한다. 단, 불에 탄 옷이 피부에 붙어 있으면 억지로 옷을 떼지 말고 잘라서 제거한다. 피부는 찬물에 적신 물수건으로 30분 이상 식혀 준다. 심한 화상인 경우 즉시 병원 이송이 가능하다면 깨끗한 천으로 덮고 바로 이동한다. 감염의 위험이 높으므로 된장, 기름, 소주 등을 바르지 않으며 화학물질에 화상을 입은 경우 구급차가 도착할 때까지 상처부위를 낮게 위치하고 물로 계속 세척한다.

7. 안전사고 예방을 위한 교육활동

어린이집에서 안전교육을 계획할 때는 영유아의 발달 및 연령 특성을 고려해야 하며, 인위적인 상황보다는 안전사고가 일어난 그 상황을 학습기회로 활용하는 것이 가장 좋다. 안전사고의 주제는 생활안전, 교통안전, 신변안전, 재난안전으로 나누어 각각의 주제에 따라 제시된 활동들을 영유아와 함께 해봄으로써 영유아에게 안전사고 방지를 위한 정보를 제공하고 그들의 실천력을 기를 수 있다.

안전교육을 계획하여 실시할 때는 안전교육은 영유아의 발달 및 연령 특성을 고려하며(영아-개별/소집단 교육, 유아-대소집단 교육), 일상적인 경험과 성인의 올바른 행동을 모방함으로 시작되어야 한다. 또한, 안전교육은 그 상황이 일어났을 때 그 경험을 자연스러운 학습의 기회로 활용하는 것이 가장 효과적이고 관련 주제 내에서 계획된 활동에 의해 이루어져야 한다.

안전사고 주제별 교육내용은 다음과 같다.

- 생활안전 - 실내에서는 부딪히거나 넘어지지 않도록 조심하고 놀잇감을 안전하게 사용하도록 하며, 실외에서는 안전한 놀이장소에서 안전한 놀이와 위험한 놀이를 구별하도록 하고 놀이공원에서의 안전한 행동을 지도한다. 물놀이 시 위험상황 인식 및 대처방법을 익히고 안전한 물놀이 장소에서 주의사항을 살필 수 있도록 한다. 공공장소에서는 공공장소의 개념을 알고 공공장소에서 발생하는 사고와 안전한 행동을 이해하여 지킬 수 있도록 한다.
- 교통안전 - 도로안전(보도와 차도의 개념, 안전한 도로횡단 원칙, 뛰어들기의 위험성, 보호자와 함께 보행하는 것의 중요성)과 교통기관 이용 안전(통학버스, 지하철, 버스, 기차 등 안전하게 이용하는 방법), 교통일반(교통표지판의 중요성과 의미,

교통질서 지키기의 중요성, 교통안전을 위해 수고하시는 분들의 고마움)에 관한 사항을 준수하도록 지도한다.

- 신변안전 – 낯모르는 사람을 따라가지 않도록 하고 길을 잃었을 때의 안전한 행동을 이해하도록 지도한다.
- 재난안전 – 자연재해(황사, 지진, 홍수, 폭염, 태풍, 폭설 등)의 개념과 화재의 위험성을 알고 대처방법과 안전한 행동에 대해 지도한다.

8. 영유아 안전교육 활동의 예

영유아 안전교육 활동은 나사렛대학교어린이집(2011), 권혜진 외(2011)와 소방방재청(2008)에 제시된 활동 중 생활안전, 교통안전, 신변안전, 재난안전의 4개의 영역에 따라 선별된 활동이다. 각 어린이집에서는 각 활동을 참고하되 어린이집 상황과 연령에 맞게 재편집하여 사용할 수 있다.

〈표 5-1〉 계단에서의 안전

활동명	계단은 한 칸씩! (만2세)
활동유형	이야기 나누기, 체험 활동
활동목표	계단에서 조심해야 함을 안다. 계단은 한 칸씩 올라간다(내려간다)는 것을 안다. 계단에서 뛰면 위험하다는 것을 안다.
활동자료	발 그림, 인형, 호루라기
활동방법	미리 계단에 우측통행을 할 수 있도록 올라가는 발 그림과 내려오는 발 그림을 붙여 둔다. 1. 계단을 올라갈 때 어떻게 조심해야 하는지에 대해서 이야기를 나눈다. • 계단에서는 오른쪽(왼쪽)으로 올라가야(내려가야) 한다. • 계단에서는 난간 손잡이를 잡고 한 칸씩 올라가야(내려가야) 한다. • 계단에서는 뛰지 않고 천천히 걷는다. 2. 계단으로 이동해서 계단을 올라가본다. 3. 인형이 계단에서 뛰다가 넘어지는 모습을 영아들에게 보여준다. • 계단에서 뛰면 위험하다. 4. 교사의 호루라기 소리에 맞춰 영아들이 계단을 차례로 올라가본다.
유의점	영아들이 계단에서 미끄러지지 않도록 주의한다.
확장활동	가위바위보 게임을 통해 계단을 올라가본다.
출처	권혜진 외(2011). 영유아 안전교육. 창지사.

〈표 5-2〉 실외 놀이터 안전

활동명	실외 놀이터 탐색하기 (만3,4,5세)
활동유형	이야기 나누기
활동목표	1. 실외 놀이터에 무엇이 있는지 알 수 있다. 2. 미끄럼틀의 올바른 이용 방법을 안다.
활동자료	미끄럼틀을 바르게 타는 모습, 미끄럼틀을 거꾸로 올라가는 모습
활동방법	1. 어린이집에서 영유아를 위한 장소를 찾아본다. • 어린이집에서 여러분이 사용하는 장소에는 무엇이 있나요? (교실, 화장실, 식당, 놀이터 등) • oo에서는 무엇을 하나요?(각 장소에서 하는 활동에 대해 이야기한다) 2. 실외 놀이터에 무엇이 있는지 알아본다. • 어린이집 놀이터에는 무엇이 있나요? • 어떤 놀이기구가 가장 좋은가요? 3. 미끄럼틀의 올바른 이용방법을 이야기 나눈다. • 미끄럼틀은 어떻게 타는 놀이기구인가요? • 어떻게 타는 것이 미끄럼틀을 바르게 타는 것일까요? • (미끄럼틀을 바르게 타는 모습과 거꾸로 올라가는 모습의 그림자료를 보여주며) • 미끄럼틀을 거꾸로 올라가면 어떻게 될지 생각해볼까요? • 내려오는 친구와 거꾸로 올라가는 친구와 부딪친다면 어떻게 될까요? 4. 미끄럼틀 이용 시 약속을 정한다. • 미끄럼틀을 탈 때 필요한 약속을 정해보도록 해요. • 왜 약속이 필요할까요? • 우리가 지켜야 할 약속에는 무엇이 있을까요? (거꾸로 올라가지 않아요. 친구를 밀지 않아요. 앞에 친구가 있으면 기다려요. 한명씩 내려와요. 양보할 수 있어요. 등)
사후활동	직접 실외 놀이터에 나가 놀이기구를 탐색 및 이용해본다.
출처	나사렛대학교어린이집(2011), 나사렛대학교어린이집 보육시설 안전교육 자체개발자료

〈표 5-3〉 횡단보도 안전

활동명	여기에 서서 기다려요 (만2세)
활동유형	이야기 나누기, 체험활동
활동목표	길을 건널 때 멈추어 서서 기다리는 안전한 경계선의 정확한 위치를 안다. 보도 경계석에 서는 습관을 기른다.
활동자료	그림자료, 횡단보도(부직포로 제작), 빨간색 테이프, 초록색, 빨간색, 노란색의 발모양(왼발, 오른발), 탈 수 있는 모형차
활동방법	1. 길을 건너야 할 때 먼저 무엇을 해야 하나요? 멈추기, 신호등 살피기, 기다리기 2. 횡단보도 앞에 서서 지나가는 모형차를 느껴보고 느낌을 말해본다. 3. 그림자료를 보며 횡단보도 앞에 서서 기다릴 때 어디에 있어야 안전한지 이야기해 본다. 가까이(빨간색), 멀리(노란색), 중간지점(초록색) 4. 활동자료의 모형을 만들어 제시한 후 유아가 직접 그림판에 초록색, 빨간색, 노란색의 모양을 그림자료와 같이 붙여보게 한다.
자료 제작방법	1. 교사는 흰색과 검은색 부직포를 이용해 횡단보도를 만든다. 2. 교실 바닥에 만들어진 횡단보도를 고정하여 제시한다. 3. 모형 횡단보도의 시작과 끝 부분에 빨간색 테이프에 보도 경계선을 표시한다.
출처	소방방재청(2008). 어린이안전교육프로그램 연구.

〈표 5-4〉 교통표지판 이해

활동명	교통표지판을 알아요 (만5세)
활동유형	게임
활동목표	여러 가지 교통표지판의 의미를 이해한다. 교통표지판을 알고 위험요소로부터 안전하게 자신을 보호한다.
활동자료	교통표지판 그림자료, DDR판, 음악, 카세트
활동방법	1. 여러 모양의 교통표지판 이름과 나타내는 뜻에 대해서 알아보고, 교통표지판 중 지시, 규제, 주의를 구분해 본다. • 지시 표지판은 〈꼭 지켜요〉라는 뜻을 나타내고 파란색으로 되어있다. • 규제 표지판은 〈안돼요〉라는 뜻을 나타내고 빨간색으로 되어 있다. • 주의 표지판은 〈조심하세요〉라는 뜻을 나타내고 그림 밖은 빨간색, 그림 속은 노란색으로 되어 있다. 2. 12가지 교통표지판 그림과 그림이 나타내는 약속을 1:1로 대응하면서 익힌다. 3. DDR판과 교통표지판을 이용하여 할 수 있는 게임을 생각해 본다. 4. DDR 표현 규칙을 정한다. 5. 교통표지판을 제시할 유아를 정한다. 6. 신나는 음악에 맞추어 유아들은 제시되는 교통표지판을 보고 DDR표현 규칙에 맞게 활동한다.
사후활동	집단 활동 후 음률영역에서 개별 활동으로 연계하여 진행할 수 있다.
출처	소방방재청(2008). 어린이안전교육프로그램 연구.

〈표 5-5〉 미아 예방 및 대처방안

활동명	미아가 되지 않으려면?(만3,4,5세)
활동유형	이야기 나누기, 만들기
활동목표	미아가 되지 않기 위한 평소의 생활 습관에 대해 안다. 밖에서 길을 잃었을 때 도움을 구할 수 있는 방법에 대해 안다.
활동자료	비즈, 모루
활동방법	1. 밖에서 길을 잃어본 경험이 있는지, 그 때 어떤 기분이 들었는지 이야기해 본다. 2. 자료를 보면서 미아가 되지 않기 위한 평소 행동과 밖에서 길을 잃었을 때의 행동에 대해 알아본다. 3. 안전 팔찌 만들기(조형) 4. 평소 집, 부모님 전화번호를 외울 수 있도록 유아들과 약속한다. 5. 숫자 비즈를 사용해 부모님 연락처가 담긴 안전 팔찌를 만들어 보고 어떻게 활용할 수 있는지 생각해본다. 6. 길을 잃었는데 전화번호가 생각나지 않으면 안전 팔찌를 본다.
출처	이재연 외(2008). 소방방재청 연구보고서: 어린이집 안전연구 프로그램 개발연구.

〈표 5-6〉 집에 혼자 있을 때 대처방안

활동명	함부로 문을 열지 않아요(만4,5세)
활동유형	이야기나누기, 역할극
활동목표	집에 어른이 없을 때 함부로 문을 열지 않아야 한다는 것을 안다.
활동자료	동화책 '해님달님'
활동방법	1. 집에 어른이 없이 영유아들끼리만 있었던 적이 있었는지, 그 때 기분이 어떠했는지 이야기 나눈다. 2. 동화책 해님달님의 앞부분을 읽어준다(호랑이가 들어오기 전까지). 3. 호랑이가 왔을 때 오누이의 대처 방안에 대해 이야기를 나눈다. 함부로 문을 열어 주지 않고 엄마가 맞는지 확인해 보았다. • 목소리가 다르다고 했다. • 손이 엄마 손이 아닌 것 같다고 했다. 4. 내가 만약 오누이였다면 어떻게 했을지 이야기 나눈다. • 문을 열어 주지 않는다. • 옆집 어른에게 도움을 청한다. • 112에 신고한다. 5. 해님 달님 이야기로 역할극을 한다.
유의점	선한 인상의 사람이라도 나쁜 행동을 할 수 있다는 것을 알려주어 나쁜 사람은 겉모습으로 판단할 수 없음을 알려준다. 영유아가 지나치게 사람에 대한 두려움을 갖지 않도록 연령이나 영유아의 특성에 따라 교육 수준을 조절한다.
확장활동	집에 있는 경우가 아니라 밖에서 모르는 사람이 말을 걸을 때는 어떻게 해야 하는지에 대한 활동으로 확장한다.
출처	권혜진 외(2011). 영유아 안전교육. 창지사.

〈표 5-7〉 화상 대처방안

활동명	화상을 입었어요! (만3,4세)
활동유형	교구놀이
활동목표	뜨거운 것에 데었을 때 가장 먼저 화상부위를 찬물에 대어야 함을 안다.
활동자료	붉은 색 물감, 붓
활동방법	1. 뜨거운 것을 만졌을 때의 느낌에 대해 이야기 나눈다. 2. 우리 주변에 뜨거운 것과 차가운 것이 어떤 것이 있을지 그림카드를 보며 이야기 나눈다. 3. MATCH BOARD를 제시하고 유아가 스스로 교구를 탐색해 본다. • 다리미 그림을 당기면 어떤 표정의 얼굴이 올라올까요? • 얼음 그림을 당기면 어떤 표정의 얼굴이 올라올까요? 4. 뜨거운 것들은 데일 수 있으므로 함부로 만지지 말아야 한다는 것에 대해 이야기 나눈다.

	5. 화상을 입었을 때 어떻게 하면 좋을지 이야기 나눈다. • 흐르는 찬물에 화상부위를 식힌다. • 옷을 함부로 벗지 않는다. • 화상 부위에 약이나 다른 것을 함부로 바르지 않는다. • 화상 부위에 얼음을 직접 올려놓지 않는다. 6. 빨간 물감을 손이나 팔 등에 발라주어 화상 입은 것을 묻힌다. 7. 빨리 흐르는 차가운 물에 물감이 묻힌 곳을 대보며 화상 입었을 때의 바른 대처 방법을 체험한다.
자료 제작방법	MATCH BOARD 1. 나무판이나 하드보드지의 위와 아래에 각각 10개의 구멍을 뚫는다. 2. 나무판이나 하드보드지로 삼각대를 만든다. 3. 웃는 얼굴에는 차가운 물건이 따라 올라갈 수 있도록 줄로 연결하고 찡그린 얼굴에는 뜨거운 물건이 따라 올라갈 수 있도록 줄로 연결한다.
출처	소방방재청(2008). 어린이 안전교육프로그램 연구.

〈표 5-8〉 화재 시 연기 대처방안

활동명	연기 아래로 기어요 (만3,4세)
활동목표	안전하게 신체를 보호하는 방법을 알고 적절히 움직일 수 있다. 열과 연기의 움직임을 알고 화재 시 적절히 대처하는 능력을 기를 수 있다.
활동자료	연기 비닐, 가림판
활동방법	1. 연기가 나는 것을 본 경험이 있는지 이야기 나눈다. 2. 연기가 들어오는 문 밖으로 나가기 위해 어떻게 해야 할지 이야기 나눈다. • 문틈을 수건이나 헝겊 등을 이용해 연기가 들어오지 못하도록 막는다. • 방문의 손잡이를 검지와 중지 손가락을 모아서 살짝 짚어 본다. • 연기는 가벼워 위로 올라가고 바닥 부분에는 연기가 적으므로 무릎으로 기어 나간다. • 현관 앞에 오면 일어나 문을 열고 밖으로 나간다. 3. 이야기 내용을 기초로 한 유아가 시범을 보인다. 4. 두 팀으로 나눈다. 5. 출발 신호와 함께 출발하여 가림판을 문이라 생각하고 손잡이를 확인하고 행동을 해 본다. 6. 문을 연 다음 코와 입을 막고 비닐 연기 밑으로 재빨리 기어나간다. 7. 비닐 연기 밑을 끝까지 통과하면 게임이 끝난다. 8. 게임 후 활동에 대한 평가 시간을 갖는다.
자료 제작방법	1. 비닐에 솜을 붙이고 진회색과 검은색 락카를 뿌려 연기처럼 만든다. 2. 가림판에는 문처럼 손잡이를 만들어 붙인다. • 스티로폼 공을 청 테이프로 싸서 가림판에 붙일 수도 있다.
출처	소방방재청(2008). 어린이 안전교육프로그램 연구.

제6장
영유아 영양

1. 영유아기 영양
2. 위해가능 영양성분 저감화 및 영유아 식생활 지도
3. 영유아의 식품 및 영양 문제
4. 영유아 급식계획 및 일정
5. 식생활 교육

1. 영유아기 영양

1) 모유수유

모유는 신생아와 영아의 정상적인 성장발달을 위해 필요한 모든 영양소를 함유하고 있다. 모유에는 설사와 다른 감염에 대항하는 면역성분이 함유되어 있으므로 출생 후 6개월까지는 모유를 수유하는 것이 가장 바람직하다. 세계보건기구(WHO)에서는 생후 24개월까지 이유식과 더불어 모유수유를 권장하고 있다. 그러므로 어머니가 영아와 함께 있는 시간에도 모유를 먹이도록 권장하며, 가능하다면 보육시설에 등원 시에도 소독한 젖병에 모유를 담아 보내도록 한다. 가정에서 모유를 젖병에 담아 보낸 경우 냉장 보관한다.

2) 인공수유

모유수유가 어려운 경우에는 영아용 조제유로 대치한다. 조제유의 표준 수유농도는 13~14%로 정하고 있고 제품에 따라 스푼의 크기 및 농축 정도가 다를 수 있으므로 제품에 표시된 지침에 따라 조재한다.

조제유 보관은 반드시 유효기간을 확인하고 개봉한 뒤에는 조제 전에 색 또는 냄새가 변질되지 않았는지 확인한다. 개봉한 조제유는 가능한 빨리 사용하고, 제품에 기재된 보관방법을 준수한다. 먹이다 젖병에 남은 조제유는 버리는 것이 안전하고 어머니가 직장인인 이유로 조제유를 여러 개의 젖병에 미리 만들어 보낼 경우 젖병에는 1회 분량의 조제유만 넣어 두고 먹일 때 마다 끓여서 식힌 물을 넣어야 한다.

조유 전 젖병, 젖꼭지 등 조유에 사용되는 모든 기구들을 살균해 놓아야 하고 조유할 때 끓여서 식힌 물을 사용한다. 조유와 수유할 때 손을 깨끗이 씻고 수유 전 영아가 입에 화상을 입지 않도록 따뜻한 정도의 온도인지를 확인한다. 심리적 만족감을 주기 위해 모유를 먹이듯이 수유하고 수유시간은 영아의 연령과 습관에 따라 다르나 위의 수용능력을 고려하여 10~30분 정도가 바람직하다. 수유 후 아기를 어깨에 대고 똑바로 세운 후 등을 쓸어주거나 가볍게 두드려 주어 트림을 시킨다.

3) 수유 횟수

수유 횟수는 출생에 가까운 어린 영아일수록 입과 위의 포만감으로 기본적인 만족감을 얻게 되고, 이는 긍정적인 성격 형성에 중요하므로 영아의 요구에 맞추는 것이 좋으며 수유의 간격 및 양은 개인차가 크고, 이유식이 차지하는 양에 따라 변화한다. 일반적으로는 다음 〈표 6-1〉과 같다.

〈표 6-1〉 월령별 수유횟수 및 1회 수유량

월령	수유횟수	1회 수유량	비고
1주~1개월 이하	대략 3시간 간격	120~140ml	
1~3개월	5~6회	140~180ml	
4~5개월	이유식 시작 후 4~5회	180~210ml	취침 전 수유를 하지 않아도 됨
6~8개월	3~4회	210~140ml	
9~12개월	2~3회	210~240ml	

4) 영유아를 위한 식생활 지침

올바른 식습관은 평생건강을 좌우한다. 영유아의 건강을 위해 지켜야 할 식생활 지침을 실천하도록 한다.

생후 6개월까지는 반드시 모유를 먹이고 초유는 꼭 먹이도록 한다. 생후 2년까지 모유를 먹이면 더욱 좋으며 모유를 먹일 수 없을 경우에만 조제유를 먹인다. 조제유는 정해진 양대로 물에 타서 먹이고 수유 시에는 아기를 안고 먹이며 수유 후에는 꼭 트림을 시킨다.

자는 동안에는 젖병을 물리지 않고 이유 보충식은 성장단계에 맞추어 생후 4개월 이후 6개월 사이에 시작한다. 여러 식품을 섞지 말고 한 가지씩 시작하며 신선한 재료를 사용하여 간을 하지 않고 조리해서 먹인다. 이유 보충식은 숟가락으로 떠먹이고 유아의 성장과 식욕에 따라 알맞게 일정한 장소에서 먹이며 쫓아다니며 억지로 먹이지 않도록 하고 한꺼번에 많이 먹이지 않는다.

과일, 채소, 우유 및 유제품 등의 간식을 매일 2~3회 규칙적으로 먹이고 곡류, 과일, 채소, 생선, 고기, 유제품 등 다양한 식품을 먹인다. 유아음식은 싱겁고 단백하게 조리하고 씹을 수 있는 크기와 형태로 조리한다.

5) 유아기 영양관리

유아기 영양의 특징으로 5세까지의 유아기 성장속도는 영아기에 비해 비교적 완만하나 성장 발육은 여전히 왕성하므로 단백질, 무기질, 비타민 요구량이 증가하며 또래집단의 식습관이 유아에게 영향을 미친다.

음식에 대한 흥미가 떨어지면 영양을 고려하면서 다양한 종류의 음식을 제공하고 음식 선택과 섭취를 강요해서는 안 되며, 다양한 식품의 종류와 색, 모양 등에도 신경을 쓰면 유아의 창의력과 정서 발달에도 도움을 줄 수 있다. 영양관리는 유아의 건강과 평생의 식습관 형성에 영향을 미친다.

이 시기에는 몇 가지 음식만을 계속 먹는 '음식의 탐닉'현상이 빈번하게 나타나기도 하지만 식품에 대한 수용과 거부가 신속히 변해가는 시기이므로 체계적인 식생활 교육이 필요하며 특히 적정한 1일 1회 분량을 이용해 다양한 식품을 제공하여 균형 잡힌 식사를 하도록 하는 것이 무엇보다 중요하다. 최근 사회적 환경변화로 유아의 아침결식, 편식과 비만 등의 문제가 증가하고 있으며, 가정에서의 올바른 식습관 및 식사예절의 부재가 나타나고 있으므로 고려해야 할 유아기의 영양문제로는 칼슘, 철 등 미량영양소 섭취부족과 에너지 과잉 섭취 등의 영양불균형을 들 수 있다.

올바른 식습관은 평생건강을 좌우한다. 올바른 식습관 형성을 위해 영유아기에 주의해야 할 사항은 음식은 다양하게 편식하지 않고 골고루 먹고, 끼니마다 다양한 채소 반찬을 섭취하며 생선, 살코기, 콩 제품, 계란 등 단백질 식품을 매일 한 번 이상 먹는다. 또한, 매일 유유를 두 컵 정도 마시고 식사와 간식은 적당한 양을 규칙적으로 먹고 매일 한 시간 이상 적극적으로 신체활동을 한다.

하루일과의 시작인 아침식사는 꼭 먹고 음식은 천천히 꼭꼭 씹어 먹으며 짠 음식, 단 음식, 기름진 음식을 적게 먹고 간식으로는 신선한 과일과 우유 등을 먹는다.

부모나 교사는 식사는 제때에, 싱겁게 하고 나이에 맞는 키와 몸무게를 알아서, 표준체형을 유지하도록 하며 TV시청과 컴퓨터게임을 모두 합해서 하루에 두 시간 이내로 제한한다. 간식을 선택할 때, 과자나 탄산음료, 패스트푸드를 자주 먹지 않게 하며 식품의 영양표시와 유통기한을 확인하고 안전하고 슬기롭게 선택한다. 식사는 가급적 가족과 함께 식사하도록 노력하며 음식을 먹을 만큼 담아서 먹고 남기지 않게 하고 바른 자세로 앉아서 감사한 마음으로 먹는다. 어린이의 건강을 위해 위의 식생활 지침을 꼭 실천하도록 한다.

2. 위해가능 영양성분 저감화 및 영유아 식생활 지도

최근 당(단순당)과 지방 섭취 과다로 비만 및 성인병 발병의 위험이 커지고 있고, 나트륨 과다 섭취로 고혈압 등이 우려된다. 식생활지도를 통해서 급식효과를 높일 수 있고 올바른 식습관과 식사기호를 형성시켜 바람직한 식사태도를 갖게 한다.

1) 당 저감화(과다한 당 섭취 줄이기)

단순당을 주로 당이라 하며 포도당, 과당 등의 단당류와 서당(설탕)과 같은 이당류가 있으며 과일, 채소 및 우유 등의 식품에 내재한 천연당과 설탕, 물엿 등의 첨가당으로 구분할 수 있다. 과일, 채소 및 우유 등의 식품에 내재 한 당류는 필요 에너지의 10% 수준을 섭취하도록 권장하고 있으나 첨가당은 가능한 저감화가 필요하며 과다한 당의 섭취는 당류가 입안에서 박테리아에 의해 발효되면서 산이 생겨서 치아의 에나멜 층을 녹여 충치가 유발된다. 또한, 당을 많이 먹으면 몸에서 사용하고 남은 당이 체내에서 지방으로 전환되어 비만의 원인이 되고 백설탕과 같은 정제당 과당 섭취 시 주의력 결핍과 과잉행동장애의 원인이 될 수도 있다.

유아들의 건강증진을 위해 단순당이 과다 포함된 식품제공을 지양하여야 하며, 식습관을 개선하려는 지도 노력 및 부모 대상 교육이 병행되어야 한다. 과자, 사탕, 아이스크림 같은 단 음식은 적게, 가공식품보다는 자연식품을 제공하며 가공식품을 구입할 때는 영양성분표를 확인하여 당 함량이 적은 식품을 선택한다.

2) 나트륨 저감화

나트륨의 충분섭취량은 영아(1~2세)는 0.7g, 유아(3~5세)는 0.9g이며 12세 이후부터 성인기까지 나트륨의 목표섭취량은 2.0g(소금으로 환산하며 5g정도)이다. 성인들의 하루 소금 섭취량은 1일 10~15g 정도로 목표섭취량의 2~3배 정도를 섭취하고 있다. 영유아들의 음식의 간을 맞출 때 식사준비자의 입맛에 맞추게 되면 영유아들은 과량의 나트륨을 섭취하게 된다.

음식의 간을 맞출 때 뿐 아니라 화학조미료가 많이 함유된 각종 가공식품을 통해 알지 못하는 사이에 나트륨을 과량 섭취하게 되므로 식품은 되도록 자연식품으로 섭취하는 습관을 갖도록 하고 과일과 채소를 충분히 섭취하면 나트륨의 체내 배설을 촉진시킬 수 있으므로 과일과 채소를 충분히 제공한다. 영유아들이 잘 안 먹는 음식의 수응도를 높이기 위하여 과다한 소스 사용을 절제하며 소금양이 많은 외식이나 인스턴트식품의 섭취를 자제시킨다. 간식은 빵이나 과자보다는 과일이나 우유로 제공하고 라면, 어묵, 햄, 소시지, 감자칩 등의 가공식품을 적게 먹도록 한다.

3) 지방 저감화

지방은 우리 몸에 꼭 필요한 영양소지만 많이 먹으면 비만의 원인이 된다. 지방섭취로부터의 에너지적정비율은 영아(1~2세)는 20~35%이며, 유아(3~5세)는 15~30% 수준이다. 지방과 콜레스테롤의 과다 섭취로 동맥혈관의 안쪽 벽에 콜레스테롤이 축적, 혈관의 내경이 좁아져 혈액 운반이 원활하게 일어나지 못하고 혈관은 탄력을 잃어 굳게 된다. 이러한 증상으로 심장병, 심근경색증, 심부진증, 뇌출혈 등의 순환기계(심혈관계)질환이 유발된다.

지방섭취 저감화 방안으로는 튀김, 볶음보다는 찜 또는 편육으로 조리하며 일반적으로 껍질 부분에는 지방이 많으므로 닭고기, 오리고기 등은 껍질을 벗겨내고, 튀김을 일단 종이에 건져 기름기를 제거한다. 생선은 기름을 두르고 굽는 대신 호일에 싸서 석쇠 또는 오븐에서 굽는다.

지방에는 포화지방, 불포화지방 그리고 트랜스지방이 있다. 이중 트랜스지방은 마가린이나 쇼트닝과 같이 액체기름을 고체로 만드는 과정 중 생성되며 트랜스지방은 음식을 보기 좋게 더 맛있게 하는 효과가 있어서 시중에 유통되는 가공식품에 많이 들어 있다. 트랜스지방은 불포화지방처럼 생겼는데 몸에서는 포화지방처럼 행동하여 불포화지방이 들어갈 자리에 대신 들어가 불포화지방이 제 기능을 못하게 한다. 체내 나쁜 콜레스테롤은 증가시키고 좋은 콜레스테롤은 낮추어 포화지방보다 몸에 더 해롭다고 보고되고 있다. 따라서 튀김유는 식물성 식용유를 사용하고, 여러 번 반복해서 사용하지 않으며 바삭하고 고소하거나 촉촉한 빵(과자)은 마가린 또는 쇼트닝 사용량이 많아 트랜스지방을 많이 함유할 수 있다. 영양성분표의 표시를 통해 트랜스지방 함량을 확인하기가 힘든 경우에는 가급적 사용하지 않으며 최근에는 트랜스지방이 함유되지 않은 마가린, 쇼트닝, 과자나 빵 등이 생산되므로 이들 식품을 사용 시나 섭취 시 영양성분표의 표시 중 트랜스지방함량을 확인한다.

3. 영유아의 식품 및 영양 문제

1) 영유아 비만

소아비만은 성인비만과 마찬가지로 고지혈증, 지방간, 고혈압과 당뇨병 같은 성인병을 조기 유발할 뿐 아니라 반 수 이상이 성인비만으로 이행되므로 현재는 일종의 질병으로 간주하고 있다. 친구들의 놀림, 뚱뚱함에 대한 부끄러움 등으로 상당한 정신적 스트레스에 시달리며 이로 인한 자신감의 결여 및 정서 발달장애가 초래될 수 있다.

영유아 대상 신체계측의 판정기준치는 질병관리본부와 대한소아과학회(2007)에서 만든 소아·청소년 신체발육표준치를 활용한다. 비만의 판정기준으로 가장 많이 사용되는 지표는 체질량지수(BMI)이나 영아에서는 적합하지 않으므로 일반적으로 2세 이상에서 사용한다. 성별·신장별 표준체중을 이용한 비만도는 영유아의 실제체중을 표준체중으로 나누고 곱하기 100을 하면 산출된다. 비만도 평가 기준은 〈표 6-2〉를 참조한다.

〈표 6-2〉 성별·신장별 표준체중을 이용한 비만도 평가 기준

구분	평가기준
경도비만	성별·신장별 표준체중의 120~129%
중경도비만	성별·신장별 표준체중의130~149%
고도비만	성별·신장별 표준체중의 150%이상

성장기시기별 비만관리 방안은 영아기(0~1세)는 비만예방을 위해 모유수유가 중요하며, 고형식 이유식을 일찍 시작하지 않도록 하며, 단맛을 내는 이유식을 피하고 유아기(3~5세)는 식사와 운동 상담을 실시하며 합병증 동반 유무를 확인하고, 합병증이 동반되어 있으면 감량이 필요하다.

비만아 식사관리 유의사항으로는 경도비만인 경우 체중감량보다는 체중유지를 목표로 하고 현재 체중을 유지하면서 자연적인 키 성장에 따라 현재의 체중이 바람직한 체중이 되도록 한다. 체중조절에는 열량섭취량의 조절과 활동량의 증가가 필수적이고 비만 예방 및 관리에는 보육시설 뿐 아니라 가족의 역할이 중요하다. 아동과 가족에게 모두 지방, 당분 및 염분 함량이 낮으면서 성장에 필요한 영양소를 골고루 함유하고 있는 식품이나 음식을 선택하는 방법을 교육하며 눈에 띄는 곳에 특히 지방과 당 함량이 많은 과자류 등을 두지 않는다.

2) 식품 알레르기

식품 알레르기는 음식을 섭취했을 때 초래되는 원치 않는 반응 중 특정인에게서만 발생하는 면역학적인 과민반응으로 여러 장기를 침범하여 위장관(구토, 복통, 설사), 피부(두드러기, 아토피 피부염, 피부발진), 호흡기 (콧물, 기침, 호흡곤란) 등에서 다양한 증상으로 나타난다.

영유아에서의 주요 알레르겐은 우유, 계란, 땅콩, 밀 등이며, 우유와 계란 등 의 식품알레르기는 3세경 이후 자연소실이 되는 경우가 많다. 그러나 땅콩, 갑각류, 생선 등으로 인한 알레르기는 자연소실이 잘 되지 않는다. 식품알레르기를 유발하기 쉬운 식품의 예는 〈표 6-3〉을 참조한다.

〈표 6-3〉 식품알레르기를 유발하기 쉬운 식품의 예

구분	식품 알레르기를 유발하기 쉬운 식품의 예
곡류	메밀, 밀 (빵, 과자, 국수)
두류	대두 (두유, 두부)
과일류	복숭아, 귤, 오렌지
채소류	토마토
육류·난류	돼지고기, 닭고기, 계란 (어묵, 마요네즈, 케이크)
우유류	우유(요구르트, 아이스크림, 치즈, 분유)
어류, 갑각류, 패류	등푸른생선(고등어 등), 게, 조개, 새우
견과류	땅콩, 호두

'식품 알레르기'가 있는 영유아들이 어떤 식품에 알레르기가 있는지 사전에 조사하여 식단 계획 시 이를 고려하여, 대체식품을 제공하기 위한 노력이 필요하며 급식 재료를 상세히 가입한 식단표를 가정에 사전 배포하고, 배식할 때 대상 유아에 대한 식사지도가 필요하다. 영유아의 경우 집에서 다양한 식품을 경험하지 못했으므로 보육시설에서 처음 먹어보는 식품들이 있다. 보육시설에서 그 식품에 대해 처음으로 알레르기를 나타낼 수 있으므로 정보를 기록하고 부모에게도 알린다. 식품 알레르기 질환의 증상이나 임상적 특성은 다양하므로 정확한 진단을 근거로 하여 식사관리가 이루어져야 하며 알레르기 질환과 관련된 아토피 피부염, 만성설사 등은 영유아의 식품섭취 및 영양 상태와 밀접한

연관을 갖는 흔한 질병으로 최근 우리나라에서도 꾸준히 유병율이 증가하고 있다. 그러나 정확한 지식이 없는 상태에서의 과도한 식품제한은 오히려 영양상태 불량을 야기하여 영유아의 성장지연의 위험성만을 증가시킨다. 실생활에서 이루어지는 식품제한이 병원에서의 진단에 근거하기보다는 개인적으로 얻은 정보나 신념에 바탕을 둔 경우가 많아 영유아의 영양부족과 성장지연에 대한 위험을 더욱 증가시키고 있다. 환자의 35~40%가 식품 알레르기를 동반하는 것으로 알려져 있는 아토피 피부염은 잘못된 식품제한으로 인한 영양불량이 성장지연의 중요한 인자로 지적되고 있다.

3) 편식

편식으로 인해 아이들이 골고루 먹지 않고 특정한 식품만을 섭취하며, 다양한 식품을 섭취하지 않을 경우 영양장애를 초래할 수 있다. 편식은 이유기 때 다양한 음식을 먹지 않은 경우와 먹는 일을 강요당하거나 구토, 복통 등 불쾌한 경험을 한 경우, 다양한 식품을 접하지 못한 경우, 가족의 식습관, 어머니의 양육 태도 등에 의해 주로 생긴다. 유아가 좋아하는 식품으로는 딸기우유, 초코우유, 바나나우유, 요구르트, 사과, 귤, 단 것, 부드러운 것과 입안에서 씹어 먹기 좋은 것, 입안에 넣기 쉬운 크기의 식품을 선호한다. 유아가 싫어하는 식품으로는 냄새가 강한 채소 (미나리, 파, 양파, 쑥갓 등), 매운 음식 (고추, 겨자 등이 많이 든 음식), 돼지고기, 생선 등이 있다. 편식을 해결하는 방법은 낯선 음식은 처음에 양을 적게 하여 맛을 경험하게 하고 어린이가 싫어하는 반찬은 양을 점차로 조금씩 늘려 간다. 또한, 음식을 지나치게 권하지 않고 냄새, 맛, 외관 등으로 인하여 싫어하는 경우는 조리방법을 바꾸어 하며 식사는 정해진 시간에 정해진 장소에서 하도록 한다. 식사 도중에 책을 읽거나 TV시청 등의 행동은 하지 않도록 하고 즐거운 식사환경을 만든다.

4. 영유아 급식계획 및 일정

영유아의 오전간식은 점심식사에 영향을 주지 않는 양으로 일일 총열량의 약 5~10% 수준으로 제공한다. 아침을 먹지 않은 영유아들을 고려하여 제공량을 늘려주면 점심식사의 섭취량이 줄어들게 되므로 많은 양을 주지 않도록 하고 학부모에게 오전 간식이 아침 식사대용이 아님을 전달하고 아침을 거른 채 등원하지 않도록 공지한다.

점심식사는 하루 필요 열량에서 간식을 제외한 1/3수준으로 제공한다. 열량을 계산할 때에는 주재료 뿐 아니라 부재료 및 양념의 양도 함께 계산하며 오후간식은 저녁식사와 시간 차이가 비교적 긴 편이므로 오전 간식보다 비중을 더 두어야 한다. 저녁식사에 지장을 주지 않도록 항상 적정량을 제공하며, 일일 총 열량의 약 10% 수준으로 제공한다.

5. 식생활 교육

영유아기의 식생활은 영유아의 장래건강과 인성형성에 밀접한 관계가 있다. 식생활이란 음식에 대한 기호, 식사예절, 식사태도 등을 의미하는데 지나친 편식이나 과식, 잘못된 식사예정 등은 영양부족이나 비만을 유발하고 사회성 확립에 장애가 된다. 성인의 식생활은 영유아에게 큰 영향을 미치므로 보육교직원이나 부모는 바람직한 식생활 태도를 길러줄 수 있도록 세심한 주의를 기울여야 한다.(보건복지부, 보육시설 급식 운영관리 매뉴얼(2011)).

영유아들의 미각이나 음식에 대한 호기심을 고려하여 편식이나 결식이 우리 몸에 주는 영향을 이해할 수 있도록 지도하며 영유아들이 싫어하는 음식이나 낯선 음식에 대한 거부반응은 단계적으로 서서히 고쳐지도록 한다. 음식의 소중함을 알고 감사하는 마음을 가지도록 하여 식사 전·후에 적절한 인사말을 하는 습관을 가지도록 하며 식사 시 다른 사람에게 불쾌감이나 거부감을 주지 않도록 하고, 어른이 식사하기 전에 먼저 식사하는 것은 예의에 어긋남을 알도록 한다.

식사 전에는 손을 깨끗이 씻고, 조용한 분위기로 유지하도록 하며 자세를 바르게 하고 자리를 뜨지 않도록 지도하여 정해진 시간 내에 식사를 하되 식사 중 간단한 대화정도는 허용한다. 영유아는 대소근육 조절이 어려우므로 흘리는 것을 허용해 주고, 기다리기 등이 어려우므로 기다리는 시간을 줄일 수 있도록 도움을 주고 자신이 사용한 식기와 수저는 스스로 치우는 습관을 기르도록 하고, 식사 후에는 얼굴 입술, 손 등을 깨끗이 닦도록 한다.

제7장
보육교사 자격관리

1. 보육교사 채용

1) 보육교직원 임면권자

국·공립 어린이집은 시장, 군수 또는 구청장이 임면 - 법인, 단체 또는 개인에게 위탁 운영하는 경우로써 교직원 임면권을 수탁자 에게 위임한 경우에는 수탁자가 임면한다. 단, 수탁기관이 변경되는 경우에도 기존 교직원의 고용승계 등 교직원의 신분보장이 되도록 노력하여야 하며 사회복지법인, 법인·단체 등, 직장, 가정, 민간 어린이집 등은 어린이집 설치자, 부모협동 어린이집은 조합을 결성하여 설치·운영하는 대표자가 임면한다.

보육교사 등 기타 직원은 원장의 제청으로 법인·단체의 대표자 또는 어린이집 설치자(교직원 임면권을 위임받은 수탁자 포함)가 임면한다.

2) 보육교직원 채용

어린이집 원장의 채용조건은 시행령 제21조의 어린이집 원장 자격기준을 갖춘 자로서 어린이집 원장 국가자격증을 발급받은 자를 채용한다. 다만, 자격증 발급을 신청하고 자격검정이 완료되어 자격증 발급이 예정된 자(자격번호가 부여된 자)는 자격증 발급 조건부로 채용 가능하고 국가자격증 발급 여부는 보육통합정보시스템에 보육교직원 등록 시 조회 가능하다.

어린이집 원장은 전임하여야 하므로 상근이 어려운 경우 채용대상에서 제외되고 보육교사는 시행령 제21조의 보육교사 자격기준에 해당하는 자로서 보육교사 국가자격증을 발급받은 자를 채용한다. 단, 자격증 발급을 신청하고 자격검정이 완료되어 자격증 발급이 예정된 자(자격번호가 부여된 자)는 자격증을 발급 받은 것으로 본다.

보육교사의 출산휴가, 육아휴직, 장기 병가 등의 사유 발생 시 채용하는 대체 교사(임시교사)도 보육교사 자격기준을 갖춘 자이어야 하고 종전 전문대학 등의 졸업예정자에 대한 보육교사 채용 특례는 인정하지 않으므로 반드시 국가자격증 소지자만 채용 가능하다. 특수학교 교사, 치료사, 간호사(면허), 영양사 자격증 소지자를 채용 (특수교사의 경우 자격 인정을 위한 증빙서류를 제출받아 기본교과목 (8과목 16학점이상) 충족한 자를 채용할 수 있다. 상시 1회 50인 이상에게 식사를 제공하는 어린이집의 취사부 중 1인 이상은 조리사 자격을 갖추어야 한다(식품위생법).

교직원 결원 시 채용 시기는 임면권자가 보육교직원 결원 시 1월 이내에 신규 교직원을 채용한다.

3) 채용방법

국가 또는 지방자치단체로부터 보육교직원의 인건비를 보조받는 어린이집의 경우 보육교직원의 채용은 공개경쟁을 원칙으로 하고 국·공립어린이집의 경우 국가 또는 지방자치단체의 장이 선발고사 등을 통하여 별도로 보육교사를 채용, 배치할 수 있다. 교직원 채용 시 임금, 근로시간 및 그 밖의 근로조건 등을 명시한 근로계약을 체결하여야 하되, 이 경우 근로계약과 관련하여 부당한 내용(결혼, 출산, 육아휴직 등으로 인한 퇴직요구 등)이 포함되어서는 안 되며, 관할행정기관은 이를 적극 지도·감독하여야 한다.

4) 채용 시 구비서류

임면권자가 보육교직원을 채용할 경우에는 반드시 구비서류를 제출 받아 자격의 적격 여부를 판단하고, 관련 서류를 보관해야 한다. 공통서류는 인사기록카드, 주민등록등본, 채용신체검사서(공무원 채용 신체검사서 준용 가능)이고 채용기간이 1개월 미만인 대체교사(임시교사)는 보건소의 전염성질환(간염, 결핵, 장티푸스 등)에 대한 건강진단결과서(구 보건증)로 갈음할 수 있다. 채용신체검사서는 전염성질환 및 정신질환 등에 대한 검사를 포함하고 있는 경우에는 명칭에 관계없이 채용신체검사서로 인정 가능하고 원장 및 보육교사 국가자격증 사본과 국가자격증 발급 예정자는 자격증 취득 후 자격증 사본 구비하고 특수학교 교사 및 치료사 자격증 및 자격을 증명하는 서류와 간호사·영양사 등 자격을 요하는 교직원은 자격증(면허증) 사본을 보관한다.

5) 보육교직원의 성범죄 경력 조회 및 관리

채용 시 임면권자는 「아동청소년의 성보호에 관한 법률」 제44조에 따라 교직원으로 채용하고자 하는 자의 성범죄 경력 조회를 관할경찰서에 요청한다. 범죄경력 조회 요청 시 영유아보육법에 의한 어린이집임을 확인할 수 있는 어린이집 인가증 사본(인가증이 없는 국공립어린이집은 고유번호증)과 채용예정자의 동의서를 첨부하고 특별활동 강사, 지입차 운전기사 등 어린이집에 사실상 노무를 제공하는 자, 보육실습생 및 누리과정

운영 도우미에 대해서도 필히 성범죄자 경력조회를 실시하여야 한다.

어린이집을 설치·운영하고자 하는 자(대표자)에 대해서도 성범죄 경력조회를 실시하여야 하며 성범죄 경력 조회 결과 어린이집을 설치·운영을 할 수 없는 자에 대해서는 어린이집 인가를 승인하지 않도록 하며 설치·운영 중인 자에 대해서는 인가를 취소하여야 한다. 관할 시·군·구청장은 「아동청소년의 성보호에 관한 법률」 제45조에 따라 임면보고된 보육교직원에 대하여 '성범죄 경력자의 취업 점검·확인 (연간) 계획'을 수립하고 연2회(상·하반기) 이상 점검·확인 실시하여 보건복지부로 보고한다.

상반기 점검 실적은 매년 7.10일까지 제출, 하반기 점검실적은 매년 1.10일까지 제출하고 성범죄 경력 조회 결과 어린이집에 취업이 제한되는 자는 채용에서 배제하여야 하고, 근무 중인 자에 대해서는 해임한다.

6) 보육교직원 퇴직 등

임면권자는 보육교직원이 퇴직할 경우에는 사직서를 제출받아 퇴직처리하고 퇴직사실을 관할 시·군·구청에 보고한다. 퇴직에 대하여 임면권자와 상호 합의가 되었음에도 불구하고 퇴직처리하지 않아 본인의 의사와 무관하게 어린이집 원장 또는 보육교사 자격증을 대여한 경우가 발생하지 않도록 한다.

7) 보육교직원 관리대장 비치·관리

임면권자는 보육교직원의 임면 사항과 관련된 서류를 비치하고 기록, 관리한다. 보육교직원 관리대장은 자격증 사본, 인사기록카드이고 기타 교직원 임면과 관련된 서류도 함께 비치해야 한다.

2. 보육교직원 임면보고

어린이집 원장은 보육교직원의 채용, 휴직, 출산휴가, 육아휴직, 1개월 이상의 장기병가·연수·휴가, 퇴직 등의 임면사항을 보육통합정보시스템에 즉시 등록 하고, 이를 14일 이내에 관할 시, 군, 구청장에게 보고한다. 보육교직원이란 어린이집에서 영유아의 보육, 건강관리, 보호자와의 상담, 그 밖에 어린이집의 관리·운영 등의 업무를 담당하는 자로서 어린이집 원장 및 보육교사와 그 밖의 직원을 말한다.

어린이집 대표자가 실제로 해당 어린이집에서 보육교직원으로 근무하는 경우 반드시 보육통합정보시스템에 등록하고 시장·군수·구청장에게 임면보고를 하여야 하고 영유아보육법에 따라 “보육교직원의 임면에 관한 사항을 보고하지 아니하거나 거짓으로 보고한 경우” 시정명령의 대상이 된다. 임면보고 방법은 보육교직원 임면보고에 따라 서면보고하고 첨부서류는 인사기록카드 사본(자격을 요하는 자의 경우 자격증 사본으로 원장 및 보육교사는 보육통합 시스템을 통한 자격조회가 가능한 경우에는 제출 제외), 채용신체검사서 사본, 성범죄 경력 조회 결과서이다.

대체교사(임시교사)의 임면보고는 어린이집 원장은 보육교사 등의 출산휴가, 육아휴직, 장기 병가 등의 사유 발생 시 영유아 보육을 담당하기 위해 채용된 대체교사에 대한 임면사항을 관할 시장·군수·구청장에게 보고하고 시간제 보육교사 임면보고는 근로계약에 의하여 어린이집 운영시간(07:30~19:30) 중 정규 보육교사(담임)를 대신해서 일정시간을 근무하는 보육교사는 근무일수(주 또는 월), 1일 근무시간 이 명시된 근로계약서를 첨부하여 시장·군수·구청장에게 시간제 보육교사로 임면보고 한다.

3. 현직교육

보육교직원의 자질향상을 위해 실시하는 교육으로써, 보육에 필요한 지식과 능력을 유지·개발하기 위하여 보육교직원이 정기적으로 받는 직무교육과 보육 교사가 상위 등급의 자격(3급 →2급, 2급 →1급)을 취득하기 위해 받아야 하는 승급교육을 말한다.

1) 보수교육 종류

보수교육은 직무교육과 승급교육으로 구분하며 보수교육의 종류는 〈표 7-1〉을 참조한다.

〈표 7-1〉 보수교육 종류

<table>
<tr><th colspan="6">직무교육</th><th colspan="2">승급교육</th></tr>
<tr><th colspan="3">일반직무교육</th><th colspan="3">특별직무교육</th><td rowspan="2">2급
보육교사
승급교육</td><td rowspan="2">1급
보육교사
승급교육</td></tr>
<tr><td>보육교사
직무교육</td><td>어린이집
원장
신규교육</td><td>어린이집
원장
직무교육</td><td>영아보육
직무교육</td><td>장애아보육
직무교육</td><td>방과후보육
직무교육</td></tr>
</table>

2) 보수교육 대상자

보수교육은 현직 보육교직원을 대상으로 실시하므로 어린이집 원장, 보육교사 등의 자격을 소지한 자라도 교육 개시 당시 어린이집에 근무하지 않는 자는 보수교육을 받을 수 없다. 단, 현직 교직원 외에 교육비 전액 자비 부담을 전제로 보수교육을 받을 수 있고 보수교육 대상자 선정 기준으로 '보육업무 경력'이란 어린이집 및 보육정보 센터에 근무한 경력과 유아교육법에 의한 종일제유치원에서 원장, 원감, 교사로 근무한 경력을 말한다.

3) 일반직무교육

현직 보육교사는 보육업무 경력이 만 2년이 경과한 경우와 직무교육을 받은 해부터 2년이 경과한 해에 보육교사 직무교육을 받아야 한다. 현직 어린이집 원장은 원장 업무를 수행하게 된 첫해와 어린이집 원장 직무교육을 받은 해부터 2년이 경과한 해에 어린이집 원장 직무교육을 받아야하며 어린이집 원장 및 보육교사가 일반직무교육을 받아야 하는 연도에 일반직무 교육을 받지 못한 경우에는 다음 연도에 받아야 하며, 특별직무교육을 받은 경우 일반직무교육을 받은 것으로 인정한다.

4) 특별직무교육

영아, 장애아, 방과 후 보육을 담당하고자 하는 보육교사 및 어린이집 원장은 영아, 장애아, 방과 후 보육 직무교육을 받을 수 있고 영아, 장애아, 방과 후 보육을 담당하고 있는 일반직무교육 대상자는 영아, 장애아, 방과 후 직무교육을 받을 수 있다. 영아, 장애아, 방과 후 담당 보육교사로 근무하고자 하는 자는 사전에 특별 직무교육을 받아야 하는 것이 원칙이나, 불가피하게 받지 못한 경우에는 채용 후 6개월 이내에 받아야 한다.

5) 승급교육

보육교사 3급 자격을 취득한 후 보육업무 경력이 만 6개월 이상 경과한 자는 2급 승급교육을 받을 수 있다. 보육교사 2급 자격을 취득한 후 보육업무 경력이 만 2년 이상 경과한 자는 1급 보육교사 승급교육을 받을 수 있고, 보육교사 2급 자격을 취득한 후 보육관련 대학원에서 석사 학위 이상을 취득한 자는 보육업무경력이 만 6개월 이상 경과한 경우

1급 승급교육을 받을 수 있다. 직무교육과 승급교육을 같은 해에 받아야 하는 경우에는 승급교육을 받은 자는 직무교육을 생략할 수 있다.

보수교육내용은 일반직무교육, 특별직무교육과 승급교육으로 나뉘며 상세내용은 〈표 7-2〉, 〈표 7-3〉과 〈표 7-4〉를 참조한다.

〈표 7-2〉 보수교육 내용

영역	보육교사 과정		어린이집 원장 신규과정		어린이집 원장 일반과정	
	교과목	시간	교과목	시간	교과목	시간
보육 기초	• 보육정책 동향 이해 • 아동학대와 아동 권리 이해 • 보육교사의 역할과 윤리(필)	6시간	• 영유아보육법과 보육관련법의 이해 • 아동학대와 아동권리모니터링의 이해 • 원장의 역할과 윤리(필)	6시간	• 보육정책의 전망과 과제 • 아동학대와 아동권리 모니터링의 이해 • 원장의 역할과 윤리(필)	6시간
발달 및 지도	• 관찰일지 작성 및 발달검사의 활용 • 영유아기 뇌 발달의 이해와 조기교육 • 영유아 부적응 행동 지도 • 장애아 통합 환경에서의 교수 실행 및 참여 지원	8시간	• 연령별 영유아 발달 특성의 이해 • 영유아 부적응 행동 지도 • 장애아 통합보육 운영	6시간	• 관찰일지 작성 및 발달 검사의 활용 • 영유아기 뇌 발달 이해와 조기교육 • 장애아 통합을 위한 협력적 접근의 실제	6시간
영유아교육	• 표준보육과정의 이해 • 연령별 보육프로그램의 운영 • 다양한 보육프로그램의 이해 • 교구교재의 개발과 활용 • 영유아를 위한 교수학습방법의 실제	10시간	• 표준보육과정의 이해 • 보육프로그램의 개발 • 교구교재 선정의 원리	6시간	• 보육프로그램 개발과 평가보육계획 작성 지도 • 교구교재 선정과 평가	6시간
영유아의 건강·영양	• 영유아 건강관리 • 영유아 영양과 급식관리 실제 • 안전관리와	6시간	• 영유아 전염성 질환과 대응 • 어린이집 급식관리 • 어린이집 안전관리와	6시간	• 영유아 건강관리 실제 세미나 • 급식관리 실제 세미나	6시간

및 안전	응급처치(필)		사고 대응(필)		• 어린이집 안전문제 대응(필)	
가족 및 지역사회 협력	• 부모-교사 의사소통 방법의 이해와 실제 • 다문화가정 영유아 보육의 실제 • 지역사회자원 연계방법	6시간	• 부모오리엔테이션의 실제 • 다문화가정의 지원체계 이해 • 지역사회 연계의 이해와 보육	6시간	• 부모 상담사례 세미나 • 부모교육의 이론과 실제 • 다문화가정의 지원체계 이해 • 보육과 지역사회 연계의 전망과 과제	8시간
보육사업의 운영	• 보육실습지도의 실제 • 원내 교사교육의 계획과 실행	4시간	• 보육의 질과 평가인증 • 어린이집 인사관리 • 어린이집 재정 및 사무관리 • 어린이집 환경 및 설비관리 • 조직문화와 리더십 • 보육정보화시스템의 이해와 활용(선택)	10시간	• 원내 교사교육의 계획과 실행 • 어린이집 운영 평가 세미나 • 우수어린이집 사례분석 • 조직문화와 리더십	8시간
계	20과목	40시간	21과목	40시간	20과목	40시간

〈표 7-3〉 특별직무교육

영역	영아보육 직무교육	장애아보육 직무교육	방과후보육 직무교육	시간
보육 기초	• 현대사회변화와 영아보육 • 영아보육과정의 이해 • 성·가정폭력 방지교육(아동 학대 내용 포함)	• 장애인복지와 보육정책 • 장애아보육과정의 이해 • 성·가정폭력 방지교육(아동학대 내용 포함)	• 현대사회 변화와 방과 후 보육 • 방과후보육의 이해 • 성·가정폭력 방지교육(아동 학대 내용 포함)	4시간
발달 및 지도	• 영아발달의 특성 • 영아 일상생활지도 • 영아행동관찰과 평가 • 영아감각 및 대소근육 발달 지도	• 장애아 발달의 특성 • 장애아 진단과 평가 • 장애아 일상생활지도 • 장애아 감각통합과 신체활동 지도	• 아동발달 • 아동 일상생활지도 • 문제행동수정과 지도	6시간
영유아 교육	• 놀이를 통한 사회성 발달 • 놀이를 통한 정서발달 • 놀이를 통한 언어발달 통한 인지발달 • 프로그램 및 교재교구개발 • 표준보육과정	• 놀이 및 사회성 지도 • 장애아 의사소통지도 • 장애아 음악치료 • 장애아 미술치료 • 프로그램 및 교재교구개발 • 표준보육과정	• 학습 및 과제도 • 놀이 및 사회성 지도 • 아동 언어 교육 • 아동독서교육 • 아동예체능교육 • 프로그램 및 교재 교구개발 • 표준보육과정	8시간
건강·영양 및 안전	• 영아 보건·안전관리 (필수) • 영아 영양관리 및 식생활지도	• 장애아 보건·안전관리(필수) • 장애아 영양관리 및 식생활지도	• 초등학생 보건·안전관리(필수) • 초등학생 영양관리 및 식생활지도	6시간
가족 및 지역 사회 협력 등	• 부모교육, 상담, 협력 • 지역사회와의 협력 • 평가인증	• 부모교육, 상담, 협력 • 지역사회와의 협력 • 평가인증	• 부모교육, 상담, 협력 • 지역사회와의 협력 • 평가인증	4시간
보육 사업 운영	• 영아보육교사의 역할과 자세 (필수) • 어린이집 운영과 관리 • 정보화교육	• 장애아보육교사의 역할과 자세(필수) • 어린이집 운영과 관리 • 정보화교육	• 방과후보육교사의 역할과 자세(필수) • 어린이집 운영과 관리 • 정보화교육	8시간
기타	• 인간관계 및 리더십 훈련 • 영아보육세미나 및 사례발표	• 인간관계 및 리더십 훈련 • 장애아보육 세미나 및 사례 발표	• 인간관계 및 리더십 훈련 • 방과후 보육 세미나 및 사례 발표	4시간
계	20과목	20과목	20과목	40시간

〈표 7-4〉 승급교육

영역	2급 승급교육		1급 승급교육	
	교과목	시간	교과목	시간
보육 기초	사회 변화와 보육 아동학대와 아동권리이해 보육교사의 역할과 윤리	12	영유아보육법과 보육 관련법의 이해 아동학대와 아동권리이해 보육교사의 역할과 윤리	12
발달 및 지도	영유아 행동관찰과 관찰일지 작성법 영유아 인지·언어발달 이해와 기초학습 영유아 정서·사회성발달 이해 장애아 조기중재와 통합보육	16	영유아 행동 관찰과 관찰기록 법 영유아기 뇌 발달의 이해와 조기교육 발달영역별 지체 및 지도	12
영유아 교육	표준보육과정의 이해 0~1세 보육프로그램 2세 보육프로그램 3~5세 보육프로그램 보육계획과 보육일지 작성 실제	20	영유아보육프로그램의 기초 영유아보육프로그램의 계획과 운영 실내외 환경구성원리와 실제 영유아를 위한 교수학습 방법의 실제 보육계획과 보육일지 작성 실제	20
영유아의 건강·영양 및 안전	영유아 건강생활 지도 영유아 식생활지도와 위생 전체 사고 상황별 응급처치와 안전교육	12	영유아 질병과 대응 영유아 급식과 위생 안전사고 상황별 응급처치와 안전관리	12
가족 및 지역 사회 협력	부모면담 방법 다문화교육 지역사회 연계의 실제	12	부모참여프로그램 구성과 운영 부모-자녀 관계의 이해 다문화가정 영유아지원방법	12
보육 사업의 운영	영유아반 운영관리 평가인증의 이해(2) 보육정보화시스템의 이해와 활용(2)	8	보육실습 지도의 실제 평가인증의 이해 보육정보화 시스템의 이해와 활용	12
기타	평가시험		평가시험	
계	21과목	80	20과목	80

4. 보육교사 자격정지 및 취소

자격정지 대상자는 어린이집 원장 및 보육교사로 처분권자는 시장, 군수, 구청장이다. 자격정지 처분의 세부기준을 살펴보면 위반행위의 횟수에 따른 자격정지 기준은 그 위반 행위가 있은 날 이전 최근 3년간 같은 위반행위로 자격정지처분을 받은 경우에 적용되며 위반행위가 둘 이상인 경우에는 그 중 무거운 처분기준의 2분의 1까지 늘릴 수 있되, 이 경우 각 처분기준을 합산한 기간이나 1년을 초과할 수 없다.

특별자치도지사·시장·군수·구청장은 위반행위의 동기·내용 및 횟수 등을 고려하여 자격정지 기간을 2분의 1의 범위에서 늘리거나 줄일 수 있다. 단, 늘리는 경우에도 1년을 초과할 수 없다. 자격정지 처분의 세부기준은 〈표 7-5〉와 같다.

〈표 7-5〉 자격정지 처분의 세부기준

위 반 사 항	근거법령	1차	2차	3차
1. 보육교사의 업무수행 중 당해 자격과 관련하여 고의 또는 중대한 과실로 손해를 가한 경우	법 제 47조 제 1호	2월 이내 자격정지	6월 이내 자격정지	1년 이내 자격정지
2. 법 제 23조의 규정에 의한 보수교육을 연속하여 3회 이상 받지 아니한 경우	법 제 47조 제 2호	2월 이내 자격정지	6월 이내 자격정지	1년 이내 자격정지

처분절차로 시장, 군수, 구청장은 어린이집 원장 또는 보육교사의 자격정지 처분을 하고자 하는 경우 법 제49조 규정에 의하여 청문을 실시하여야 한다. 단, 청문대상자가 정당한 사유 없이 이에 응하지 아니하거나 청문이 사실상 불가능한 경우에는 그러하지 아니한다. 청문결과 등을 바탕으로 시장, 군수, 구청장은 어린이집 원장 또는 보육교사의 자격정지 기간을 결정하여야 하고 자격정지 사유가 발생한 해당 자격만 정지 한다.

단, 법 20조에 따라 자격정지 기간 중 어린이집에서 근무할 수 없다.

특별자치도지사·시장·군수·구청장은 위반행위의 동기·내용 및 횟수 등을 고려하여 자격정지 기간을 2분의 1의 범위에서 늘리거나 줄일 수 있다. 단, 늘리는 경우에도 1년을 초과할 수 없다.

어린이집의 대표자는 어린이집 원장의 자격이 정지된 기간 동안 그 직을 대리할 어린이집 원장을 두어야 하고, 어린이집 원장은 보육교사의 자격이 정지된 기간 동안 그 업무를 대행할 보육교사를 채용하여야 한다.

자격취소의 일반절차는 〈표 7-6〉을 참조한다.

〈표 7-6〉 자격취소 일반절차

자격취소 사유 발생	원장 및 보육교사의 자격취소 사유 발생
사실여부 확인 (시·군·구)	시·군·구 보육담당자는 어린이집 지도점검 등을 통하여 사실 여부를 확인하고 필요할 경우 관련자의 확인서 등을 확보
청문 통지 및 실시 (시·군·구)	청문 실시 10일 전 당사자에게 청문 출석 통지 행정절차법의 규정을 준수하여 청문 실시
자격취소 처분 (시·군·구)	자격취소 사유, 청문실시 결과물 근거로 자격취소 여부 결정 및 처분
자격취소 처분 통지 및 사후조치 (시·군·구)	당사자에게 자격취소 처분 결정 통지 보육통합정보시스템에 자격취소 처분사항 입력 전국 시·도지사 및 시·군·구청장에게 자격취소 결정사항 통보, 자격 취소자가 채용되는 사례가 없도록 관리 한국보육진흥원에 자격취소 결정 사항 통보, 사후관리 철저 지시

어린이집 원장 및 보육교사의 자격취소에 대한 처분권은 시장·군수·구청장에게 있으며 다음의 사유에 해당하는 경우 자격을 취소할 수 있다.

- 거짓 또는 그 밖의 부정한 방법으로 자격증을 취득한 경우
- 자격취득자가 업무 수행 중 당해 자격과 관련하여 고의 또는 중대한 과실로 손해를 가하고 금고 이상의 형의 선고를 받은 경우
- 아동복지법 제 29조의 금지행위를 위반하여 동법 제 40조의 규정에 의한 처벌을 받은 경우
- 다른 사람에게 자기의 성명이나 어린이집의 명칭을 사용하여 어린이집 원장 또는 보육교사의 업무를 수행하게 하거나 자격증을 대여한 경우
- 자격정지처분기간 종료 후 3년 이내에 자격정지처분에 해당하는 행위를 한 경우
- 자격정지처분을 받고도 동 기간 이내에 자격증을 사용하여 자격 관련 업무를 행한 경우
- 자격정지처분을 3회 이상 받은 경우

참고문헌

(재)한국보육진흥원(2013). 어린이집에서의 보육실습 지도.

강란혜(2006). 보육교사의 전문성 인식과 교사효능감 및 직무만족도에 관한 연구. 직업교육연구, 25(1), 71-89.

강영식·김규수(2004). (2003). 교사의 자기효능감과 유아-교사 관계의 질에 따른 유아교사의 스케폴딩 질적 분석. 원광대학교 대학원 박사학위논문.

강정은·송다영(2010). 보육교사의 교사효능감에 영향을 주는 요인에 관한 연구. 여성연구. 79(2), 81-114.

경기도 유아교육진흥원(2013). 행복한 유아의 인권이야기.

공인숙 외(2013). 영유아보육교사론. 서울 : 교육과학사.

교육과학기술부(2012). 부모와 함께하는 유아 재난대비·생활안전교육 프로그램.

교육과학기술부(2012). 유치원 시설안전관리 매뉴얼.

교육통계(2010). 교육통계조사 지침서, 교육과학기술부.

권미성(2013). 보육교사의 교사효능감 및 전무성수준이 교사-유아 상호작용에 미치는 영향. 교육학 가톨릭대학교 교육대학원 석사학위논문.

권영례·김소라(2011). 영유아교사론. 경기 : 양성원.

권혜진(2009). 보육교사의 정서노동과 정서적 고갈에 미치는 영향 : 정서표현 규칙의 중재효과. 유아교육학론집, 13(6).

김경희(1995). 어린이집과 유치원에 대한 어머니들의 인식비교. 가톨릭대학교 대학원 석사학위논문.

김동례(2007). 보육시설 종사자가 인식한 평가인증제의 운영과정과 사후유지관리에 관한 연구. 전남대학교 대학원 석사학위논문.

김선영·이경옥(2005). 유아교사의 교사효능감 개념과 측정구조에 대한 분석. 유아교육연구, 25(3), 267-287.

김승경(2004). 이혼가정 아동의 탄력성에 대한 위험-보호 요인들 간의 경로 분석. 서울여자대학교 대학원 석사학위논문.

김아영·김미진(2004). 교사효능감 척도 타당화. 교육심리연구, 18(1), 37-58.

김아영·김민정(2002). 초등교사들의 교사효능감과 학교조직풍토와의 관계. 교육심리연구, 16(3), 5-29.

김양원(1991). 교원연수의 내용과 효과. 한국교사교육, 8, 19-29.

김영미(2007). 어린이집 교사의 의사결정 참여정도와 교사효능감에 관한연구. 동아대학교 사회복지대학원 석사학위논문.

김유진(2003). 영유아 보육교사의 전문성 인식과 직무스트레스에 관한 연구. 덕성여자 대학교 대학원 석사학위논문

김윤경(2011). 유아교사 정서노동과 자아탄력성과의 관계. 중앙대학교 대학원 석사학위논문.

김익균·이춘녀·정용민·강국진(2004). 보육시설 운영관리. 경기 : 교문사.

김인숙(2009). 교사 팔로우십 유형에 따른 원장-교사 교환관계·자아탄력성·조직문화가 직무 만족도에 미치는 영향. 대구대학교 대학원 석사학위논문.

김정한(2004). 유치원 교사의 전문성 신장을 위한 자기장학 수행 연구. 동아대학교 대학원석사학위논문.

김주희(2010). 유아교육기관 조직풍토와 교사효능감과의 관계. 경원대학교 교육대학원 석사학위논문.

김지영(2007). 정서표현, 자기은폐, 인지적 정서조절 및 심리적 안녕감의 관계. 가톨릭대학교 대학원 상담심리학 석사학위논문.

김지영(2010). 보육교사의 정서노동에 관한 연구. 이화여자대학교 대학원 석사학위논문.

김향은(2008). 평가인증에 참여한 보육시설 종사자들의 경험을 통해 본 보육시설 평가인증 제도의 효과. 유아학회지, 29(1), 169-188.

김혜금(2011). 보육교사의 건강상태, 건강행동과 보육의 질. 한국보육지원학회지, 7(1), 149-166

김혜린(1993). 유치원교사들의 교직 전문성 인식과 역할 수행. 이화여자대학교 대학원 석사학위논문.

김희진·이분려(1999). 유아교사의 교사효능감에 영향을 주는 교사 내·외적 요인에 대한 연구. 한국교사교육, 16(1), 161-181.

노혜미(2006). 정서노동 장면에서 정서 상태, 정서지능이 정서노동 전략과 직무관련태도에 미치는 영향. 광운대학교 교육대학원 석사학위논문.

다음 국어사전(2014).http://dic.daum.net

류동훈(2004). 교사론. 서울 : 창지사.

문용린(1997). EQ가 높으면 성공이 보인다. 서울 : 글이랑.

민성혜·신혜원·김의향(2013). 보육교사론. 경기 : 양서원.

박명주(2012). 평가인증 참여 횟수에 따른 교사효능감과 보육과정 운영. 한국방송통신대학교대학원 석사학위논문,

박복매(2011). 보육교사의 역할 수행에 영향을 미치는 변인에 관한 연구. 가톨릭대학교 대학원 박사학위논문.

박영태·이경님·하수연(2008). 유치원 교사의 직무만족도와 교사 효능감의 관계. 한국열린유아교육학회 2008년 학술대회 발표논문집, 429-451.

박영희(2011). 예비유아교사의 영아보육교사 전문성에 대한 인식. 경성대학교 대학원 석사학위논문.

박은혜(2003). 유아교사론. 서울 : 창지사.

박은혜(2005). 유아교사론. 서울 : 창지사.

박은혜·고재천(2008). 유아교사의 부모, 원장, 동료교사에 대한 정서적 지형도 분석. 유아교육학회논집, 12(4), 139-166.

박주영(2009). 보육시설 평가인증제도 참여 상태에 따른 보육교사의 자기효능감, 보육신념, 전문성 발달 수준에 대한 연구. 경희대학교 대학원 석사학위논문.

박찬옥(1996). 유아의 감성향상교육. 제6회 유아교육 교원 자율 연수 교재집, 9-22.

박혜원·김말경·김태경·류기자·민선영·박초아·원영미·최지현(2008). 표준보육과정의 이해와 적용. 경기: 양서원.

박희숙(2009). 만 2세반 영아의 소유권 갈등과 고사 중재에 관한 질적 연구. 이화여자대학교 대학원

박사학위논문.
박희숙·이현경(2008). 유아교사의 개인적 요인, 환경교육인식, 환경 친화적 태도에 따른 환경 교수효능감 연구. 유아교육연구, 28(2), 51-68.
배소연(2001). 영유아교사 양성대학교의 전공교육 과정연구. 교육학연구, 39(4), 271-290.
백혜리(2009). 보육교사론. 서울 : 동문사.
보건복지부(2010). 보육시설 급식운영 관리 매뉴얼.
보건복지부(2011). 보육시설 평가인증 지침서.
보건복지부(2012). 어린이집 보육교직원 안전교육
보건복지부(2013). 어린이집 표준보육과정 및 0-2세 영아보육프로그램의 이해.
보건복지부(2013). 어린이집 표준보육과정에 기초한 영아보육프로그램 및 활동자료 DVD.
보건복지부. 제 3차 어린이집 표준보육과정고시(제2013-8호).
보육자격관리사무국(2007). https://www.kcpi.or.kr/.
서지영(2002). 유치원교사의 이직의도에 관한 이론적 모형연구. 숙명여자대학교 대학원 석사학위논문.
송미선·김소양(2009). 보육교사의 정서지능과 직무스트레스와의 관계. 미래유아학회, 16(4), 99-119.
송일순(2002). 교직의 여성화가 교육활동에 미치는 영향. 춘천교육대학교 교육대학원, 석사학위논문.
신강현·이랑·허창구·김재연(2006). 정서노동 예측 시 성격 5요인과 직무환경변수의 역할: 미국 호텔업 종사자를 대상으로. 한국심리학회지: 산업 및 조직, 19(1), 105-124.
신혜영(2004). 어린이집 교사의 직무스트레스와 효능감이 교사행동의 질에 미치는 영향. 연세대학교 대학원 박사학위논문.
심미옥(2002). 교직 여성화의 쟁점과 과제. 초등교육연구, 15(1), 151-165.
심영희·성소영(2013). 영아교사와 유아교사 역할수행에 관한 보육교사의 인식차이. 아동교육, 22(2), 121-138.
안선희·김지은(2005). 유아교사의 개인적 교사효능감과 집단적 교사효능감의 관계. 미래유아교육학회지, 12(4), 147-163.
안진희(2010). 유치원교사의 전문성 발달에 따른 소진과 자아탄력성과의 차이. 부경대학교 교육대학원 석사학위논문.
양정미(2004). 보육사의 교사관심사 발달단계에 따른 장학실태 및 요구도 조사연구. 부산대학교 대학원 석사학위논문.
여성가족부(2013). '2013 통계로 보는 여성의 삶' 출처: http://kostat.go.kr
염지숙(2005). 유아교육현장에 돌봄이 실천과 한계. 유아교육연구, 25(5), 147-171.
염지숙·이명순·조형숙·김현주(2013). 유아교사론. 정민사.
오미경(1998). 어린이집 보육교사의 전문성 인식과 영아반 프로그램의 질에 관한 연구. 가톨릭대학교 사회복지대학원 석사학위논문.
오미옥·신원식(2010). 보육교사의 직무에 대한 인식 유형. 한국보육지원학회지, 6(3), 85-102.
오연주·한유미(2005). 스웨덴과 한국보육교사의 직무만족도와 전문성에 대한 비교연구. 미래유아교육학회지, 12(1), 99-122.
육아정책개발센터(2008). 보육프로그램 총론.

육아정책연구소(2012). 유아 인성교육을 위한 교사용 부모상담 가이드북.
윤진주(2011). 보육교사의 전문성 발달과 효능감, 역할 수행 간의 관계. 한국아동교육학회, 20(4), 127-137.
이 경(2002). 유치원교사와 보육교사의 전문성과 역할 수행과의 관계. 이화여자대학교 교육대학원 석사학위논문.
이기숙·이영자·이정욱(2002). 유아교육학습방법. 서울 : 창지사.
이난숙(1992). 교사의 직능발달 특성에 관한 연구. 한국교원대학교 대학원 박사학위논문.
이명숙(2000). 유치원교사의 발달 단계에 따른 장학활동에 관한 인식과 요구도 연구. 성결대학교 교육대학원 석사학위논문.
이서현(2013). 어린이집원장이 인식하는 바람직한 보육교사상. 경성대학교 교육대학원 석사학위논문.
이숙희(2005). 보육교사에 대한 원장의 신뢰성과 보육교사의 역할수행 간의 관계. 미래유아교육학회지, 12(1), 57-76.
이순형 외(2013). 보육교사론. 경기 : 양서원.
이운성(2013). 유아교사의 정서노동, 자아탄력성, 직무만족도에 관한 구조모형분석. 숙명여자대학교 원격대학원 석사학위논문.
이은상·김명희·김보현·민광미·배정호·성소영·이소정·이완희·홍자영(2013). 보육교사론. 경기:공동체.
이은수(2011). 보육시설 평가인증 참여에 따른 교사효능감과 전문성. 경남대학교 교육대학원. 석사학위논문.
이은화(1985). 유아교육 교사의 역할과 자세, 유아교사 교재. 새세대육영회.
이은화·배소연·조부경(1995). 유아교사론. 경기: 양서원.
이정미(2007).(2006), 유아교사가 인식하는 현직연구 참여의 의미와 경험. 대구미래대학논문집, 24, 527-545.
이주일(1998). 체험정서와 표현정서의 심리적 효과. 서울대학교 대학원 박사학위논문.
이진화(2007). 보육교사의 정서노동과 개인 및 기관의 정서변인, 직무만족도, 소진과의 관계. 이화여자대학교 대학원 박사학위논문.
이현정(2010). 유아교사의 효능감과 전문성에 영향을 미치는 변인에 관한 연구. 경희대학교 교육대학원. 석사학위논문
이희선(1996). 보육시설의 질적 향상을 위한 보육프로그램의 특성 및 방향. 한국영유아보육학, 7, 1-17.
임숙이(2005). 보육교사의 이직도의 결정요인 연구. 건국대학교 대학원 석사학위논문.
임옥희(2006). 보육교사-여아 상호작용과 보육교사 신념 및 효능감 간의 관계. 전북대학교 대학원 석사학위논문.
임재택(2003). 유아교육기관 운영관리. 경기 : 양서원.
임주희(2004). 걸음마기 영아교사 역할에 관한 문화기술적 연구. 건국대학교 대학원 석사학위논문.
장경미(2008). 보육교사의 개인적 자질과 영유아애착과의 관계. 평택대학교 상담대학원 석사학위논문.
장종윤(2010). 보육교사가 지각하는 영아의 기질과 교사효능감이 교사-영아 상호작용에 미치는 영향. 성균관대학교 교육대학원 석사학위논문.
정영실(2010). 영아반 보육교사의 전문성 인식과 직무스트레스와의 관계. 원광대학교 대학원 석사학

위논문.
조경자·이현숙(2004). 유아교육과 학생들의 전공 선택 동기의 유아교사직에 대한인식. 미래유아교육학회지, 12(1), 289-312.
조부경(1997). 유치원교사의 역할지각과 역할 수행에 관한 한미 비교연구. 비교교육연구, 7(1), 235-258.
조성연 외(2013). 보육교사론. 서울 : 학지사.
조성연(2005). 보육교사의 직무만족도와 직무스트레스. 한국영유아보육학회, 36. 23-44.
조성연·구현아(2005). 보육교사의 직무스트레스와 자기효능감. 아동학회지, 26(4), 55-70.
조운주(2007). 예비교사들이 인식한 좋은 유아교사의 특징. 충주대학교논문집, 42,541-550.
주선영(2008). 보육종사자의 성격유형에 따른 정서노동 및 정서지능. 남서울대학교 대학원 석사학위논문.
최미숙·이미혜·이민경(2007). 보육시설 평가인증제 실시가 보육교사의 교수효능감과 역할수행 인식에 미치는 영향. 한국영유아보육학, 49, 129-149
최수아(2005). 직장보육시설 보육교사의 역할수행에 관한 교사 및 학부모의 인식조사연구. 이화여자대학교 대학원 석사학위논문.
최희양(2001). 영유아교사의 전문성 인식과 보육환경과의 관계. 건국대학교 교육대학원 석사학위논문.
하은옥·황해익(2003). 유아교육기관의 동료장학 실행수준과 교사 효능감에 관한 연구. 유아교육논총, 12, 99-114.
하은옥·황해익(2003). 유아교육기관의 동료장학 실행수준과 교사 효능감에 관한 연구. 유아교육론집. 12, 99-114.
한민경(2009). 유치원교사가 지각한 원감의 변혁적·거래적 리더십이 교사 임파워먼트 및 유치원 조직 효과성에 미치는 영향-대구·경북지역 유치원을 중심으로. 유아교육연구, 29(3) 49-71.
한인자(2005). 유아교사의 자아존중감과 직무스트레스 관한연구. 배재대학교 대학원 석사학위논문.
한현숙(2009). 유치원 교사의 놀이에 대한 교사효능감과 교사-유아 상호작용의 관계. 연세대학교 교육대학원 석사학위논문.
허송연(2002). 보육교사의 자질과 직무채도가 보육의 질에 미치는 영향. 경마대학교 행정대학원 석사학위논문.
허혜경·박인숙(2010). 보육교사의 자질과 직무채도가 보육의 질에 미치는 영향. 한국영유아보육학, 64, 21-41.
황해익·유수경(2008). 유아교육분야에 나타난 교사 전문성 관련 연구 동향 분석. 열린유아교육연구, 14(3), 293-314.

Ade, W.(1982). Professionalization and its implication for the field of early childhood education, Young children. 37(3), 25-26.
Anderson, R., Greene, M., & Loewen, P.(1988). Relationships among teachers' and students' thinking skills, sense of efficacy, and student achievement. *Alberta Journal of Educational Research, 34*(2), 148-165.
Ashforth, & Humphrey, R. H.(1995). Emotion in the workplace : A reappraisal. *Human Relations, 48*(2), 97-125

Ashton, P. T., & Webb, R. B.(1983). A study of teacher's sense of efficacy. ERIC Document Repreduction service NO, ED 231833.

Bandura, A.(1977). *Self - efficacy.* NY : Freeman and Company, 1-161

Berthelsen, D. & Brownlee, J.(2007). Working with toddlers in child care Pratirioners's beliefs about their role. *Early Childhood Research Quarterly,* 22(3), 347-362.

Block, J., & Kermen, A. M.(1996). IQ and ego-resiliency : Conceptual and empirical connections and separateness. *Journal of Personality and Social Psychology,* 70, 349-361.

Block, J. H, & Block, J. (1980). The role of ego-control and ego-resiliency in the organization of behavior. In W. A. Collins(Ed.), *Minnesota symposium on Child Psychology,* 13, 39-101. Hillsdale, NJ: Erlbaum.

Broudy, H. S.(1984). The university and preparation of teacher. IN S. G.

Brown, R., & Gibson, S.(1982). Teachers' sense of efficacy: Changes due to

experience. In annual meeting of the california educational research association, Sacr-amento, CA.

Coopers, C. L. & Marshall. J.(1976). Occupational sources of stress; *A review of the literature relating to coronary heart disease & mental health. Journal of Occupational Psychology.* Vol. 49.

Davis, M, D., & Zaret, E.(1984). Needed in teacher education; A development model for evaluation of teachers, preserve to in service, *Journal of Teacher Education, 35*(5), 18-22.

Day, C.(2000). Stories of change and professional development; The costs of commitment. In C. Day, A. Fernandez. T. Hauge, & J. Moller(Eds.). *The life and work of teachers: International perspectives in changing times* (pp. 109-129). London: Palmer Press.

Day, C. (2007). 열정으로 가르치기. 박은혜, 이진화, 위수경, 조혜선(공역). 서울: 파란마음 (원서 2004 출판).

Ellis, J. R., & Others.(1982). *Differences in professional role performance difficulties reported by first year male and female public school teachers*(ERIC Document Reproduction service No. ED 229-347.

Feeney, S., Christensen, D., & Moravcik, E. C.(1983). Who am I in the lives of children Columbus, OH: E. Charles Merrill Publishing Co.

Feiman, S., & Floden, R. E.(1981). A developmental approach to the study of teacher change: What's to be gained? (Institute for Research on Teaching, Michigan State University). ERIC Document NO. ED 204 343, 25-28.

Fuller, F. F.(1969). Concerns of teachers: A developmental conceptualization. *American Educational Research Journal,* 6, 207-226.

Gardner, H.(1983). Frames of mind : The theory of multiple intelligences. New York: Basic Books.

Garmezy, N. Z.(1993). Vulnerability and resilience. In D. D. Funder, R. D. Park, C. Tomlinson-Keesey, & K. Widaman (Eds.), *Studying loves through time: Approaches to personality and development*(pp. 377-398). Wahington, DC: American Psychological Association.

Gibson, S. & Dembo, M. H.(1985). Teacher's sense of efficacy: An important factor in school improvement. *The Elementary School Journal, 86*(2), 173-184.

Gibson, S., & Dembo, M. H.(1984). Teacher efficacy : A construct validation. *Journal of Educational Psychology, 76*(4), 569-582.

Gilstrap, C. M.(2005). Closing in on closeness : Teacher immediacy as a from of emotion labor. Unpublished doctoral dissertation, Colorado State University, Colorado Spring, CO.

Goleman, D.(1995). Emotional intelligence, New York: Bantam Books.

Grandey, A.(2000). Emotion regulation in the workplace : A new way to conceptualize emotional labor. *Journal of Occupational Health Psychology,* 5, 95-110.

Hargreaves, A.(1998). The emotional practice of teaching. *Teaching and Teacher Education, 14*(8), 835-854

Hargreaves, A.(2002). Teaching in a bos: Emotional geographies of teaching. In C. Day, & C, Surgue. (Eds.), *Developing teacher and teacher practice* (pp. 2-25). London : Toutledge Falmer Press.

Hochschild, A.(1983). *The managed heart: Commercialization of human feeling.* Berkeley, CA : University of California Press

Hoy, W. K., & Miskel, C. G.(2012). *Educational administration: Theory research and practice*(9th ed). New Yew McGraw-Hill.

Hoy, W. K., & Woolfolk, A. E.(1993). Teachers's sense of efficacy and the organizational health of schools. *The Elementary school Journal. 93,* 356-372.

Jorde Bloom, P.(1989). *A great place to work: Improving condition for staff in young children's program.* Washington, DC: National Association for the Education of Young Children.

Katz, L. G.(1972). Developmantal stages of preschool teacher, *Elementary School Journal,* 73(1), 50-54.

Katz, L. G.(1985). Research currents: Teachers as learners. *Languages Arts, 62*(7), 778-782.

Keenan, M.(1998). Making the transition from preschool to infant/toddler teacher. *Young Children, 53*(2), 5-12.

Klohnen, E. C.(1996). Conceptual analysis and measurement of the construct of ego-resiliency. *Journal of Personality and Social Psychology, 170*(5) 1067-1079.

Kruml, S. M.(1999). *The heart working: An empirical investigation of the dimensions, antecedents, and outcomes of emotion labor.* Unpublished doctoral dissertation, Temple University.

Kyriacou, C., & Sutcliffe, J.(1978). Teacher stress : Prevalence, source and symptoms. *British Journal of Educational Psychology, 48,* 2-13.

Liberman, A. & Miller, L.(1979). *Staff development: New demands.* new realities, new perspectives. New York: Teachers College Press.

Nias, J.(1996). Thinking about feeling : *the emotion in teaching. Cambridge Journal of Education, 26*(3), 293-306

NICHD Early Child Care Research Network.(2001). Child care and peer interactions at 24 and 36 months: The NICHD Study of Early Child Care.

NICHD Early Child Care Research Network.(1997). The effects of infant child care on infant-mother attachment security : Results of the NICHD Study of Early Child Care. Child Development, 68, 860-879.

NAEYC,(2005). NAEYC *Code of Ethical conduct Revised.* National Association of Elementary School Principals (NAESP), 1615 Duke Street, Alexandria, VA 22314.

Ralph, K. S., & Eddowes, E. A.(2002). *Interaction' for development and learning: Birth through eight years*(2nd ed.). Columbus, OH: Merrill.

Riggs, J. M., & Enochs, L. G.(1990). Toward the Development of an Efficacy Belief Instrument for Elementary Teacher. *Science Education, 79*(1), 63-75.

Rutter, M. (1987). *Psychosocial resilience and protective mechanisms, American Journal of Orthopsychiatry,* 57, 316-331.

Rottier, J., Kelly, W., & Tmohave, W. K.(1984). Teacher burnout - small and rural school style. *Education, 104*(1), 72-79.

Salovey, P., & Mayer, J. D.(1997). *What is emotional intelligence. In P. Salovey & D. Sluyter (Eds.), Emotional development and emotional intelligence: Implication for educators* (pp. 105-153). New York: Basic Books.

Salovey, P. & Mayer, J. D.(1990). Emotional intelligence. *Imagination, Cognition, and Personality,* 9, 185-211.

Saracho, O. N., & Spodek. B.(2003). *Studying Teachers in Early Childhood Settings.* Information Age Publishing.

Selye, H.(1974).Stress without distress. N. Y.: J. B. Lippincoft.

Spodeck, B., Saracho, O. N., & Davis, M. D.(1987). Foundations of early childhood education; Teaching Three-, Four-. and five-Tear-Old children, Englewood Cliffs, N. J: Prentice-Hall.

Spodeck, B.(1975). Early childhood education and teacher education: A search of rconsistency. *Young Children,* 30, 69.

Spodek, B., Saracho, O. N., & Peters, D. L.(1988). Professionalizing the field: The tasks ahead. In D. L. Peters (Eds.), *Professionalism and the early childhood practitioner.* (pp.89-194). NY: Teachers College Press.

Stinnett, T. M., & Huggett. A. J.(1963). *Professional as teachers.* NY: Collier-MacMillan Co.

Sutton, R. E., & Wheatley, K. F.(2003). Teachers' emotions and teaching : A review of the literature and directions for future research. *Educational Psychology Review, 15*(4), 327-358.

Thomson,. R. Jr., & Handley, H. M.(1990). Relationship between teacher self-concept and teacher efficacy, 11. Paper presented at the annual meeting of the mid-south educational research association(New Orleans, LA, November 13-16).

Van Dick, R., & Wagner, U.(2001). Stress and stain in teaching : A structural equation approach. *British Journal of Educational Psychology, 71,* 243-259.

Vrugt, A.(1994). Perceived self-efficacy, social comparison, affective reactions and academic performance. *British Journal of Educational Psychology, 64*(3), 465-472.

Wong, C., & Law, K. S.(2002). The effect of leader and follower emotional intelligence on performance and attitude: An exploratory Study. *The Leadership Quarterly, 13*(3), 243-274

Woolfolk, A. E., Rosoff, B., & Hoy, W. K.(1990). Teachers' sense of efficacy and their beliefs about managing students. *Teaching & Teacher Education, 61*(2) 137-148.

Woolfolk, A. E., & Hoy, W. K.1990). Prespective teachers' sense of efficacy and beliefs about control. *Journal of Educational Psychology. 82*(1), 91-91.

Woolfolk, A. E., Rosoff, B., & Hoy W. K.(1990). Teachers' sense of efficacy and their beliefs about managing students. *Teaching & Teacher Education, 61*(2), 137-148.

Wortham, S. C.(2005). *Early childhood curriculum: developmental bases for learning and teaching*(2nd ed,). Columbus, OH: Merrill.

출처: 네이버 사전 http://krdic.naver.com

출처: 월드스포츠[라이프]http://www.sportsworldi.com/

출처: 브레인월드 www.brainworld.co.kr

▌공저자 소개

김 윤 섭

- 성균관대학교 대학원 교육학과 졸업(교육학 박사)
- 국제대학교 영유아보육과 교수

【저 서】

- 교육학강의(공저) 외 다수

이 주 영

- 건국대학교 유아교육전공 박사과정 수료
- 고양보육교사교육원 주임교수

【저 서】

- 주제중심 유아과학 교육 외 수편

송 영 숙

- 가천대 유아교육전공 박사과정 수료
- 피터팬어린이집 원장

김 연 수

- 건국대학교 유아교육 전공 박사과정 수료
- 국제대학교 영유아보육과 교수

【저 서】

- 보육과정

보육교사론 — 이론과 실천 —

초판인쇄 2014년 4월 25일
초판발행 2014년 4월 30일

지은이 김윤섭 · 이주영 · 송영숙 · 김연수
펴낸이 안상준

표지디자인 최은정
제 작 우인도 · 고철민

펴낸곳 (주)박영story
서울특별시 금천구 가산디지털2로 53
등록 2014. 2. 12. 제2014-000009호(倫)
전 화 02)733-6771
f a x 02)736-4818
e-mail pys@pybook.co.kr
homepage www.pybook.co.kr
ISBN 979-11-85754-01-7 (93370)

정 가 15,000원